非常道

道教諸神不為人知的故事

彭友智——著

原書名：道教諸神背後的真實故事

自序

魯迅先生曾說，「中國的根柢全在道教」。先生的這句話一針見血地指出了中華文化與道教之間的關係。這不僅解開了我全部的疑惑，也讓我有了寫這本書的衝動。

道教做為中國土生土長的宗教，對它的研究用多如牛毛來形容一點都不為過。可是，要想找到一本弄清道教諸神由來的書卻非常難。這是為什麼呢？原因就在於，這些書或是在講道教的起源和發展，或是在講道教與其他宗教的關係，還有的即使是在講述道教與中華文化的關係，但作者的用詞表達過於艱深，閱讀後，會有一種不知所云的感覺。於是我乾脆翻閱古籍乃至道藏，迫不及待地想要讀到所能找到的任何一本有關道教的書籍，想要看看道教與中華文化的關係到底是怎樣的，諸神背後到底有什麼玄機？在失望與希望迭次出現之後，漸漸地有了一個衝動，那就是想寫一本揭示道教與中華文化深層關係的書。可是，切入點又在哪裡呢？我苦苦搜尋著。

人是文化的創造者，也是文化的使用者，可以說，道教與中華文化的關係也是透過活生生的人來建立的。沒有人，就沒有道教，也就沒有中華文化。所以，弄清楚道教的來龍去脈，以及道教和中華文化複雜關係的落腳點必須要放到人的身上，放到那些既能夠代表道教，又能夠代表中華文化的人身上。這是一類什麼人呢？在一開始的時候，我想到了那些道教的信徒，但總覺得這樣的判斷有失偏頗，在後續的資料查找階段，我終於找到了正確的對象——道教的神仙們。於是，一個關於揭秘道教諸神真相的思路漸漸明晰起來。

道教的神仙是道教在創立過程中，結合自己的教義所尋找的代言人，這些代言人不僅要能夠宣揚道教的文化和信仰，還要能夠符合百姓的習慣和社會的習俗。為了能夠迅速地在民眾中推廣道教，信徒們利用中華文化中英雄崇拜和賢聖崇拜特徵，緊密關注中華文化的要義和精髓，廣泛搜羅適合他們「產品」的代言人，並在不斷的發掘和探索之中，創立了自己的神仙譜系。仔細研讀這些神仙，就會發現他們幾乎全是現實生活中活生生的人，也是有血有肉、吃五穀雜糧長大的凡夫俗子。他們之所以能夠一步登天，登上道教的神壇，主要原因就是他們的身上展現了鮮明的中華文化的精髓和要義，跟老百姓的關係最為密切，對老百姓的影響也最大。

在找到並確定了自己的研究對象之後，我開始了本書的寫作。在寫作之前，我就給自己定下了一個目標，要寫出一本通俗易懂的道教百科全書，要在介紹道教諸神的同時，將高深複雜的道教文化融入其中，讓讀者能夠在讀故事的同時，輕輕鬆鬆地瞭解道教歷史，瞭解中華文化。在這一目標的指導下，我慎重地從道教諸多神仙中挑選出了71位獨具特色的神仙，分為六個章節進行介紹。這些神仙掌管著我們衣食住行的各個方面，是我們生活的守護神。他們的原型有的是感天動地的大孝子，有的是忠君愛國的大英雄，有的是淡泊名利的隱士，有的是著書立說的聖人。他們的身上集聚了中華文化的優秀符號，代表了古人萬物有靈的信仰觀念。

本人將道教諸神背後的故事講出來，希望讓字裡行間流露出的中華文化符號陪著讀者一起雕琢時光，感悟道教的無窮魅力和博大精深。若能達到上述願望，我不勝榮幸！

前言

道教是中國土生土長的宗教，源於黃帝和老子，創教於張道陵，至今已有1800多年歷史。道教以其清靜無為、修道成仙的特質，使得上至帝王將相，下至黎民百姓，甚至是學究天人的李白、蘇東坡，都對它如癡如醉，可以說是道道地地的心靈救治良方。

說起道教，就不得不談到道教的諸神。千百年來，道教的廣義神仙內涵，繼承了長生不死成仙之說，囊括了中國古代宗教、古老神話、民間信奉的眾神，並且受佛教傳人的深刻影響，逐步形成了一個完整的神仙體系，即先天之聖、後天仙真和道教民俗神。

神仙信仰是道教的基本信仰和顯著特色，也是道教與其他宗教的最大區別之一。道教的其他內容和理論幾乎都圍繞著神仙信仰而展開。從這個角度上來說，要想瞭解道教首先就要瞭解道教的神仙。其實，這些高高在上的神仙雖然生活在超凡世界裡，但實際上他們從未離開過人間。

神的世界，就是人的世界。

道教絕大多數的神仙都有現實的原型，只不過在成仙的道路上被人們神化了而已。

道教尊奉的太上老君（老子）、張葛許丘四大天師、陳摶老祖乃至八仙等，都是登上神壇的「人」。他們或有睿智的思想、或有普世的情懷、或有高超的功法，超然物外，蔑視權貴金錢，追求淡泊的生活、內心的寧靜，健康長壽，真可謂不食人間煙火。

孫不二以鐵杵磨針精神自勵，外出修道，苦修一十二載。邱長春有「仙緣」，但卻更多「魔障」，多年的苦修，幾番死去活來，方成正道。呂洞賓學道的故事也是耐人尋味，按說他是有「仙根」的人，然而在他學道過程中經歷了無數磨難。一塊重十餘斤的青石，竟背了整整三年，兩膀磨爛又生出了厚皮，其修道之難可想而知。但是不如此，就修不成道，縱有「仙根」亦無濟於事。可見，這些來自於現實生活中的真人不愧為神。

以上所說的這些人有大功德於民眾，這也正是他們受到後世人景仰和崇拜的原因所在。當信徒們崇拜至極時，就會由人而成神（還有一些自然神被人格化了而成為人格神），而且愈演愈烈，使後人越來越無法看清他們的廬山真面目，只知頂禮膜拜。

道教諸神中還有一些神，如門神、灶神、財神、藥王、蠶神、城隍、土地等。這是道教吸收了流行於民間的一些神祇演繹而來，在世俗中的影響比道教中的影響更大些。

既然神原本就是人，那麼我們應該如何認識這些人在成神之前的真實身分或是奇聞軼事呢？本書的寫作目的就是拂去歷史的迷霧，探秘道教諸神的真實面貌。

書中每一則故事，都在某種程度上反映了一種善惡是非標準和倫理道德觀念。那些造詣高深「神仙」，都是恬淡清靜、謙恭有禮、濟世渡人、與世無爭的大好人。他們見人患難，即懷拯救之心；見人有過，即以善言相勸；酒色財氣無動於心，生死憂患泰然處之；全無俗世之煩惱，只有快活超然的心境。這種超凡脫俗的高人雅士，不就是「活神仙」嗎？

能超越一己之慾、一霎之念，戰勝自己的人，就是超人，就能成神。

本書主要對71個神仙的前世今生做了較為細緻的揭秘，語言簡單平實卻不乏趣味，故事情節可謂豐富多彩，能夠讓廣大讀者在輕鬆閱讀中汲取一定的知識營養。

最後，歡迎讀者朋友批評指正。

目錄

第四章 陰差陽錯成了神的文臣武將

第五章 從凡人到「真人」的先師們

第六章 民間喜愛的成仙楷模

第一章

道教裡的尊神與天帝

造化天神

元始天尊

盤古神話的複製與演繹

元始天尊是道教中的三清之首——玉清，是道教中地位最高的神仙。在有關道教故事中，每逢出現什麼重大的事件，元始天尊總會出來救火。在《封神演義》中，姜子牙遇到不能解決的問題時，第一時間就會求助於他的幫忙。

可是讓人想不到的是，這位法力高深的大神在道教形成初期並無痕跡，《太平經》、《想爾注》等均無記載。

盤古的化身

根據《歷代神仙通鑑》和《枕中書》的記載，元始天尊的前身是開天闢地的大神盤古。

相傳，盤古身材高大，龍首人身，橫臥在混沌的天地之間，一直沉睡了一萬八千年。醒來之後，他看到的是一眼望不到邊的黑暗，備感到窒息和燥熱。於是，他將自己的一顆牙齒拔了下來，化成了一把大斧四下劈砍，只聽得一聲巨響，膠合在一起的「蛋清」和「蛋黃」分開了，透明的「蛋清」飄飄揚揚升到高處，變成天空；混濁厚重的「蛋黃」緩緩下沉，變成大地。隨著天地分離，一股清爽的氣體充盈在天地之間，光亮也緩緩地透了進來——就這樣，有了天、有了地；有了空氣、有了亮光。

後來，天越來越高，地越來越厚，為了將天地之間的縫隙變大，盤古就每天長一丈。過了一萬八千年之後，整個世界變得越來越清晰，支撐於天地之間的盤古也越來越高，最後，天地之間的距離竟然達到了九萬里。由於站得太久，盤古很累，終於有一天，他「砰」的一聲倒在地上，再也沒有起來。

盤古死後，他的氣幻化成雲，聲幻化成雷電，左眼化為太陽，右眼變為月亮，四肢化為四極，五體變為五嶽，血液成為了滔滔江河，筋脈成了山脈，體毛變為草木，肌肉變為良田，髮鬍成為星辰。

脫去肉體束縛的盤古靈魂慢慢飄浮至天空，不停地遊蕩來遊蕩去。有一天，盤古的靈魂遇到一個曼妙女郎，這位妙齡女郎自稱太元聖女，在山中修練。盤古的靈魂感覺自己終於不再寂寞，就想著辦法和太元聖女接近。一天，他恰好看到太元聖女在仰吸天地之精氣，就趁此機會幻化成一道青光，進入太元聖女的口中。盤古的這一股精氣在太元聖女的身體內孕育十二年之後，方才出世。由於其前身是盤古的精氣，所以稱為元始天尊。

教化眾生，開劫渡人

元始天尊出世之後，伴隨著天地之間的浮沉變化，經常會降臨人間。每一位法力無邊的神仙都會懷有一顆救世之心，元始天尊也不例外。他見到人間眾生大多會受到疾病苦痛的折磨，便心生憐愛，想借用神力來拯救世人。

宋朝武宗元所畫的《朝元仙杖圖》（局部），描繪了五方帝君和眾仙去朝見道教最高神元始天尊的情景。

元始天尊考察了天地之間的很多地方，覺得「始青天」不錯，就決定在那裡講經說道、拯救世人。

由於元始天尊具有無邊的法力和良好的人緣，每天都會有來自四面八方的神仙、凡人前來聆聽他的講經佈道。當他講完第一遍時，天界的神仙大聖同時感嘆自己的法力得到了增強，那些得了聾病的人，耳朵即刻就能聽到聲音。

講第二遍的時候，盲人居然可以重見光明。講第三遍的時候，啞巴也可以開口說話了。講第四遍的時候，那些癱瘓殘疾的病人就能甩掉枴杖，健步如飛。講第五遍的時候，凡是患者都恢復了健康。

講第六遍的時候，老年人返老還童，白髮變黑，落牙復生。講第七遍的時候，老年人回到了壯年時代，少年兒童則都成長為青年。講第八遍的時候，婦女不知不覺之間就有了身孕，鳥獸懷胎，不管是何種動物，都能孕育繁衍。講第九遍的時候，埋葬在地下的黃金白銀自動破土而出。講第十遍的時候，田野中的枯木生芽，白骨生肉，死而復生。

到了這個時候，但凡是能聽到經文的，都能得到元始天尊的庇護，都能夠長生不死。世人為了驗證這傳聞中的神奇，無不紛至遝來，致使「始青天」摩肩接踵，遮天蔽日。到了後來，

「始青天」這片脆弱的土地嚴重超載，最後不堪重負，坍塌了下去。

在這危急關頭，元始天尊取出一顆寶珠拋在空中，頃刻之間，那些前來聽經講道的大小神靈、億萬眾生，都被吸入寶珠之中。人們進入寶珠之後，全然不知自己所在何處，只聽見元始天尊在朗朗說法，任憑天崩地裂、地動山搖，都絲毫不受影響。

正是由於元始天尊這一「開劫渡人」的神話，後來道教經典《渡人經》在講到嘉華後人時宣稱，只要人們對天尊所講的法「宗奉禮敬」，就可得到天尊的庇護，進入仙界。

從神壇走向民間

不管是元始天尊的出世神話，還是「開劫渡人」的傳說，後來也記載到了道教的經典著作之上。但真正讓他走上神壇、深入民間的是明人許仲琳所著的神魔小說《封神演義》。在這本書中，每當闡教弟子遇到困難時，元始天尊都會出面力挽狂瀾。

在文學作品的渲染下，人們慢慢開始熟悉元始天尊這位大神，膜拜他的人也就越來越多了。

出函谷關便成仙

道德天尊

老子被奉為太上老君

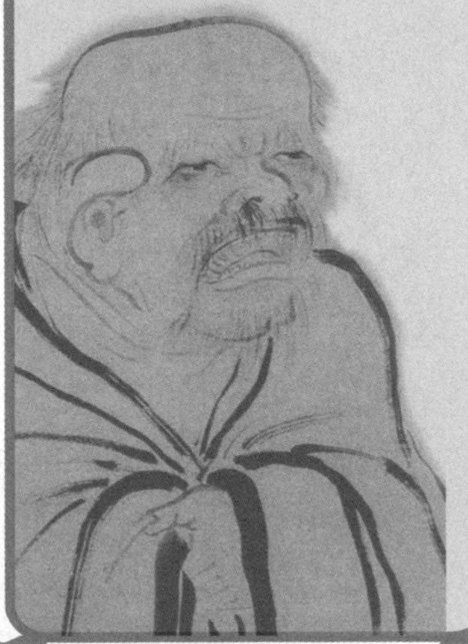

老子，俗名叫做李耳，熟悉歷史的人都知道，他是中國古代著名的思想家，所著的《道德經》一書，是中國歷史上首部完整的哲學著作。然而，這位智慧超群的老子並不僅僅是一個凡人，在道教經典中，他也有一個尊號叫做「太上老君」，被封為道德天尊，在道教三清中位居第三。

老子和太上老君有何關係？是何種機緣讓一位千古聖人成了道教領袖呢？要解開這些疑問和謎團，我們還要從老子的身世說起。

傳奇的身世

老子姓李名耳，祖籍是楚國苦縣厲鄉曲仁里，據野史記載，他母親懷孕八十一年才將老子生下。歷史上這些凡是有大智慧的人都會被人們貼上不走尋常路的標籤，老子也不例外。相傳出生的時候，老子是從母親的腋下生出的。由於待在母親體內時間過長，老子一出生便可以說話和走路。他問母親自己姓什麼，母親還沒來得及回答，這位「老小孩」就急忙搶著說：「我既然是在李子樹下出生的，那我就姓李吧！」

可能是在母親體內悶久了，老子一出世便喋喋不休地講個不停，引來了人們的圍觀。眾人見他的耳朵長得異於常人，而且滿頭白髮皮膚發黃，在額頭上還有許多的小褶皺。更讓人驚異的是，這位「老小孩」的眼睛是方的，並且鬍鬚泛白，完全就像一個飽經世事滄桑的老爺爺。於是周圍人就戲稱，你就叫做李耳吧！老子若有所思地說，耳是人智慧的源泉，這個名字不錯，於是就決定用李耳這個名字。在中國社會一直有一個傳統，那就是給小孩子取一個賤名，這樣孩子就容易養活，所以眾人就用「老子」來做為李耳的小名。

一個懷孕八十一年才出生的孩子自然就成了人們茶餘飯後的話題，這一談不要緊，一不留神，全天下人都知道有這麼一個剛出生就會說話、會走路，而且白髮蒼蒼的「老小孩」了。人們都想目睹一下這個神奇人物的真身，在拜見老子的眾多人中，孔子是其中最著名的一位。

聽到世間出現了老子這樣一個奇人，一向以天才著稱的孔子坐不住了，生怕別人搶了自己的風頭。他決定親自去拜見老子，雖說兩人離得沒有多遠，但那時候沒有飛機、沒有汽車，只能坐牛車或者徒步前往。為展現自己的誠意，孔子在周敬王十七年的時候，徒步前往老子的住處來探討學問。

孔子為什麼而來，老子心裡很清楚，但是為了給這位當時的「讀書人」留點面子，並沒有說破。他只是告誡孔子說：「你雖然很聰明，但是也不要表現得過於聰明。你要知道如何收斂自己的光芒，要學會韜光養晦，要做出大智若愚的樣子。你要多向那些有錢人學習，凡是真正有錢的人，都不會把自己的財富顯露出來。」

孔子聽完之後，深有感觸地說：「我雖然知道鳥可以飛，魚可以游，獸可以走，但是我卻不知道龍在哪裡，今天見到的這位老子才是真正的人中之龍啊！」

西出函谷關，一出便成仙

老子在周朝當官，看到周朝日益衰敗，決定西出函谷關，到秦國遊歷。

周敬王四年，也就是西元前516年，周王室發生戰亂。老子騎著青牛，離開周朝洛邑，沿途看到村莊破敗、斷垣殘壁，不由得悲嘆不已。

鎮守函谷關的官員尹喜，從小就對天文地理感興趣。一天夜晚，他獨登高樓，凝目仰望浩瀚的星空。忽然，他看見東方聚集了紫雲，長約三萬里，形狀就像飛騰的巨龍，從東方向西方奔騰而來。尹喜心想：「紫氣東來，延綿三萬餘里，莫非有聖人途經於此？」自此，他存心留意，認真觀察過關的行人，絲毫不敢懈怠。

轉眼到了七月十二日，這天將近黃昏時分，夕陽西下，金色的光輝塗滿了關隘。突然之間，黯然下沉的夕陽放射出燦爛的光華。這種景象引起了尹喜的注意，他在關上極目東望，只見關隘稀稀疏疏的過往行人中，有一個騎青牛的老者。尹喜素聞老子大名，知道這個人正是自己要等的聖人老子。他奔下關隘，跪拜在青牛前面，欣喜而嘆道：「尹喜三生有幸，今天見到了聖人！」

老子說道：「我是一個貧賤的老翁，何堪受這麼大的禮，慚愧得很，不知大人有何見教？」

尹喜說道：「您是天下聞名的聖人，尹喜不才，懇請先生宿留幾日，給學生指點修行之迷途。」

老子見尹喜很有誠意，就在函谷關小住了幾日，解答了尹喜的各種困惑。臨走時，他提起筆洋洋灑灑地寫了一篇五千字的《道德經》，送給了尹喜。

隨後，老子就一直往西走，越走身體越輕，當走到崑崙山時，竟輕盈地飛上了天。

老子的神化之路

老子西出函谷關之後，關內的人慢慢地就失去了他的消息，後來逐漸有人說老子成仙了。但是綜觀歷史典籍的記載，老子的神化之路是從東漢才開始的。東漢時，張陵自立教派，成立一個名為五斗米的新教。由於當時佛教盛行，再加上五斗米教是一個新興事物，所以當時很少有人信奉。為了改變這種現狀，張陵就開始想方設法抬高五斗米教的地位，於是老子這位歷史名人就成了他的招牌。

五斗米教之所以會看上老子而不是孔子、墨子等人，主要是基於兩個方面的考慮：一方面，老子是古代著名的文學家和哲學家，有著許多婦孺皆知的故事，把這樣一個人做為自己的教主，可以省掉很大一筆宣傳費用。另一方面，任何新生的事物必須有科學理論的指導才能發展壯大。道教始終把追求一種清靜無為的境界和長生不老做為最終的歸宿。老子所寫《道德經》，裡面有大量充滿神秘色彩的文字，如「深根固柢，長生久視之道」之類哲學意味很濃的話比比皆是，這些話教導人們要「務虛、守靜、謙下守柔」等等。為此，這些思想就成了五斗米教的發展提供了理論依據。

用現成的理論不僅可以減少腦細胞的負擔，還可以收到很好的宣傳效果，畢竟老子是家喻戶曉的名人。正是基於這種投機心理，張陵把老子拉進了自己的五斗米教，尊稱為「太上老君道德天尊」，《道德經》也成了本派的經文。

但是，羅馬城不是一天建起來的，佛教的勢力範圍也不是一天兩天就能縮小的，於是，道教的徒子徒孫們就杜撰了一個「老子化胡」的故事。

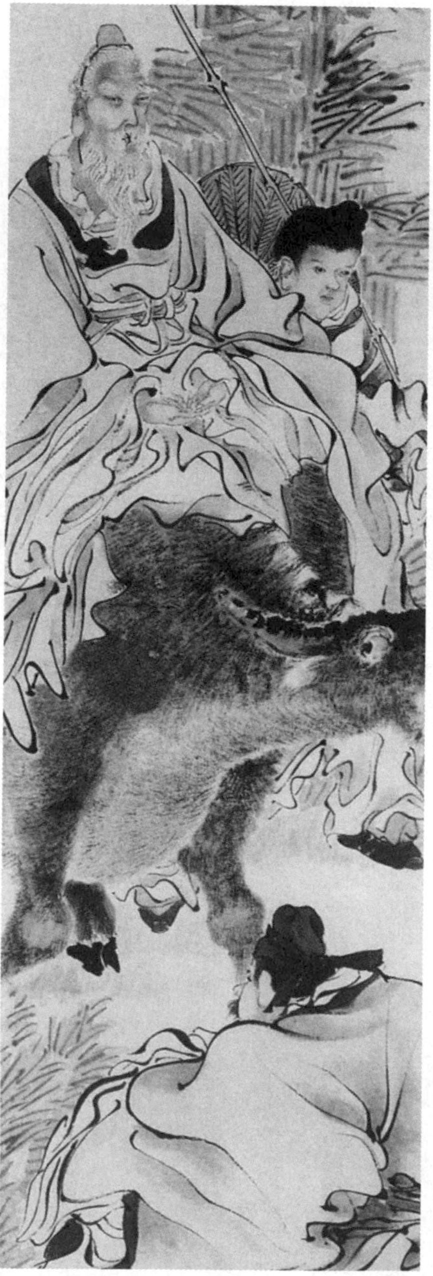
《老子授經圖》清 任頤。

話說老子西出函谷關之後，不知不覺就來到了印度。在這裡，他看到當地的許多百姓都過著食不果腹的苦難生活，就動了惻隱之心，決定留下來教化他們。其實聖人一般都這樣，見不得別人受苦，就這樣老子懷著一顆悲憫的救世情懷讓普渡眾生的佛教逐漸成為了印度的國教。

熟悉歷史的人都知道佛教的創立遠在道教之前，這則違背歷史發展順序的故事明顯暴露了道教迫切想要超過佛教的野心。

這個時候的老子已經是道教的太上老君了，高居在天庭的三十三重天之上。但是，老子最輝煌的並不是這段由人到神的經歷，而是和人間最尊貴的李唐王朝之間剪不斷、說不清

明朝畫家張路所畫的《老子騎牛圖》，現藏於臺北故宮博物院。

的血緣糾葛。

唐高祖李淵奪取了表哥楊廣的天下之後，害怕受到世人的唾棄，畢竟他們李家只是山西并州的一個小財主。為此，他遍尋中華名人，但凡能牽扯上一點關係的都絕不放過。老子這次又被拉了出來。在皇帝的授意之下，老子就和這群李姓皇帝有了說不清、道不明的關係，成為了李唐的祖先。在整個唐王朝，老子多次被皇帝加封，道教也成為了國教並盛極一時。

直到今天，我們在各地道觀裡都還能看到老子的塑像，在香煙繚繞中，受享眾生的膜拜。

掌管天界眾神之王

玉皇大帝

源於上古「天帝」信仰

提起玉皇大帝，在中國可謂人盡皆知。這位三界之首、高居凌霄寶殿的天帝，不僅掌管著整個宇宙的財富，還掌管著天上地下一切天神、地祇和人魁，更決定著人類的福禍生死。其實，很多人熟悉玉皇大帝並不是出於對道教的信仰，而是源於對一部神話小說的癡迷，這部小說就是中國四大名著之一的《西遊記》。

在《西遊記》中，孫悟空學道有成之後，想要謀得一官半職。但是玉帝看不上眼，就讓孫悟空去當了弼馬溫。剛開始，孫悟空並不知道自己的官職有多大，很高興地去做了御馬監的總司令。俗話說，紙是包不住火，當孫悟空發現自己被欺騙之後，開始了大鬧天宮，造反起來。在孫悟空打得所向無敵，天庭節節敗退的情況下，如來佛祖前來救場。孫悟空看見佛祖，只說了句：「皇帝輪流做，明年到我家。」

如來聽了之後，對著孫悟空冷笑道：「你一個猴精，竟敢妄想奪得這至尊寶座，玉帝從小開始修道，歷經一千七百五十劫之後才能享受今天的生活，你有何德何能要高居此位？」至於玉皇大帝的由來，《西遊記》並沒有給我們明確的答案。那麼，玉帝是如何登上天庭第一寶座的呢？

遙遠的天帝信仰

要弄清楚玉帝是如何得到這個寶座，有沒有進行黑箱操作之類的，首先就要弄明白這個玉帝是怎麼來的，有沒有什麼原型或者靠山。

說起玉皇大帝的信仰，據資料記載，最早是源於遠古時期祖先信仰中的天帝崇拜。在原始社會，大自然在人們面前十分強勢，沒有現在這麼聽話。那時候，我們的祖先過著茹毛飲血、穴居山野的生活，餓了就吃野果草根，渴了就喝山泉雨水，每天還要面對野獸們鋒利的爪子和尖利的牙齒。風雨雷電、山洪地震、酷暑嚴寒，時刻都在威脅著人類的生命。人類要依靠大自然的資源繁衍生息，但又常常會被脾氣極壞的大自然奪去生命。在這樣的處境下，人類很容易會一廂情願地認為，只要懷著一顆敬畏的心，尊重大自然，大自然就會保佑自己，這也是最早的原始信仰——自然崇拜的由來。

就這樣，凡是和生存扯上關係的自然現象，如日月星辰、山川河流、風雨雷電等等，都成為了人們崇拜和敬畏的對象。而天帝信仰在自然信仰出現的時候也已經出現了，因為對天空的信仰，基本上可以算作是天帝崇拜，不過這些是後人自己加上去的。

我們的祖先並沒有這麼高智商，也沒有那麼多的精力來管這些東西，他們只是單純地崇拜和敬畏日月星辰等可以看得到、感覺得到的實體。隨著社會的發展，人們的抽象思維能力得到了提升。透過觀察，祖先們發現了一些很有意思的事情，比如下雨前天空中會有烏雲出現，就會聯想到烏雲受到某個潛在的大神指揮。再加上當時每個部落都有一個首領，人們就開始認為控制自然變化的神靈們也有一個首領，這個首領掌管所有的神仙，並且掌控生死福禍。於是，天帝信仰就產生了。

玉帝的原型

任何神仙都不是憑空出現的，都會有自己的原型。據記載，玉皇大帝的原身是一個名叫張百忍的員外。

在成為玉帝之前，張員外生活在一個叫做張家灣的小地方。他是張家灣最大的財主，平日裡喜歡樂善好施、扶危濟貧，在方圓百里都有很好的名聲。

此時，天庭中諸神開始爭鬥，人間荒淫無度，使得天地三界大亂，太白金星因此下凡尋找才德兼備之人來做三界大帝。

一天，太白金星化身一個老乞丐來到張家灣，恰巧遇到外出回家的張員外，張員外見這位老者十分可憐，就命手下人將這位老者帶回家中照顧。傷好之後，太白金星四處打探張百忍的為人，再加上自己的觀察和考驗，決定現出真身，說明來意。可是張百忍聽到太白金星讓自己上天去當玉帝，連連推託。

最後，太白金星憑著自己的三寸不爛之舌，硬是讓這位淡泊名利的張員外同意上天庭去當玉帝。雖然張員外同意了，但也提出了自己的要求，他說：「我已經習慣了和家人一起住在老宅裡，現在我要去當玉帝了，也要把我的妻兒老小以及我的整個莊園都搬上天去。」

太白金星一聽就知道張百忍在打退堂鼓，急忙說道：「你的這個要求可以滿足。」話都到這個份上了，不去也不行了，張百忍只好帶著一家老小和太白金星上天當玉帝。

玉帝的升遷之路

玉皇大帝雖然是三界的最高統治者，但地位升遷也有一個曲折的過程。

在已經出土的甲骨文中，象徵天神的「帝」和人類的「王」都出現了。古人非常敬畏大自然，每逢有重大的活動，都會進行祭祀。殷商時期，人們流行用龜獸骨進行占卜，以探尋天神的旨意。當時的卜文記載，天上的「帝」最威風，他可以呼風喚雨，還掌握著人們的生死禍福。所以，「帝」是一位法力無邊的至高之神，而且在古人的意識中，「帝」是萬物之源，而天帝就是造生萬物的意思。

後來，紂王無道，周朝殷商，不僅繼承了殷商這一上帝觀，而且利用人們心中廣泛存在的天帝信仰，大肆宣揚君權神授的觀點，最高統治者還自稱是天子。在現有的周朝文獻中，我們經常會看到周王受天帝保佑的說法。比如《詩經》中的「時邁其邦，昊天其子之，實右序有周。」

到了東漢後期，張陵創建了五斗米教，天帝成為了該教的最高神。但這個時候，還沒有玉皇大帝的稱呼。一直到了唐朝，玉皇大帝的稱呼才逐漸普及起來。到了宋朝，玉皇大帝的地位得到了史無前例地提高，可以說達到了登峰造極的地步。據《宋史．禮志七》中記載，宋真宗在位時，尊玉皇上帝聖號為「太上開天執符御曆含真體道玉皇大天帝」。

自此，玉皇大帝成為了天界的最高統治者，也就是道教的最高天神。在現今的道觀之中，都會有單獨的玉皇觀或者玉皇廟，裡面供奉著玉皇大帝的神像。為了表示對玉帝的敬仰之情，道教徒將每年的正月初九做為玉皇大帝的生日。這一天，道觀要準備盛大的祝壽道場，舉行繁雜的宗教儀式，以慶祝玉皇大帝的誕辰。此外，道教還將每年的臘月二十五做為玉皇大帝的巡狩人間、考察善惡禍福的日子，這一天道場也會安排接駕活動。

原始社會的自然崇拜經過漫長的發展演變，特別是殷商和周朝權貴階層的宣導和鼓勵，天帝崇拜逐漸從一種純粹的自然崇拜，轉變為與人間秩序相對應的權力信仰，這也是後世玉皇大帝信仰的來源與基礎。所以說，民間信眾對玉皇大帝的尊崇不是偶然的，除了和遠古的天帝信仰頗有淵源，還與封建社會的政治需求一致。

玉皇大帝的侍者 太乙救苦天尊

與來自西方的佛教觀音相抗衡的東方神

太乙救苦天尊，又稱東極青華大帝或者北極神，他是上清靈寶天尊的化身，也是玉皇大帝的兩位侍者之一。他的職位和聲望與人間的宰相大體相當，可謂是一人之下萬人之上。太乙救苦天尊的身世被隱藏得很好，正是因為過於神秘，人們的探秘心理在他的身世上被發揮得淋漓盡致。

傳奇軼事

太乙救苦天尊主要的工作就是救助處於危難之中的靈魂和眾生。可是人在恐懼的狀態中常常習慣閉著雙眼，所以即使有神仙前來相助也不會看到神仙的真容。太乙救苦天尊出現的時候總是人們極端驚恐的時候，因此，民間關於他的由來和原身也就鮮有記載了，流傳較多的則是他拯救世人的故事。《道教靈驗記》中就有這樣一則奇事：

道士張仁表為人巧言令色，由於喜歡說謊而遭到眾人的鄙視。有一天，張仁表起床後感覺身體不適，隨即暈倒在地。等他清醒過來之後，發現自己正由小鬼拖著自己走。在這危急關頭，他連聲高呼太乙救苦天尊的法號，可是叫了很多聲也沒有任何回應。旁邊的小鬼笑著說：「你平日與人交惡，此時如何指望天尊來救你。」

可是張仁表不見棺材不掉淚，仍然高聲呼喚著太乙救苦天尊，他叫一聲，旁邊的小鬼笑一下。等叫到九百九十九聲的時候，忽然紅光四射，照得小鬼和張仁表睜不開眼睛。只聽見一個聲音說：「你陽壽已盡，但本座念你誠心呼喚，特來拯救與你，再給你七年陽壽，你返回人間後，要為我畫像，廣施恩澤，拯救蒼生，不可再做惡事。」張仁表聽後，連忙拜謝。

雖然這位大仙像救世主一樣拯救了無數受苦受難的靈魂和肉體，但是太乙救苦天尊的塑像還是很少看到。《道教靈驗記》描寫其形象時這樣說道：太乙救苦天尊坐在五色蓮花座上，蓮花座下有一頭會口吐火焰九頭獅子，火焰包圍著蓮花座上的天尊，在天尊的周圍以及頭上，會不斷地放出九色神光，這些神光將天尊縈繞，鋒芒如太陽一樣指向四面八方。天尊的頭上有七寶華蓋，背後的樹枝上掛滿寶花，光芒四射，在天尊的身後有許多真人、力士、金剛神王，金童玉女站立天尊身旁。

從太乙救苦天尊的形象和關於他拯救世人應驗的故事來看，太乙救苦天尊和佛教中的觀世音菩薩甚為相像。兩位的職責都是普渡眾生，而且都坐在蓮花座上。要知道，蓮花是佛教的重要神器。太乙救苦天尊端坐蓮花，也正是說明了這是道教在發展過程中，吸納佛教精華，完善自身神仙譜系的重要佐證。

道教做為中國土生土長的宗教，在形成和發展的過程中，不斷吸納各個教派的思想，促進自身的完善和發展，以此來對抗其他宗教的勢力。太乙救苦天尊這個東方神恰恰正是道教用來對抗西方佛教的產物。

男仙領班

東王公

走不出太陽神的影子

東王公，又稱為木公、東華帝君，姓倪，字君明。在人類還沒有被女媧娘娘造出來的時候，他就已經出現了。東王公生於碧海之上、蒼靈之墟，主理世上的陽氣，凡是天上地上一切修練得道的人都在他的管轄之內。

橫空出世

任何神仙都不是憑空出現的，東王公自然也有一個起源和發展的過程。據考證，這位男仙領班最早起源於中國遠古時期對太陽神的崇拜，由伏羲演化而來。在《列仙傳拾遺》記載說：「東王公，又稱木公，統管天地之間的陽氣。」在古時候，木公指的就是伏羲。同樣，在《帝王世紀》中，也有關於東王公的記載，說東王公生於萬物之前，是眾仙的統領，居住在東方。這些資料都證明了東王公是人們在對太陽神崇拜的基礎上演化而來的。

相傳，東王公喜歡和仙女們一起玩投壺的遊戲。每一輪可以投1200下，若投中，東王公就會歡聲大笑，上天也會大笑，若投擲不中，他便長吁短嘆，上天也會發出噓聲，以示嘲笑。

東晉葛洪在編寫道教神仙譜系《枕中書》時，將其封為扶桑大帝，並尊稱為東王公。後來，南朝齊梁時代的陶弘景在編寫《真靈位業圖》的時候，又把東王公安排在上清的左邊，進一步提高了他在仙界的地位。

扶搖直上

道家強調陰陽共生，一直想給西王母找一個伴，想來想去就想到了這個生於大海之上的神仙——東王公。就這樣，東王公和西王母就聯繫在了一起。既然東王公換了工作崗位，那工作的內容也應該換一下，參照西王母的職責範圍，道教徒們安排東王公統管男仙，所有想要成仙的修道之人必須要拜謁他之後才能升天成仙。

我們都知道這樣一個常識，凡是領導身邊都會有一大堆秘書，這些秘書負責安排上司每日的行程。

東王公這次調換工作崗位之後，道教徒們也可能是覺得他年紀大了、精力不夠，就給他安排了35個助手。不僅如此，道教徒們還在東海之上給東王公建立了一座府第，在方諸山上搭建了一座東華臺。在眾多助手的打理之下，很多事情就不需要東王公親自去做了。他只需要每天站在東華臺上，考察那些正在修道的人，並根據修道之人道行的深淺以及每天修道的表現給他們打分。他依照每人得分的高低劃分為九天真皇、三天真皇、太上真人、飛天真人、靈仙、真人、靈人、飛仙、仙人九個不同的等級。所有修成正果的神仙在上天之後，要先去拜見東王公，然後再去拜見西王母，等到所有的報到手續完成

東王公。

之後就可以飛入九天之上，拜見元始天尊。

關於道家成仙後的報到手續，在西漢的時候，曾經有這樣一段歌謠：「著青裙，入天門，揖金母，拜木公」。當時，所有的人都覺著這只是小孩子在嬉戲玩鬧，只有張良把這些事當真，並告訴眾人說：「這些孩子乃是東王公手下的童子。」東王公聽聞人間有此異人，就想渡化張良成仙。後來，張良果然成為道教中的一位仙人，不過這些都是後話。

女仙之祖
西王母
從猙獰怪獸到曼妙女神

西王母，俗稱王母娘娘，又稱西姥、王母、金母和金母元君，全名為白玉龜台九靈太真金母元君、白玉龜台九鳳太真西王母或太靈九光龜台金母元君。西王母這個名字最早出現於古代神話集《山海經》之中。「西」指的是方向，「王母」是對神仙的一種稱謂。

相傳，西王母由混沌道氣中西華至妙之氣結氣成形。她俗姓緱（一說姓何或姓楊），名回，字婉妗，一字太虛。西王母位居西方，和陽氣凝結而成的東王公分管東西兩個方位，主要職責是化育天地、陶冶萬物，凡是所有修練成仙的女子都由她統管。

形象演變第一階段：半人半獸的凶神

做為中國最早的神祇之一，西王母是一位被眾多典籍記載的神仙。《山海經》中記載：「西王母其狀如人，豹尾虎齒而善嘯，蓬發戴勝，是司天之厲及五殘。」西王母被說成是一位半人半獸的怪神，掌管瘟疫和刑罰，這也是她的原始形態。此時，西王母的身上還帶有明顯的圖騰崇拜痕跡。

相傳，西王母擁有兩件寶貝，一個是她所居住的崑崙山是一個應有盡有的天國之地。西漢劉安在他所著的《淮南子》中寫道：「崑崙山上的城牆之內有一個池塘，名為瑤池。裡面有一眼望不到底的泉水，這些水在池子中旋轉三圈之後會變成丹水，世人若能飲此丹水，便可以長生不老。」

另外一件寶貝是長生不老的藥方。關於長生不老藥的最早記載是在《山海經》中出現的，書中記載崑崙山中有一棵樹，只要你割下樹皮就能看到樹裡面流淌著鮮血，這棵樹三千年才開一次花，花色豔麗；又過三千年才能結出一種黃橙色的果實，再由崑崙山的掌管者——那位平時以青鳥為信，可以化身為豹子的西王母用自己的秘法加以煉製三千年，最後所成的丹藥就是能讓人不老不死的神藥，因此也稱為不死藥。

後世在有關西王母的傳說中總是缺少不了「長生不老」這個話題。

在神話傳說中，后羿射殺了九個太陽，惹得天帝很生氣，發誓要殺掉他。后羿很害怕，就急急忙忙地趕到崑崙山去求助西王母。西王母念他射殺太陽有功，就賜了一粒仙丹給后羿，並告訴他說：「你吃一顆可以成仙，吃半顆可以長生不死。」

明朝畫家唐寅筆下的嫦娥。

后羿回到家中，把仙藥交給了自己的妻子嫦娥，說等到晚上回來一起吃。后羿走後，嫦娥按捺不住誘惑，獨吞了仙丹，結果飄到月宮成了廣寒仙子。

秦始皇為了追求長生，讓徐福帶領五百童男童女出外尋求不死藥，最後他變成一抔黃土的時候也沒有見到徐福找藥回來。不過有人說徐福找藥是假，移民是真，目的地是扶桑，也就是今天的日本。

從古至今，無數人想不死想不死藥都想瘋了，也許大家心裡都清楚那是個大騙局，可是別人挖個坑的時候，還有無數的瘋子往裡面跳。

形象演變第二階段：雍容多情的女王

不死之藥是西王母獨有的秘方，她自然也就成為了眾多人膜拜的對象，自身的形象也逐漸由原來猙獰的凶神變成血肉豐滿的女神了。不僅如此，西王母還學會詩詞歌賦和舞蹈，變成了一個極具生活情趣的女子。在《穆天子傳》中，西王母就徹底完成了由半人半獸怪物到女王的轉變。

周穆王以50歲高齡登臨大寶，便開始了實現自己恢宏的旅遊計畫。要想遠行，勢必要有交通工具。他手下有個人名叫造父，是馴馬兼駕駛高手，一句話，他是個好司機，既能挑選優質馬匹，又能駕馭這些駿馬。

造父不負穆王所望，從誇父山上覓得八匹野馬，經過馴化，這八匹馬奔跑起來足不踐土，比鳥飛得還快，有的能夜行千里，有的背上還生出翅膀。

在某個選定的日子裡，周穆王歡歡喜喜地登上馬車，帶著一群侍從大臣離開都城鎬京。

一行人先是向北，繼而向西，一路上大開眼界，既見識了少數民族的人文風情，還與他們互送禮物。經過千里跋涉，周穆王在西方盡頭見到了渴慕已久的西王母，並獻上隨身帶來的白圭黑璧。西王母是當地一位女性統治者，對這位從天而降的天子人物十分欣賞，設下宴席熱情款待，並帶著幾分醉意為周穆王唱起了歌謠：「白雲在天，山恭自出，道裡悠遠，山川間之，將子無死，尚復能來」。歌詞大意是：白雲悠悠天上飄，一度繞在半山腰；阿哥不嫌天地遠，翻山涉水到眼前；希望你保養好身體，下次還要來這裡。

周穆王聽到後很激動，接著唱道：「子歸東土，和治諸夏，萬民平均，吾顧見汝，比及三年，將復而野。」翻譯成白話就是：今天我得先回故鄉，國家需要和平吉祥；理想實現以

清朝宮廷畫家郎世寧的《八駿圖》，以周穆王八駿為題材，八匹馬形態各異，飄逸靈動，為不可多得的珍品。

後，還想與妳訴說衷腸；暫時告別只需三載，日後必定來到妳的處所。

兩位首腦宴飲結束結束，西王母親自帶著穆王遊覽國內山川名勝。穆王難捨此情，在一座山上刻下「西王母之山」幾個大字，以表紀念。

如果這件事情發生在今天，肯定會記錄下來，不會出現任何偏差。無奈那時技術落後，就連書寫，都要費半天工夫刻在竹片上。如此一來，不知史臣懶惰，還是事情發生的過於玄妙，或者是周穆王本人對於這件事情無法確定，畢竟遠遊他方，美女入懷，總有些飄渺虛無之感。總之，這件事情雖然出現在穆王傳記中，卻總是以神話傳說的方式出現。

可惜那位西王母，枉費心機巴結周穆王，最後卻是竹籃打水一場空，不但心儀的男子沒有返回，連歷史也不肯做出正面評價。這件事成為中國家喻戶曉的「神話故事」，西王母也名正言順成為了神話人物。

演變第三階段：絕世美女

西王母除了有不死藥之外，還有一樣寶物就是蟠桃。由吳承恩的《西遊記》，我們知道了可以長生不老的蟠桃；由蟠桃，王母娘娘結識了漢武帝，走上了絕世美女的光明大道。

據《漢武內傳》記載，漢武帝極好長生不老之術，這件事不知怎麼就傳到了西王母的耳中。她在漢武帝壽誕當天，前往長安為其祝壽。當時的場面非常氣派，西王母身後跟隨的神仙足有上千人。這些神仙有的騎著龍虎，有的騎著白麒麟，有的騎著白鶴，還有的乘著漂亮舒適的馬車，身上放出的光芒將宮殿照得如同白晝。漢武帝見到這樣的陣勢，驚訝地直接從龍椅上站了起來。只見西王母帶靈飛大綬，腰佩分景之劍，頭上梳著太華高髻，戴一頂太真晨嬰之冠，腳穿描鳳的繡鞋，雍容華貴，讓人不敢仰視。

她來到漢武帝面前說道：「我送陛下五枚蟠桃，還請笑納。」漢武帝連忙接過蟠桃吃了起來，吃過之後覺得餘味無窮，便將桃核藏進自己的袖子裡，想種在御花園中。西王母笑道：「此桃三千年一生實，中夏地薄，種之不生。」

說完，漢武帝突然感覺一陣風從自己的袖子吹過，等回過神時，桃核已被收走了。當時，東方朔在窗外偷偷窺視西王母，西王母對漢武帝說：「這個人曾經三次到我那裡去偷桃。」

《東方朔偷桃圖》 明 吳偉 絹本水墨畫，美國麻薩諸塞州美術館藏。

東方朔聽到後嚇得連忙跪倒在地，請求西王母原諒。

在這個神話傳說中，西王母完完全全變成了一個花見花開、人見人愛的絕世美女，而且在人間的影響也越來越大。

後來，道教徒們開始豐富和發展自己的神仙陣容。西王母這樣一個影響巨大的人物自然也就被納入了道教的神仙譜系。道教為了宣傳陰陽共生的教義，還將東王公與西王母匹配。葛洪在《枕中書》中，將西王母說成是元天王與太元聖母生的九光之女，並尊其為太真西王母，統領女仙。

管理土地的神仙

后土娘娘

女媧「穿越」造就的大地之母

我們都聽說過這樣一句俗語，天有多高，地就有多闊。玉皇大帝是管理天界的最高首領，與之相對應的大地又是由誰來管理呢？這個神仙就是本文的主角——后土皇地祇，也就是百姓通常所稱的后土娘娘或地母娘娘。

我們的祖先非常喜歡偶數，做什麼事情都喜歡成雙成對，后土娘娘可以說是這種偶數文化的產物。她是道教中實際負責管理宇宙萬象的四位最高神祇之一（其他三位分別是：金闕至尊玉皇昊天上帝，俗稱玉皇大帝，總馭萬神，執統天道；天星主紫微大帝，執掌天地經緯、日月星辰、四時氣候；勾陳上宮天皇大帝，總管萬靈，即一切生靈，又兼管戰爭兵革之事。）也是四大神祇中唯一的女性神。既然是女神，肯定是一個愛美的人，所以后土娘娘就主管山河秀美以及陰陽生育之事，這些恰恰是女神比較熟悉的領域。看來仙界的職業分工也很人性化，比較懂得憐香惜玉。這樣做一方面討好了后土娘娘，另一方面又彰顯了男女平等、陰陽互生的理念。

受人非議的身世

從后土娘娘的名號就可以看出來，這是一位管理土地的神仙。說起管理土地的神仙，就不得不提土地公和城隍爺，他們可是中國老百姓比較熟悉的土地神。雖說管理的領域是相同的，但后土娘娘並沒有這兩位小仙吃香，在民間並沒有多少香火。

我們常說皇天后土，既然是和天相提並論的，肯定不是一般的人物，自然也就需要不一般的人物來祭祀。在古代，只有皇帝才有資格祭祀后土娘娘。既然普通百姓沒有資格仰望那高貴的身影，就索性忘記。所以，后土娘娘的廟與其他上仙相比少得可憐。

越是吃不到的葡萄，人們越是想知道那是什麼味道。閒來無事的那些人就開始查后土娘娘的祖宗八代，發誓要弄清楚這個女子是何由來，一查不要緊，竟翻出了后土娘娘的三種身世。

第一種說法，后土娘娘是炎帝的後裔，是不折不扣的官二代，不然一個沒有任何背景的女子怎麼可能高居此位。這種說法大概是那些不得志的才子們編造出來的。這種說法主要記載在《山海經》中。在《山海經．海內經》中是這樣寫的：「炎帝的一個兒子叫做炎居，炎居的兒子叫節並，節並的兒子叫戲器，戲器的兒子叫祝融，祝融的兒子叫共工，共工的兒子叫后土。」

第二說法，后土娘娘是黃帝的重要輔臣。這種說法的始作俑者大概是那些受到皇帝重用的達官顯貴們。姑且不論是誰編出來的，這種說法卻是最得人心，流傳最久的。劉安在《淮南子》中寫道：「東到碣石，西到崑崙山，泱泱一萬兩千里大地盡歸皇帝和后土所有。」在這本書裡，黃帝和后土是好朋友，更是好夥伴，兩人親密無間，共同管理一萬兩千里的土地。然而，黃帝畢竟是大老闆，不可能親自去工作，實際的管理重擔還是落在后土的身上。在這個說法中，開始有了對后土具體職責的劃分。

第三種說法，把后土當作是陰間的主宰。不過這種說法沒有什麼市場，也沒有多少人理會，沒過多久就消失了，只是在《楚辭》中有隻言片語的記載。

在上述的三種說法中，只有第二種得到了廣泛的流傳和推廣。不過三種說法中的后土都是男性神，在流傳的過程中，后土才逐漸由男性變為了女性，成為了后土娘娘。這種演變，其實也是為了迎合當時社會的需要。古人普遍認為，天屬陽，地屬陰，既然主管天界的是男神，那麼主管地界的就應是女神，只有這樣才能陰陽調和，萬物和諧。這種陰陽互生的觀念也十分符合道教的教義，於是，到了隋朝以後，后土就成了女神，人們開始尊其為「后土娘娘」。

后土崇拜的來源

沒有土地，就沒有生命。從古至今，人們對土地都懷著一種特殊的感情，對它的祭祀儀式也從沒有停止過。

在遠古時期，流傳著這樣一則神話：地母見人類過著饑饉的生活，心裡十分同情，便想透過自己的努力來改變人類的處

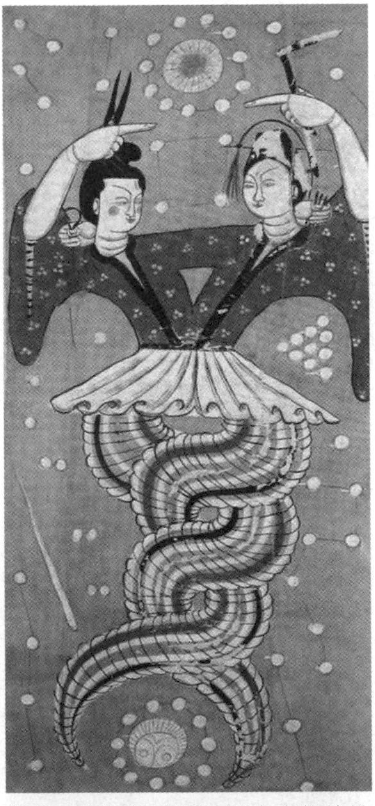

伏羲、女媧為中國神話中人類的始祖，相傳兩人為兄妹，結合之後而有人類。

境。她培育五穀，將其種植在野外，讓附近部落的女性來採摘。慢慢地，人類開始把野生的五穀種植到離自己部落比較近的地方，人工培育出來的五穀就誕生了。喝水不忘挖井人，受到地母照顧的人類祖先們並沒有忘記她的恩惠，每年在豐收的時候，部落都會舉行盛大的儀式來祭祀地母。這種儀式後來演變成了對土地的祭祀。

極具藝術天賦的帝王——宋徽宗。

隨著皇權專制社會的到來，普天之下莫非王土的觀念形成，土地被視為君王的私有財產。也就說，只有皇帝才可以祭祀土地。在遠古時期，后土神和黃帝同列為中央之神。到了漢朝，出現了「后土祠」，人們用無限尊崇的詞彙，來表達對后土之神的熱愛——「皇皇帝天，皇皇后土」。

學界認為，三皇之一的女媧（中國古代的三皇分別是天皇伏羲、地皇女媧、人皇神農）是掌管土地的皇帝；而后土娘娘則是掌管土地的最高女神。那麼，后土娘娘和女媧很明顯是兩人合一。

雖然歷朝歷代的皇帝總是想辦法給這位地母添加漂亮的外衣，但誰都沒有想到給這位「大地之母」一個名分。從常識來講，名分有時候比那些實惠的東西要重要得多。宋政和六年，也就是西元 1116 年，宋徽宗周圍的那些佞臣發現許多神都有了帝、王、公、侯的封號，唯獨做為大地之神的后土無名無分，就上書宋徽宗給后土娘娘上封號。一心渴望有所建樹的宋徽宗覺得自己如果給后土娘娘上一個封號，那他將是史無前例的第一人。想到這裡，這位特別喜歡搞怪的皇帝親筆給后土娘娘寫了一個封號，全名為「承天效法厚德光大后土皇地祇」。

雖說被皇帝封了名號，但是也沒有給后土娘娘帶來多少粉絲，祭拜后土娘娘依然是皇家的專利。其實也不能埋怨老百姓，因為私自祭祀后土娘娘是殺頭滅門的大罪，人們也只好對這位后土娘娘敬而遠之了。

后土娘娘顯聖

俗話說，拿人錢財，替人消災。后土娘娘在北宋時期特別風光，既然人家給了這麼多的好處，總得做點事來報答一下。雖然北宋滅亡的大局不能挽回，但還是可以教訓一下入侵中原的異族。

當年金兵南下，宋軍節節敗退。很快，山西就淪陷了，金兵攻進來之後佔領了后土娘娘的廟宇。當時金兵的元帥叫做黑風大王，乍一看這個名字，感覺像是進入到了《西遊記》裡面一樣，可能是這位元帥長得比較黑，再加上性情兇狠，所以就有了這個綽號。當時他所率領的金兵駐紮在后土娘娘的殿前，由於人數眾多，再加上是來侵略的，所以這些士兵並沒有表現出高素質，丟了滿地的垃圾。或許是被勝利沖昏了頭腦，黑風大王每天都喝得酩酊大醉。

一天夜裡，這位黑風大王酒後帶領士卒走進后土娘娘的正殿。還沒有待多久，只見火光夾雜著煙霧迴旋而起，陰氣逼人，使人站立不穩。黑風大王見狀，掉頭就跑，可惜為時已晚。這時突然狂風四起，殿門自動關閉，幾個剛跑到門口的士卒竟被殿門夾斷了雙腿。黑風大王大驚失色，立刻下跪叩頭謝罪，並向后土神承諾，第二天一早便將兵馬移駐他處，不再驚擾。

第二天，清早還是晴空萬里，很快就雷鳴電閃，大雨如注。不到一炷香的工夫，雨水將金兵留下的那些垃圾，沖洗得乾乾淨淨。受驚之後的黑風大王吃齋沐浴，祭拜后土神，並捐錢捐物前來贖罪。

眾星之母 斗母元君

上古星宿信仰與佛教摩利支天信仰的合璧

斗母元君，簡稱斗母，是眾星之母。據《北斗本生經》這本道藏的說法，由於斗母元君兒子們的傑出成就，她才被封為神仙。追根溯源，斗母元君其實也是道教杜撰出來的。

原是一位多子的王妃

據《北斗本生經》記載，在禹的兒子啟建立的夏王朝的國土之外，還有一些很小的國家獨立存在。其中有一個國家名叫光嚴妙樂國，誕生了九位不平凡的神仙帝王，在後世，他們影響著整個神仙的世界。這九位帝王的出生，距現在至少有四千多年。道教徒稱這一時代為龍漢年間，當時的國王叫周御王。他勤政愛民，治下的百姓安居樂業，但唯一遺憾的就是膝下無子。雖說擁有眾多美貌的妃子，但這些妃子一直都沒能給周御王誕下一兒半女。

斗母元君聽說了此事，找到周御王，說願意給周御王生兒育女。周御王很高興，就封這位美貌的姑娘為紫光夫人。

一天，紫光夫人又在向上天祈禱，希望上天看在君王仁德的份上能夠賜福自己，讓自己給周御王生下一兒半女。祈禱結束之後，她來到御花園遊玩，這天天氣出奇的好，紫光夫人玩得有點累了，就走到溫泉池旁來洗澡。進入水中後，紫光夫人在享受之餘也不忘記自己的使命，又趁機向上天祈禱。這個時候，她覺得泉水有些許的異樣，放眼一看，發現原本空無一物的溫泉池裡突然冒出了許多含苞待放的蓮花。九朵蓮花中間有一個蓮花臺，紫光夫人認為這是上天的恩賜，連忙拜謝。隨後，她登上蓮花座，吸納天地精華和靈氣，靜坐了一會兒之後，忽然感覺自己的肚子有些疼痛，剛要起身之時，一個可愛的孩子呱呱墜地，緊接著又有八個嬰兒落地。

周御王得知紫光夫人給自己生了九個兒子，十分開心，並深感神仙的眷顧。紫光夫人的九個兒子分別為天皇大帝、紫微大帝以及貪狼、巨門、祿存、文曲、廉貞、武曲和破軍。

後來，天上的繁星不斷增多，玉帝一個人管理不過來，就選賢任能，把斗母元君的九個兒子全部收入麾下，封為神仙。其中，她的大兒子和二兒子成了「四御」中的兩位神祇，其他七個兒子則成了北斗七星君。飛黃騰達之後的兒子們沒有忘記生養之恩，奏請玉帝封自己的母親為眾星之母——斗母元君。玉帝也很感激這位偉大的母親，同意了奏請。就這樣，紫光夫人被封為斗母元君，成為眾星之母。

佛教與道教完美結合的產物

在一些規模稍大的道觀中，都會設立斗母元君觀，來供奉斗母元君。在裡面，你會發現斗母元君的形象十分奇特，這位眾星之母有著四個頭、八隻手臂，三隻眼睛，其中兩隻手在胸前合十，其餘六隻手每隻手中分別握著日、月、寶鈴、金印、弓、戟。在道教諸神的雕塑中，很少有哪位神仙會被塑造成這樣，更別說是漂亮的女神。這種神像只有在佛教中才能經常看到，因為佛教的神像大多非常誇張，比如千手千眼的觀世音菩薩等。

追溯歷史就會發現，中國土生土長的道教實際上是糅雜佛教發展起來的。道教女神斗母元君就是佛教與道教完美結合的產物，她的形象與佛教護法神——摩利支天十分相似。

摩利支天是佛教二十位護法神中的一位女護法，擁有三隻眼睛和八隻手臂。摩利支天在印度語中的意思是「火焰」，因此，摩利支天的職責除了護法護教之外，還會給人們帶來光明。古人眼中的星星就是黑夜裡的一盞天燈，眾星之母斗母元君恰好就是這樣一位女神，所以說斗母元君是佛教護法神摩利支天進入道教神壇之後的完美變身。

摩利支天菩薩。

斗母顯神通

斗母元君的全稱是「九天雷祖大梵先天乾元巨光斗母紫光金尊聖德天后圓明道母天尊摩利支天大聖」。這麼長的名字一口氣說出來大概會把人給噎死，所以民間百姓很少有人知道斗母元君的全名。既然連名字都不記得，怎麼才能讓人記住這位神仙呢？這個問題著實是讓道教的徒子徒孫們傷腦筋。要想讓人記住你，你就要做出一點事蹟讓人們傳頌，最好的辦法就是顯神通，也就是顯靈。但是斗母元君的形象過於誇張，如果現了真身不僅不能救人，還有可能會嚇到人。於是，道教徒們就想了一個折中的主意。

話說康熙年間，有一年北京城一直沒有下雪，很乾燥。一天半夜時分，月黑風高，大家都在屋裡睡覺。忽然有一家藥鋪著火了，接著相連的數十家商鋪也受了牽連。大火燒到一個叫做張君安所開的藥鋪時，火勢變得異常兇猛，身處火海之中的張君安已經沒有逃出火海的機會。生死攸關的時刻，他大喊一聲斗母元君，接著合掌閉上了雙眼。就在這時，奇蹟發生了，只見一束紫光罩在火海之中的張安君，又有一道綠光掃過火場，火勢立刻得到了控制。就這樣，張君安在斗母元君的庇佑之下死裡逃生。

這則故事雖說是一位小說家寫的，但作家寫作的素材主要還是來源於生活。從這個故事中可以發現，當時北京的百姓還是信奉斗母元君的。雖說斗母元君的名字不好記，但總歸還是有著自己的粉絲群。

不過從全國範圍來看，單獨的斗母觀很少見到，一般都是一些比較大的道觀給斗母元君設一個宮殿單獨供奉。在中國有名的有山東泰山的斗母宮和北京白雲觀的元辰殿。由於北斗七星和勾陳、紫薇確實是天上的實際存在的星體，這個我們至今還可以觀察得到，但是做為

山東泰山的斗母宮。

眾星之母的斗母元君卻是看不到的。所以說，眾星之母斗母元君只不過是道士們為了抬高星宿神在道教中的地位，以佛教摩利支天護法為原型杜撰出來的一個神仙。這位杜撰出來的女神由於過於古板，在現實中也沒有她的兒子們受歡迎。

送子娘娘
九天玄女
源於人頭鳥身的上古神話人物朱雀女

在道教的各大神廟中，總少不了這樣一位神仙，她相貌端莊的坐在大殿的正中間，懷中抱一個嬰兒。這位女神被民間的信眾稱為「送子娘娘」，這個稱號道出了這位女神的職能。送子娘娘是這位女神的通用名，她還有一個小名叫做玄女，也稱為九天玄女，所以有的地方也稱送子娘娘為玄女娘娘。

生育是人類繁衍後代維持種族延續的重要方法，雖然科技已經發展到可以做試管嬰兒的地步，但自然生育和分娩還是延續種族最基本的方法。古代的生殖健康技術很不發達，許多婦女會面臨不孕不育以及難產的情況，而中國又是一個極為重視香火傳遞的國家，這樣的客觀環境催生了許多的生育神，送子娘娘就是這諸多生育神中的一位。

玄女娘娘是中國道教神仙譜系中比較重要的神仙之一，她的影響範圍很廣。可能是由於玄女娘娘天賦過人，她廣泛涉獵各行各業，在很多領域都有所建樹。按照現在社會對人才的要求標準來看，玄女娘娘應該是複合型人才。那麼，這位多才多藝的娘娘是什麼時候成為神仙的呢？道教的每一位神仙都是有自己的原型和成仙過程的，玄女娘娘也一樣。

玄女娘娘救宋江

關於玄女的神話故事我們聽說過很多，其中最為有名的是玄女救宋江的故事。

當年，宋江失手殺了閻婆惜，認為自己此後將難以侍奉在父親左右，就回到宋家老宅向父親拜別。而梁山上那些受過宋江恩惠的兄弟聽說哥哥出了事，趕緊下山去救宋江。宋江在梁山眾兄弟的相邀之下落了草，但是他擔心官府會迫害自己的父親和弟弟，就決定親自下山去接他們。不知是誰走漏了消息，官兵埋伏在宋家老宅來捉宋江。宋江在慌亂之中躲進了村裡的玄女廟。官兵見宋江逃跑，便四處圍追堵截，嚴密搜索。等到官兵搜到廟裡的時候，玄女娘娘突然顯靈，頓時，廟宇四周狂風大作，飛沙走石，官兵被嚇得落荒而逃。宋江正在疑惑之時，只見兩個青衣女子前來請他去見自己的救命恩人——玄女娘娘。

玄女娘娘見宋江一身正氣，而此時的北宋王朝已經是烏煙瘴氣，無力回天。就欽賜三卷天書，告誡宋江說：「此書只是助你替天行道，完成大業，待你功成名就之後，即刻將書焚毀，萬不可將此書留在世上。」

在宋江接受朝廷招安之後，他被派到邊疆與遼軍作戰。遼軍主將採用道士的建議，擺了一個「太乙混天象陣」。此陣甚是厲害，宋江指揮眾兄弟攻打了好幾次，都無功而返。面對這種境況，宋江有點黔驢技窮，甚是煩悶。他可能是因為過於勞累，不知不覺睡著了。在睡夢中，宋江夢見自己在兩位仙女的帶領下又一次拜見了玄女娘娘。玄女娘娘告訴宋江，自己是前來幫助他退敵的，並口傳宋江破陣之法。宋江醒後，按照玄女娘娘的指示，順利破陣。

施耐庵筆下的九天玄女是一位出色的軍事家和謀略家，跟生育一點也扯不上。要明白這位生育神為什麼後來還兼做軍事家和其他事情，還得追究一下玄女信仰的來源。

從人頭鳥身的朱雀鳥到雍容華貴的娘娘

追根溯源，玄女娘娘這個人物並非杜撰，而是源於上古時期人們的神話信仰。

在上古神話中，玄女是一個長著人腦袋、鳥身子的怪物。在《詩經．玄鳥》中有這樣一句話：「天命玄鳥，降而生商，宅殷土芒芒。古帝命武湯，正域彼四方。」這是商朝子嗣祭祀祖先時所唱誦的歌。意思是說，自己的祖先玄鳥是在天帝的命令下生下契，契憑著自己的努力建立了商朝。雖然契建立了商朝，但他並不是始祖，應該是玄鳥。

如果說《詩經》只是一本詩歌集，因而沒有任何說服力的話，我們還可以在《史記・殷本紀》中找到關於玄鳥的記載。《史記》是這樣寫的：「殷契母曰簡狄，有娀氏之女，為帝嚳次妃……三人行浴，見玄鳥墮其卵，簡狄取吞之，因孕生契。」意思是說，契的母親簡狄在沐浴的時候吃下了玄鳥投下的卵，後來就生下了商朝的建立者契。

商朝人崇拜玄鳥，把牠說成了人頭鳥身的異類，這也就有了「黃帝戰蚩尤，玄鳥來幫忙」的神話故事。

在前面的介紹中，我們都知道西王母是最早的女神，普天之下所有成仙的女子都要受西王母的管轄，玄女自然也是她治下的一名女仙。這個時候的玄女，已經從人頭鳥身進化為人頭人身的的仙女了。

到了宋朝，有一位叫做張君房的人寫了一本《雲笈七籤》。在這本書中，張君房將玄女給徹底神化了。在他的筆下，玄女不再是一個由半人半獸的怪物進化來的女仙，而是一位九天玄女，是徹徹底底的女神仙。

在後世所著之書中，之所以一再神化玄鳥，將其描繪成一個精通軍事謀略、普化蒼生的大神，很多情況下是由於當時的政治環境決定的。面對當時人們較低的物質文化水準，充滿神秘色彩的宗教就是最好的統治工具。玄鳥也正是在這樣的大環境之下從一個人頭鳥身的朱雀變成一位雍容華貴的女神。

專司生育的送子娘娘

隨著封建統治者對自己皇權的重視程度日漸提高，民間那些想要藉助宗教有所作為的人士就越來越少。玄女娘娘「軍事家」的頭銜也就變得越來越模糊了，逐漸淡出了人們的記憶。伴隨著「不孝有三無後為大」觀念的廣泛傳播，人們對傳宗接代越來越重視。由於玄女在以前生下了商朝的建立者契，所以就被人們推上了生育神的寶座。

現今很多地方都建有玄女娘娘廟，善男信女們都會到廟中燒香求子或者保佑自己的孩子健康成長。在每年正月初六玄女娘娘生日的時候，還會有許多大型的祝壽活動。

中國廣東省汕頭的白花尖大廟，供奉的主神就是九天玄女娘娘。

管理三界所有星體

紫微北極大帝

源於星辰崇拜，效法俗界成了眾星之主

在古代社會，天子是世間最尊貴的人，他擁有絕對的權力，生殺予奪全憑自己的喜好和心情。按照道教天人感應的說法，能和人間帝王的尊貴相提並論的只有「帝星」——紫微北極大帝。全稱是「中天紫微北極大帝」，是道教尊神「四御」之中的第二位神，其地位僅次於最高尊神「三清」和玉皇大帝。他在整個星系內位高權重，管理三界之內所有的星體，即使高貴的北斗七星，也要對自己頂禮膜拜。

相傳，周文王姬昌的長子伯邑考死後被姜子牙封為中天北極紫微大帝。

紫微北極大帝的由來

古人雖然沒有哈伯望遠鏡、衛星導航等先進的工具，但並沒有減弱他們對天文學的癡迷。那星羅棋佈、閃爍不定的精靈給單調的夜空增加許多神秘。

由於星星離我們比較遠，再加上沒有觀測工具可以依靠，很難用肉眼看出變化，所以古人就將那些看起來不會變化的星星稱之為恆星，意思是不會變動的星星。由於恆星比較多，古人又將其分為三大區域，也就是三垣，即紫微垣、太微垣和天市垣。紫微垣又稱紫微宮、紫垣、紫宮，位於天空的正北面，處於最尊貴的地方，是天帝的居所；太微垣則是代表人間的王公大臣，他們負責輔佐君王；天市垣則是各大諸侯的封地所在，代表君王統治的各個地區。由於北極星和勾陳六星都居住在天上的紫微宮中，其中又以北極星所處的位置最為靠北，所以人們就稱北極星為「帝星」，其他的星星都要以帝星為中心有序運轉。

道教產生後，吸納了董仲舒天人感應的理論，以北極星為雛形，創造了紫微北極大帝這樣一個星神名稱。

位高權重

為了增加紫微北極大帝的權威性，道教將其說成是元始天尊的第五化身，賦予至高無上的權力。在道教典籍中，紫微北極大帝是萬星的主人，在天庭中僅次於玉皇大帝。由於紫微北極大帝統帥三界之內所有的星星和鬼神，眾多的神靈都要對紫微北極大帝行君臣之禮，即使是尊貴如五嶽山神、四海龍王，也要對他禮拜有加。

紫微北極大帝掌管天上的五雷神，可以隨心所欲地呼風喚雨。此外，他還要幫助頂頭上司玉皇大帝管理日月星辰和四時氣候。換句話說，我們這位星王的地位是很尊貴，他不僅掌管著以太陽為首的眾星之主，還是一切天相的掌管者。四時氣候影響著農業的生產，因此，老百姓們對這位星神很尊重。在每年紫微北極大帝的生辰之日，即四月十八日當天，人們都會到紫微北極大帝的行宮來焚香禱告，祈求他的賜福。

紫微北極大帝更是受到了歷代帝王的禮遇，尤其在宋朝，常與玉皇大帝一起供奉。《明史．禮志四》記載，明時，宮廷還敕建了紫微殿，「設象祭告」。其形象是一身帝王打扮，旁邊有威風凜凜的武將護衛，十分高貴威嚴。

與佛教結緣

佛教在漢化過程中，自然不可忽視這樣一位深受崇敬、執掌自然界的天神，故在水陸畫中將他請進上堂。

到了明朝，佛教的護法神隊伍又有了大的擴展，除了將古印度神話中的二十位天神納入佛教懲惡揚善的護法隊伍（稱二十諸天）外，又增加了道教的三位神明，即紫微北極大帝、東嶽大帝及雷神，使紫微北極大帝成為佛教二十四天之一而享受人間煙火。

太上老君第八十二次變化之身

真武大帝

宋真宗建觀賜名，由玄武星宿升級當北方大神

真武大帝，又稱玄天上帝、玄武大帝、翊聖保德真君、佑聖真君百天上帝，是道教神仙譜系中排名較為前頭的大神之一，有時候也被道教徒稱為玉京尊神。道教名山武當山供奉的就是真武大帝。真武大帝的全稱是「鎮天真武靈應佑聖帝君」，簡稱「真武帝君」。明朝以後，在中國影響極大，近代民間信仰尤為普遍。清朝有人專門統計了中國數量龐大的神廟，真武大帝的廟龕僅次於關帝廟和觀音廟，在數量上歸入前三甲。

這位大神到底做了什麼益於百姓的事情，竟受到如此厚待？欲知其中原委，還是要仔細瞭解一下他的身世秘聞。

源於遠古時期的星辰崇拜和動物崇拜

瞭解真武大帝信仰的來源，首先需要弄清楚真武大帝的身世。根據道家典籍的記載，在天之涯海之角，有一個「淨樂國」，淨樂國國王勤政愛民，將天下治理得井井有條，人民安居樂業，社會風氣良好。皇后名叫「善勝」，賢淑善良，知書達理，深受百姓的愛戴。雖然國王和王后都很仁德，但一直沒有孩子。天上的妙樂天尊很同情，便手捧太陽，拋繡球般往下一拋，等飛臨到皇后面前的時候，太陽變成了一枚遍體通紅的果子，落入皇后口中。

從此，善勝皇后有了身孕。十四個月後，她產下了一個男嬰。這個王子生來聰穎，七歲時就能日誦經文；到了十歲，已經遍覽宮內藏書。有一天，王子到城中巡視百姓的生活，發現很多百姓都生了病，無法醫治，還有很多百姓在窮困潦倒之中苦苦掙扎。王子看過之後，心有所觸動，便決定尋找救世靈藥，讓百姓不再痛苦。玉清聖祖紫元君化身為紫衣道人，點化王子說：「若想修道成仙，必須斷絕榮華富貴，除去心中的慾望，到紅塵之外去修練。大海之東，有一名山，為武當山，那裡是修行的好去處。」

是年，王子年方十五。他辭別了父母，拋棄了皇家錦衣玉食的生活，歷盡千辛萬苦，渡過東海，來到了武當山。經過了重重考驗，最後成仙得道。

這種關於真武大帝出身的說法可信度一點都不高，甚至可以說是零信度。各種資料顯示，真武大帝的輝煌時期是在宋朝，宋朝之前的他還不是一個真正意義上的神仙。

古時候由於科學技術水準有限，人們認為天上的星星和地上的人一樣，都是有生命的物體，而且星星還是有靈性的，這樣就產生了最早的星辰崇拜。

在星辰崇拜觀念的支配下，古人開始觀察和揣摩星星的運行規律，並根據長年觀測的結果，將天上的星星化為二十八星宿。根據東西南北四個方位又將二十八星宿劃分為四個區，每一個區有七宿。由於東方七星宿的運動形狀像一條龍，西邊七星宿的運動形狀像老虎，南邊的像雀，北邊的像玄武（龜蛇），於是就得出了龍、虎、雀、玄武是天上四象結論。到了春秋戰國時期，五方配五色的說法很流行，古人結合生活的實際，將四象也配上了不同的顏色，分別成為了蒼龍、白虎、朱雀、玄武四大象。

東西南都是用一個動物來表示星星運動的形狀，唯獨北方是用玄武來表示。那麼，這個玄武是什麼意思呢。在古人看來，玄武就是龜蛇的意思，這種解釋最早是來自楚辭，後來理學家朱熹也做過玄武即龜蛇的注釋。後來天文學家張衡對玄武做了天文學上的解釋，玄武即是龜蛇相纏的形象，這樣一解釋就更符合觀察的結果了。

農業是古代社會的支柱產業，人們為了提高收成，很注意觀察天氣的變化。在一代又一代人的努力下，形成了二十四節氣的劃分，用二十四節氣來指導農事活動。這二十四節氣並不是隨便劃分的，而是以二十八星宿的運動規律為基礎，帶有科學的味道。由於星星的運動與百姓的生計生存直接相關，所以，古人對星辰有著很強的崇拜心理，代表星辰運動形狀的四象也就成了古人動物崇拜的縮影。

蒼龍、白虎、朱雀和龜蛇在古人的眼中，都是具有靈性的神物。對於龍的崇拜，每一個中華兒女都能體會得到；朱雀直接就被商朝統治者尊為自己的圖騰和祖先；老虎是萬獸之王，兇猛異常，被古人看做是至陽之物，可以鎮邪驅鬼。而白虎由於稀少，所以就被古人看做是一種吉祥的兆頭，並常用「白虎麒麟現」做為盛世的吉兆；對於龜蛇，那更是通靈的動物。

古人認為龜極具靈性，可以代替人和神仙直接溝通交

唐朝梁令瓚所畫的《五星二十八宿神形圖卷》（局部），現藏於日本大阪市立美術館。

流，所以，每逢有重大活動，古人都會透過燒龜殼來進行占卜，根據龜殼顯現的紋路來判斷吉凶。古人之所以這麼迷信龜，和龜具有超強的生命力是分不開的。當時的條件下，人們的壽命很短，能活到三十多歲就已經是很長壽的人了，對於能活上百年的龜，自然就產生了敬畏的心理。

武當山紫霄宮大殿後的龜蛇。

龜殼除了用作占卜活動外，還被百姓們當作錢幣進行貨物的交換和流通。後來，金屬貨幣出現，龜殼逐漸退出了商品買賣領域，但是龜紋卻被統治者保留了下來，並印製在貨幣上，這種情況一直持續到西漢末年。到了魏晉南北朝和唐朝的時候，民間對龜的膜拜達到了頂峰，甚至直接用「龜」做為自己的名字，最有名的要數唐朝的音樂家李龜年了，大詩人陸游也用「龜堂」做為自己晚年的代號。這些都表明古人對於龜的崇拜。到了宋朝之後，龜的運氣急轉直下，不過這些都是後話了。古人對蛇也是崇拜不已，這主要是源於蛇與龍有著很大的相似性。

北方七星宿之所以被稱為玄武，源於古人的象形分類法，但我們也可以從中得出，古人的玄武信仰主要是源於遠古時期的星辰崇拜和動物崇拜。

真武大帝的人格化

真武大帝從最初星辰崇拜和動物崇拜的龜蛇神變為真正意義上的人格神，和人間的那些皇帝是分不開的。其中以宋朝和明朝皇帝對真武大帝的人格化貢獻最大，出力最多。

在宋朝之前，真武大帝並沒有出現在百姓的生活當中，直至宋真宗年間才開始走進人們的視野。西元1017年，也即是宋真宗天熙元年，一個士兵在返回營房休息時發現營房之內有龜蛇相纏的景象（當時人們以龜蛇同時出現為一種祥瑞之兆），士兵趕緊報告了自己的上司，負責管理這個營房的將軍決定在龜蛇相纏的地方建立一座真武堂。

第二年，真武堂附近突然出現了一個泉眼，一直往外面冒泉水，這些士兵只好轉移了營房的

真武大帝神像。

駐地。這一年剛好發了大水，俗話說大水之後有大疫，洪水散去之後，很多百姓都得了瘟疫。當地官員無奈只好將得了瘟疫的百姓遷到一個專門的地方看管起來。找來找去，覺得真武堂附近的空地不錯，就以真武堂為中心劃了一個疫區。百姓被遷到這個地方之後，食物和水都是配給的，不到時間是不會發放的。一些口渴的百姓就飲用真武堂附近的泉水。泉水喝下去之後，奇蹟發生了，這些得了瘟疫的百姓竟然不藥而癒。

消息很快傳到了皇帝宋真宗的耳朵裡。他覺得這是玄武大神在幫忙，就下令在原址的基礎上擴建道觀，並賜觀名為「祥源」，後來宋真宗下詔，封玄武大神為「真武靈應真君」。

之所以要改玄武為真武，主要是由於宋真宗的一個夢境。宋真宗是一個守成之君，為了能夠做出點成就，也為了顯示自己家族的顯赫，特意杜撰了一個夢境，說自己的祖先叫做趙玄琅，是天上的一位大神。其實根本就沒有什麼趙玄琅，這純粹是宋真宗模仿李唐王朝把老子做為祖宗的贗品。正是為了避開祖宗的名諱，宋真宗把玄武改成了真武，並被後世沿用至今。

宋朝是一個信奉道教的王朝，宋太祖趙匡胤就說自己在天蓬元帥和玄武的幫助才得以成就大業，宋真宗時給真武大帝上了封號。既然祖宗這麼信奉真武帝君，後世的子孫為了彰顯孝道，自然也不敢怠慢這位神仙。

宋孝宗的時候，有一位書生在進京趕考時，偶然間撿到了一幅真武大帝的畫像，畫中的真武大帝披著長髮，穿著黑衣，手舞龜蛇，後面的侍從拿著一面旗幟。這位書生不敢怠慢神仙，把真武的畫像掛起來參拜，在那一年的考試中竟然進士及第。從此，真武大帝在人們的眼中更加神奇了。

宋徽宗在宋朝皇帝中最癡迷道教。當時，有一位道士名叫林靈素，是個典型的投機份子，剛開始皈依佛教，後來發現形勢有利於道教的發展，就跳槽到了道教陣營。此人能言善辯，憑藉自己的三寸不爛之舌獲得了宋徽宗的賞識。為了讓自己的主子高興，林靈素竟然說讓宋徽宗親眼見一見真武大帝的真容。於是，林靈素導演了一場中國版的「皇帝新衣」。奇怪的是，宋徽宗也說自己看到了真武大帝，並親筆畫了下來。

長江後浪推前浪，宋徽宗的兒子趙桓也是一位道教粉絲，雖說在位時間不長，但也封了真武為「佑聖助順真武靈應真君」。誰知，剛封了沒多久，金軍南下，發生了歷史上有名的「靖康之變」，父子兩人雙雙被俘。看來，這位真武大帝並沒有發揮什麼「佑聖助順」的功能。

真武大帝是宋朝皇帝的紅人，宋朝滅亡後，並沒有衰落，而是成了元世祖忽必烈的偶像。元朝滅掉金朝之後，在燕京建造大都，當時，在燕京的東北方出現了龜蛇相纏的景象。忽必烈聽說之後，趕緊找了道士來解析。道士說這是祥瑞，意味著元世祖可以統一中國。道士這些話很合元世祖的心意，他當場下令在出現祥瑞的地方建立大昭應宮，供奉真武大帝。

到了元成宗的時候，加封真武為「元聖仁威玄天上帝」，真武大帝一下子就成了北方最大的神仙。不過這個時候的真武大帝並沒有達到神壇的頂峰，到了明成祖朱棣時，才是真武大帝最輝煌的時候。

明成祖朱棣。

朱棣發動靖難之變時，為了表示自己的正大光明，順應天意，特地挑選了一個烏雲密佈的日子來誓師。朱棣說自己是真武的化身，前來拯救處於水深火熱之中的百姓，並說天上的烏雲是真武大帝前來幫助自己打敗建文帝的。朱棣的這一言論鼓舞了士氣，四年之後，他順利地當上了皇帝。登上大寶之後，朱棣不忘感謝自己的「恩人」，他加封真武為「北極鎮天真武玄天大帝」，並將武當山做為真武大帝的道場，擴建道觀，這也是武當山供奉真武大帝的緣由。

此外，朱棣還命人在武當山的天柱峰頂建造了真武大帝的金殿，殿內供奉真武大帝的鎏金雕像。由於朱棣說自己是真武大帝的化身，所以，工匠在給真武大帝塑神像的時候，就仿照了他的容貌。在武當山，至今還有「永樂皇帝塑神像」的說法。朱棣對真武大帝的癡迷並沒有到此為止，他專門在北京興建了數座真武廟，還在自己的皇宮中建立了一座欽安殿供奉真武大帝。

其實，朱棣信奉真武大帝無非是想粉飾自己的謊言，使自己可以堂而皇之地做皇帝，沒想到這種私心卻幫助真武大帝走上了神壇的最高峰。

龜蛇二將

在真武大帝的神像旁，一般都會有龜蛇二將。前面我們說過龜蛇就是玄武的意思，但是後來道徒們覺得，真武帝君做為至高無上的神仙，肯定要有自己的手下，於是就找來了龜蛇二將。

關於龜蛇二將的由來，還有一段很有意思的傳說：

當時真武前往山中修練，由於天生具有慧根，再加上神仙的暗中幫助，沒過多久就成仙了。可是他的五臟六腑還在，怎麼弄都掉不出來。天上的妙樂天尊看到這一情景，就趁真武睡覺的時候，把他的肚子剖開，挖出腸子和肺腑等物埋到了石頭下面，然後把一件衣服放進了真武的腹部。所有的工作都做完之後，妙樂天尊手指一彈，真武就甦醒了過來。醒來後的真武覺得渾身輕盈，慢慢地就飄上了天。他的那些腸子和肺腑由於沾了靈氣，在離開真武沒多久，就成為了靈怪，肺腑變成了龜怪，腸子變成了花蛇，二妖跑到桃花山上作怪。玉皇大帝派真武前去收伏，二妖一看是自己的主人來了，就懇請真武收下自己。真武無奈，就把龜、蛇收做部下，成為自己的龜蛇二將。

侍奉在真武大帝身邊的龜蛇二將。

第二章 象徵自然事物的仙真

盤古後裔

東嶽泰山神

傳說中盤古氏十世苗裔金虹氏

古人認為，一草一木、一山一石都是有靈性的，所以古人普遍具有「泛神」的思想和理念。在眾多名山大川中，以東嶽泰山、北嶽恆山、西嶽華山、南嶽衡山、中嶽嵩山最為有名，管理這五嶽的神仙也最為威嚴。東邊是太陽升起的地方，代表著萬物的生長，因此，東嶽泰山神的地位最高。

盤古十世苗裔金虹氏

關於東嶽泰山神的原型，在道教典籍中我們可以找到詳細的記錄。據《三教搜神大全》記載，東嶽泰山神是盤古的九世苗裔金輪王少海氏和妻子彌綸仙女所生的兒子。彌綸仙女夢到自己吃飯時，有兩個太陽落入了自己的肚子，第二天早上起來，發現自己竟然懷孕了。過了一段時間，彌綸仙女產下兩個兒子，大兒子取名叫做金蟬氏，也就是後來的東華帝君，二兒子取名叫做金虹氏，就是後來的東嶽泰山神。

雖然出身名門，但是金虹氏的父母並不溺愛自己的孩子。他們深知「父母之愛子，必為之計深遠」的道理，在金虹氏能夠自力更生的時候，父母就讓他到長白山獨自歷練。金虹氏在長白山獨當一面，保佑當地百姓福祉，做了很多好事。後來由於基層經驗豐富和護民有功，在父母和兄弟姊妹的提攜之下，逐漸升到了東嶽大帝的位置。

首先，伏羲封金虹氏為太歲，這個時候金虹氏才開始有了神職，接受人們的祭拜，也即是說金虹氏從「事實神仙」變成了「合法神仙」。受封之後，金虹氏很高興，畢竟是自己獲得的一份榮耀，所以倍加珍惜，努力做事。到了神農帝的時候，又給金虹氏升官了，這次他從太歲升到了天府都官，還有了府君的別號。

在府君的位置上坐了幾百年之後，金虹氏接迎了人生中的第三次高升。這時也到了東漢年間，漢明帝感念金虹氏的功勞，加封他為泰山元帥。此後，金虹氏一直高升不斷。在武則天執政期間，加封金虹氏為天齊君，唐玄宗又將其升為天齊王。到了宋真宗的時候，被加封為東嶽天齊仁聖王，幾年後，又加封為東嶽天齊仁聖帝，至此，金虹氏達到了職業生涯的最高峰，成功加冕為帝君。由於所轄地界在泰山，所以又被人們稱為東嶽大帝。

遠古時期的山川崇拜和封建王朝的封禪大禮

泰山做為五嶽之首，泰山神金虹氏是泰山的神化和人格化，這些都是遠古時期山川崇拜所造就的產物。翻開人類的歷史文化典籍，就可以發現，世界各地的原始民族都是崇拜山川的習俗。古人們看到陡峭雄偉的參天高峰，相形之下，很容易想到自己的渺小，此外，山中諸多的猛獸野禽以及珍貴的花草樹木和果實也為山川增加了一道神秘的面紗。所以說，在地質勘探和各項技術不成熟的遠古時期，山川崇拜也就不足為奇了。

泰山也被稱為岱宗或者岱山，這主要是由於眾多文人騷客對泰山的讚譽之詞。我們最為熟悉的詩聖杜甫曾寫過「岱宗夫如何？齊魯青未了。會當凌絕頂，一覽眾山小」的豪邁詩句。

和五嶽中的其他幾座山峰相比，泰山並不是海拔最高的山峰，卻獲得了其他山峰所不能獲得的殊榮，這一切和古代社會的封禪大典，以及歷代君王投射到泰山上的附加意義是分不開的。

封禪是封建統治者舉行的一種隆重的祭祀典禮，這種祭祀活動從秦始皇開始。統一六國之後，秦始皇帶著部下東遊到了泰山，並進行封禪大典，將自己的功績刻在了泰山頂上的石碑上。泰山封禪意味著皇帝功成名就，國泰民安，是一位賢君，所以歷朝歷代但凡有一點成就的君王都會前往泰山封禪。據史料記載，前往泰山封禪的歷代君王前後有七十多位，這裡面包括秦始皇，也包括中國歷史上唯一的女皇帝武則天，還有史上最長壽的皇帝乾隆。

在皇帝們的推崇之下，泰山神的影響開始滲透到社會的各個階層，並進入到尋常百姓之家。由於東方是太陽升起的地方，是萬物發祥之地，所以處在東方的泰山神就成了掌握萬物生長發育的大神。佛教傳入中國後，掌握生存的東嶽泰山神就和佛教中的閻羅王融合在一起，成為主管

山西高平仙翁廟中的唐玄宗泰山封禪壁畫。

生死福禍、貧賤富貴的大神。雖說閻羅王後來在中國的影響很大，但是東嶽大帝始終是他的頂頭上司，是陰間的真正主宰。

東嶽泰山神進入到百姓的生活之中後，人們還將他進行了人格化。將這樣一位山川信仰產生的神仙變成一個有血有肉、有名有姓的神仙。在《封神演義》中，黃飛虎成了泰山神的化身。當初，紂王荒淫無道，企圖玷污黃飛虎的妻子，黃夫人為保持名節，跳下鹿臺身亡。黃飛虎的妹妹是紂王的寵妃，由於嫂子受辱便在斥責了紂王之後自殺身亡。飽經喪親之痛的黃飛虎帶著自己的部下和孩子投奔了周武王。在武王伐紂的過程中，戰死在沙場。周朝建立之後，姜子牙舉行封神大禮，將黃飛虎封為東嶽大帝，主管人間的生死福禍。

雖然道教經典只認金虹氏為真正的東嶽大帝，但這個傳說也成為了東嶽大帝走向民間擴大影響的有力證據。如今，在中國的河南、河北、陝西、北京、山東等地還保留有東嶽大帝廟，這些古建築也說明了曾經風光一時的東嶽大帝是如何了得。

主司天下分野
南嶽大帝
大禹治水時的得力助手

福如東海，壽比南山中的「南山」指的是哪座山？中國的五嶽名山中，有哪一嶽所指曾經變更過？兩個問題的答案是一樣的，全是南嶽山。南嶽山最早出現在歷史上是在漢武帝年間，這個雄才大略的皇帝在打敗了匈奴之後，希望自己能夠長生不老，就四處尋仙訪道。一次，他來到當時的南嶽山，也就是安徽的霍山。

霍山在唐朝之前一直是五嶽之一，後來不知道怎麼得罪了唐朝的皇帝，被剝奪了資格，湖南的衡山成為了新的南嶽山。衡山位於今天的湖南省衡山市，是五嶽名山中出身最好的，處在亞熱帶氣候區，全年的平均氣溫都在零度之上，非常適宜動植物的生長。獨特而優越的自然環境使得衡山獲得了無數文人騷客的讚譽，其中以清朝魏源的評價最為有名。魏源在《衡嶽吟》中寫道：「恆山如行，岱山如坐，華山如立，嵩山如臥，唯有南嶽獨如飛。」魏源的這一評價道出了南嶽的獨特氣質。做為一座風景秀麗、萬物祥和的名山，按照萬物有靈的觀念，自然是有神仙來管理的。

但對於南嶽大帝的由來，《歷代神仙通鑑》認為伯益即南嶽後身，而在《封神演義》中，姜子牙封崇黑虎為南嶽衡山司天昭聖大帝。在本文中，筆者更傾向於南嶽大帝原型是伯益的說法。

伯益其人

伯益也被稱為伯翳、柏翳、柏益、伯鷖，又名大費，根據《史記》的記載，伯益是五帝中顓頊的第五代傳人，也是嬴氏的始祖。做為名人的後代，大家對伯益肯定是寄予厚望。伯益從小就很聰明，長大後，寫下了中國第一本神話小說《山海經》。

寫下《山海經》固然讓伯益獲得了很多的讚許，但他最大的貢獻是輔助大禹治水。當年，黃河流域洪水氾濫，舜帝讓大禹前去治水。大禹領命之後，挑選有識之士跟著自己一起治理水患。伯益建議大禹將洪水引到地勢低窪的地方，並且引導農民在低窪之處種植稻穀，不僅發展了農業，還解決了水患。鑿井技術在舜帝時還沒有出現，伯益最先發明這種技術，對於人口的遷移和增長都有很大的幫助。

水患治理好了以後，沒過多久，舜帝就去世了。部落裡的人就共推治水有功的大禹做為首領。這個時候，伯益就頂替了大禹留下的缺，當起了水利專家和農業專家。除此之外，他還是一名卓越的政治家。

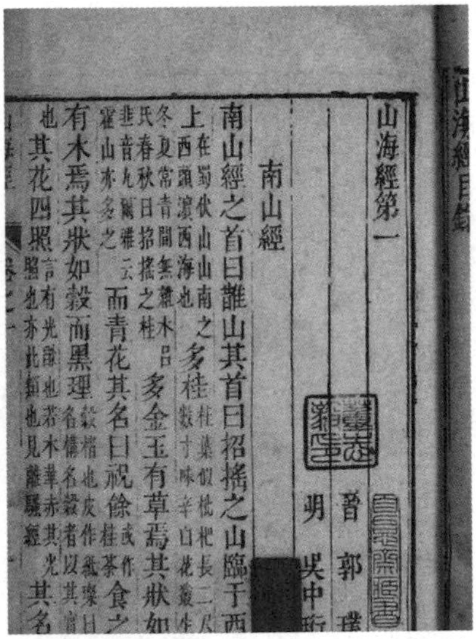

《山海經》是先秦古籍，是一部富於神話傳說的最古老的地理書。

黃帝在世的時候，成功征服了南部少數民族。黃帝去世之後，舜帝繼位，這些少數民族認為舜帝好欺負，便開始蠢蠢欲動。一開始只是做一些小的動作，後來挑釁行為越來越明顯，老好人舜帝本著以和為貴的原則，總是睜隻眼閉隻眼，沒有追究這些少數民族的叛亂。這些人本來就是要試探一下舜帝的虛實，一看舜帝如此忍氣吞聲，便明目張膽地叛亂了。

舜帝一看事情鬧大了，立刻派人前去鎮

壓，平叛的部隊倉促上陣，沒多久就敗了。敗了也要打，總不能丟了祖宗的臉，於是這種打腫臉充胖子的戰爭一直到舜帝去世也沒有一個了結。等到大禹即位之後，他對當時的將領下了命令，如果平叛失敗，就要砍掉首領的頭。將領害怕自己受到牽連，更加賣力鎮壓。誰知適得其反，那些少數民族反抗得更激烈了，雙方處於一種膠著的狀態。軍事失利，眾位官員也坐不住了，針對目前的形勢各抒己見，但都是一些紙上談兵的主意。

這個時候，伯益開始發言了，他客觀冷靜地分析了目前的形勢，認為單純的武力鎮壓只能維持一時的安分，日後一有機會，他們還會叛亂，最好的辦法就是恩威並施。在武力鎮壓的同時，實行寬濟之道，一寬一嚴，讓他們自願歸服。後來的事實證明伯益的這一提議很有效，不僅節省了大量的軍費開支，還增加了朝廷的向心力和吸引力。

南嶽大帝殿。

按照禪讓制的選舉規定，部落首領應該在自己去世前，推薦德才兼備之人來接班。大禹仔細考察部下，最後決定提名伯益的岳父皋陶做自己的繼承人。誰知皋陶沒有那麼好的造化，還沒有當上部落首領就一命嗚呼了，大禹又選了伯益做為繼承者。伯益繼位後，因輔佐大禹的時間太短，不能為眾諸侯認可，而大禹的兒子啟的威望在伯益之上，於是發生了王位之爭。伯益為了避免流血傷亡，同意退出王位，到南嶽隱居。

南嶽大帝的由來

伯益歸隱南嶽之後，不問政治，每日只是在山中修練，以求強身健體。在青山綠水的陶冶之下，伯益養成了不以物喜、不以己悲的超然性格。而此時的啟已經成功地當上了部落的首領，他繼位後，將之前的禪讓制改為世襲制，開啟了中國家天下的歷史。但是他並沒有忘記自己的「老朋友」伯益，擔心伯益有朝一日會出來反對自己，於是派人前往南嶽山殺死了伯益。

後來，張道陵將伯益拉進了道教神系當了南嶽的山神。至於南嶽大帝的神職，《歷代神仙通鑑》卷四認為其主於世界分野之地，兼督鱗甲水族變化等事。

南嶽不僅是道教的福地，更是禪宗的發源地，而且佛教在南嶽的勢力要超過道教，再加上東嶽泰山又是歷朝歷代皇帝封禪之地，所以，南嶽大帝並不如東嶽泰山神風光。

統管四嶽之靈神

中嶽崇聖大帝

《山海經》所載上古半人半獸尊神

在五嶽中，人們對中嶽嵩山的信仰是最早產生的。中嶽嵩山，包括太室山和少室山，因為鄰近洛水和古都洛陽，很早就獲得歷代統治者的尊崇。

半人半獸的怪物

據《山海經》中記載，少室和太室組成的嵩山從外形上看就像墳墓，管理這個地方的神仙長著三個頭，並且是人頭獸身。

半人半獸的山神在道教神仙譜系中是找不到的，只有中嶽這個地方早期的山神是這個樣子。人類進化的規律就是從類人猿逐漸進化到半人半猿，最後成為直立行走的人，半人半獸的山神恰好說明人們對中嶽嵩山的崇拜比較久遠。

隨著人類社會的進化和發展，文字出現了，山神也會不斷進化和發展。後世資料所記載的中嶽嵩山神的形象是一個穿著黃色服裝，頭戴黃玉冠的威嚴君王。黃色一直是帝王獨享的顏色，中嶽嵩山神能夠穿黃色的袍子，戴黃玉的頭冠，足以證明他在神界的地位。此外，做為山神，一般只是管轄自己轄區內的一些小仙，但是中嶽嵩山神管理的玉女仙官有三萬多人，規模很龐大。不過這個時期記載的中嶽嵩山神已經褪去了之前半人半獸的模樣，變成了一個器宇軒昂、氣度不凡的神仙了。

中嶽崇聖大帝的奮鬥過程

遠古時期出現的神仙一般都會被稱為上古神仙，他們出現的時間早，見的世面廣，法力也高強。但是，這些神仙由於總是高高在上，不下基層巡視，過了若干年之後，民間的百姓就會把他們給忘記了。所以，這些上古神仙在進入道教這個工作單位之前，他們的人事檔案比較混亂，管理也很不規範。為了擴大神仙的影響力，也為了佔領更多的市場。道教對這些

武則天巡行圖。

上古神仙都進行了人格化，就是把他們說成是由凡人修練成仙的。中嶽嵩山神就是諸多上古神仙中被人格化的一位。

相傳，中嶽嵩山神在一開始的時候並不叫中嶽崇聖大帝，而是一個叫做壽逸群的人，後來又有說中嶽嵩山神是一個叫做角普生的人。總之，在道教沒有把中嶽嵩山神納入到自己的神仙譜系之前，誰都不知道他到底是叫什麼名字。為了幫助這位上古神仙重出江湖的時候一鳴驚人，道教把中嶽嵩山神和中國歷史上唯一的一位女皇帝聯繫在了一起。

當年，武則天很想稱帝，但一直找不到合適的藉口，再加上之前並沒有女皇帝的先例，雖說掌握大權，但她還是不敢輕舉妄動。武則天的心腹們為了幫自己的主子找到一個合適的理由，想破了腦袋終於想出了一個絕妙的辦法，那就是偽造預言。古人對無端出現的預言十分相信，為此，永安人唐同泰最早想出這個辦法，派人在洛水之旁放置了一塊刻了「聖母臨人，永昌帝業」八個大字的石碑。所有的準備工作做好之後，唐同泰假裝雲遊洛水，然後發現了這塊神奇的石碑。武則天得到這個消息大為高興，一則是手下人懂得替主子分憂解難，二則是自己終於可以名正言順地當皇帝了。武則天稱帝之後，非常感謝洛水，由於嵩山離洛水很近，也被加封了，賜予「中天王」的稱號，並建造廟宇。到了武則天的孫子唐玄宗的時候，

明朝水陸畫——《五嶽上帝像》。五嶽上帝分別為東嶽天齊仁聖帝、南嶽司天化昭聖帝、西嶽金天順聖帝、北嶽安天元聖帝和中嶽中天大寧崇聖帝。圖中五帝分別身著藍、綠、紅、黃、黑五色龍袍，手持圭璋，依次而立，氣氛肅穆。

改封「中嶽神位中天王」，宋真宗時期賜名為「中嶽崇聖帝」，元朝為了安撫漢族人民的敵對情緒，也對中嶽嵩山神進行了加封，封其為「中天大寧崇聖帝」。

中嶽嵩山無論從海拔還是從景觀上來看，在五嶽之中排名都是比較後頭。它之所以比較早地獲得人們的敬仰，絕大部分是因為自己的出身比較好。嵩山所處的地方正是華夏文明的發源地，再加上很多朝代的都城都建在了離嵩山不遠的洛陽。國都的輻射效應和先入為主使得嵩山在一開始就獲得了其他山嶽無法獲得的榮耀。只不過這種榮耀隨著中部地區的衰落已經不復存在，中嶽崇聖大帝遠比不上後來者泰山神在人們心中的地位和份量。

泰山女神 碧霞元君

源於山川信仰，脫不掉遊仙詩中浪漫女仙色彩

古時候，每個教派都注重增加了自己神仙譜系中女性的比例。在道教眾多的女神之中，擔當生育神的最多，比較重要的幾位女神，大多都是送子娘娘，比如說九天玄女、天后媽祖、泰山娘娘等等。

泰山女神碧霞元君做為其中比較重要的一位女神，其背後有許多不為人知的故事。

碧霞元君的由來

碧霞元君，又稱為泰山娘娘，在道家典籍上的全稱是「天仙聖母碧霞元君」。元君，是道教對女子成仙者的美稱。碧霞元君的祖籍是山東泰山，以齊魯為中心的華北地區對碧霞元君最為信奉，可能是由於同鄉的關係，大家都給碧霞元君捧場。但這種說法只能做為一種玩笑話來聽，做為泰山女神，碧霞元君的信仰延續了近千年。在這千年的發展過程中，碧霞元君從遠古社會的女神成長為受人敬仰的泰山娘娘。要瞭解事情的前因後果，必須追溯源頭，首先需要弄明白泰山女神的由來。

關於碧霞元君的身世，大體有以下幾種說法：

第一種說法，碧霞元君是東嶽泰山神的女兒。據說東嶽大帝鎮守泰山之後，他的妻子和孩子也隨之遷移了過來。在東嶽大帝眾多的孩子中，以小女兒最為乖巧，東嶽大帝也最為喜歡。為了給心愛的女兒找個好人家，東嶽大帝左挑右選，一晃就錯過了小女兒嫁人的最佳年齡。東嶽大帝雖然德行和人品都很好，但卻不知道為孩子做長遠打算，眼看著女兒嫁不出去了，他只好讓女兒加入仙籍，跟隨著自己在泰山修行。在父親的感召和幫助下，小女兒進步很大，不時幫助周圍的鄉里百姓消災滅難，做了很多好事。

第二種說法，碧霞元君是黃帝手下的七仙女之一。據說黃帝統一了黃河流域的諸多部落之後，在泰山山頂建造了一座道觀。道觀建成之日，七位仙女前來獻舞祝賀，並前去迎接西崑崙真人。在道觀揭牌之日結束後，七仙女之一的玉女就留在了泰山山中修練，後來得道成仙，成為泰山女神。

第三種說法，碧霞元君的前身是漢朝宮殿的一名玉女神像變化而成。漢武帝十分癡迷黃老之術，曾在宮殿內造出一男一女兩座玉像。王朝更迭，歲月如梭，這兩座神像一直佇立在宮廷之內。到了五代時期，宮殿由於年久失修，轟然倒塌。男神像隨之灰飛煙滅，而女神像則掉入了水中。時間過得很快，一眨眼就到了宋朝的真宗年間。宋真宗泰山封禪之後，來到池子中洗手，忽然發現水中有一座女神像，趕緊命人打撈出來。等到神像全部出水之後，才發現是一尊保存完整的玉女像。宋真宗視為祥兆，命人在泰山修建道觀，供奉玉女神像。

第四種說法，碧霞元君是大善人石守道的女兒。她異常聰慧，三歲就知道人倫綱常，七歲就知道諸教禮法，整日參拜西王母。在十四歲時得到仙人指點，前往黃花洞修練，功德圓滿之後，羽化成仙，當了泰山娘娘。

還有一種說法認為，碧霞元君是應九氣變化而成的神仙，遵照玉帝的旨意，駐守泰山，查看人間的善惡是非。

在以上幾中說法中，以第一種說法流傳最為廣泛，人們也最為信服。

信仰的擴展

在《易經》中，「泰」的意思是天地交而萬物生，由此人們認為碧霞元君就是一位專司生育的送子娘娘，並說她是滋養萬物的女神。後來碧霞元君的職責範圍逐漸擴大，不僅僅主管女性生育，還擔負起了郎中的工作。

對碧霞元君信仰的擴展，做為當家人的皇帝出力不少。宋真宗在水池中打撈起神像後，立刻封其為「天仙玉女碧霞元君」，將碧霞元君的道觀賜名為碧霞元君祠。到了明朝，朝廷將碧霞元君祠擴展為碧霞靈佑宮，清朝時，又改回了之前的名字。

在儒家「不孝有三，無後為大」思想的影響下，生育繁衍後代是每一個人畢生所要完成的重要任務。在古時候，雖說環境比較好，沒有什麼污染，但是也有一些人由於種種原因無法生育後代。一旦不能誕下子嗣，男人就會把責任推到女子的身上，同時寄希望於神靈賜福，讓自己家的香火能夠延續下去。由於泰山女神被稱為滋養萬物的神仙，所以前往泰山碧霞元君祠求取子嗣成了許多婦女的精神追求。

在泰山，人們將大小適中的石頭，壓在樹枝上，諧音「壓子」；或者用紅布條拴在樹枝上，是為「拴子」；上山進香求子，被稱為「拴娃娃」或「偷子」。無論哪種形式，都代表了人們祈求上天賜送子嗣的願望。碧霞元君祠的神像面前，擺放著好多泥捏的金娃娃，供人抱取。根據自己的意願，選擇泥娃娃的性別取走。將來如願生子，要為泥娃娃披紅掛彩，送到原處，稱之「還子」。

泰山碧霞元君祠拴娃娃的習俗一直流傳了下來，這種習俗也成為了泰山碧霞元君祠廟會的重要組成部分。

一些人在求過碧霞元君之後，會生下孩子，在沒有現代醫學做理論基礎的古代社會，就把這種事情歸結為神仙的庇佑。百姓們對神靈大都是抱著寧可信其有的態度，對碧霞元君的信仰一下子就擴展到了其他地區，泰山娘娘廟也在很多地方如雨後春筍般紛紛湧現。最著名的當屬中國北京妙峰山的碧霞元君廟最為有名，曾有「香火之盛甲天下」之說傳世。

後來，妙峰山泰山娘娘的盛名傳到了慈禧太后的耳朵裡，當時同治皇帝正患天花，為了讓兒子早日痊癒，慈禧太后親自前往妙峰山進香，祈求泰山娘娘的保佑。不知泰山娘娘是沒有聽見，還是不喜歡慈禧太后，竟然沒有顯靈，害得她白髮人送黑髮人，孤苦一生。不過，這並沒有影響到泰山娘娘的聲譽，妙峰山的香火依舊十分鼎盛。

碧霞元君在中國北方具有很廣的信仰基礎，尤其是山東一帶。但是在南方江浙一代，人們卻習慣把觀音菩薩（道教稱之為慈航真人）稱為送子觀音。結婚後久不生育的女子，會向觀音菩薩進香求子。

靈官

王天君

在善惡間徘徊的守門人

歷朝歷代的皇帝手下都會有一大堆的官員，這些官員只有取悅皇帝才能飛黃騰達、封妻蔭子。為了保全自己的榮華富貴，他們學會了察言觀色、阿諛奉承，很少對皇帝說真話。皇帝從小就生活在深宮大院之內，對民間的情況不瞭解，很難判斷大臣們說的話是真是假。因此，皇帝心裡難免不犯嘀咕：「如果所有的官員都不說實話，那我豈不是成了孤家寡人？」為了能夠瞭解事情的真相，也為了弄清楚大臣們每天都在做什麼，就專門設立了御史監察一職。

在天庭，也有一個類似於御史一樣的官員——王靈官。

道觀內大多塑有王靈官的神像：大紅臉，虯髯高翹，巨口獠牙，披甲執鞭，正對山門。額頭上長著一顆火眼金睛，能分忠奸，辨真偽，被道教奉為護法監壇之神。素有「三眼能觀天下事，一鞭驚醒世間人」之說。

關於王靈官原型，道經中有的認為是唐朝的王惡，有的認為是宋朝的王善，（後世信奉的王靈官指的是後者），但也有人認為歷史上並無王靈官其人原型。

王惡不惡

唐朝貞觀年間，王靈官出生在湖北襄陽府洛里王姓之家。他從娘胎裡生出來的時候就跟別人長得不一樣，臉龐是黑色的，眼珠是金黃色的，鬍髮是粉紅色的。

王靈官雖然長相怪異，卻是一副菩薩心腸，經常行見義勇為之事。他還給自己取名為王惡，表明了自己「降服惡人，除惡務盡」的願望。

這一天，他來到陝西扶風縣，發現本地的一個惡霸王黑虎，假冒自己的威名，欺男霸女，強搶財物。當地出嫁的少女，初夜都要和王黑虎共床。王惡聞聽此事，氣得暴跳如雷，當即殺了王黑虎。

王惡還聞聽荊襄裏有一座古廟，被江中水怪霸佔，脅迫當地人每年供奉活牛、活羊和活豬各十頭，酒十釀（每釀合酒六斛六斗），否則就會降下瘟疫，殘害人畜。當地百姓窮困潦倒不得溫飽，為了籌集祭祀品，只好賣兒賣女。王惡趕到荊襄，打碎水妖的塑像，火燒古廟。水妖見狀，做起妖法，一時間黑霧瀰漫，風沙四起。這時候，薩真人駕鶴經過，說明王惡滅了水妖。

玉帝對王惡的所作所為大加褒獎，將其召到天庭，封他為「豁洛元帥」。元帥府設立在天門必經之路，下界奏報者，元帥必定親自過問。如有大過大惡之人，就會用木槌打死。凡間人敬畏元帥威名，世風日益淳樸。

王善非善

王元帥在天庭待了幾百年後，在宋徽宗時來到凡間出任城隍神。

他在湖南湘陰縣做城隍，負責掌管陰間亡魂，透過對冤魂惡鬼的審問，來體察人間疾苦。王靈官認為自己的名字容易引起鬼怪誤解和恐懼，遂改名為王善。

王善身邊鬼魅無數，他們表面上對王善順服，虛意奉承。時日一久，王善就沾染了陰氣，剛烈正義的個性逐漸消失了，最後變成了一個個性暴戾、貪圖享受、聽不得逆耳忠言的邪神。他強迫當地人每年給他獻上活牛活羊，否則就要降下災禍。

這一天，曾經降伏水妖、救過王善性命的薩真人經過此地，聞聽此事，打碎了王善塑像，並祭起天雷天火，將城隍廟焚為平地。王善被天雷天火燒得遍體鱗傷，雙目也變成了火眼金睛。他惱恨異常，但法力比不上薩真人，只好到天庭告御狀。玉帝斥責王善不應該妄受血食，同時也認為薩真人不應該擅自燒毀廟宇。玉帝賜給王善一把玉斧，命他暗中跟隨監視薩真人，十二年之內，如果薩真人犯錯，王善可以將其斬殺。

十二年之中，王善處處伺機尋找薩真人的過錯，卻一無所獲。這一天，薩真人在渡口過河，卻找不見艄公。他便自己解開纜繩，乘船過河。王善心中暗喜：「私自動用人家渡船，這應該也算過錯，今天我要報焚廟之仇！」沒想到薩真人渡河後，掏出三文錢放在船艙中，充作渡資。王善由衷嘆服，並且拜薩真人為師，一起潛心修練。後來，薩真人功德圓滿，被玉帝封為「都天宗主大真人」，王善擔任鎮山護廟之職，被尊稱為王靈官。

糾察靈官

王靈官擔任道教護法神後，威靈顯赫。他額頭增長了一隻眼睛，神光如電。所到之處，妖孽無處遁形，善惡立時分辨。後人稱讚王靈官「王惡不惡，王善非善，過而能改，善莫大焉」。

王靈官殿堂一般建在道觀山門處，只有福建地區將王靈官視作天將，單獨建天將廟，加以供奉。每年的六月十三日（也有人認為是六月二十三日），是王靈官的誕辰日。道教教徒在這一天會舉行祭祀活動。

關於華光大帝的兩種說法

華光大帝又稱靈官馬元帥、三眼靈光、華光天王等，是道教護法四聖之一。相傳他姓馬名靈耀，因生有三隻眼，故民間又稱「馬王爺三隻眼」。

《三教搜神大全》記載，馬靈耀曾經三次「顯聖」，降五百火鴉，殺東海龍王，為救母大鬧地獄，玉皇大帝看他是位將才，封他為真武大帝部將，護法天界。

明朝前期，華光大帝馬靈官又化為王靈官。由玉皇大帝封為「先天主將」，司天上、人間糾察之職。明永樂封為「隆恩真君」，並敕建「天將廟」，宣德改為「火德觀」。

地藏菩薩聘為護法

地藏菩薩曾發下誓言：「地獄不空，誓不成佛。有一人未渡過苦海，自己就不回極樂世界，一直在凡間做一個肉身菩薩。」他把自己的肉身放在寺廟之中供人祭拜，於是佛祖就派韋陀來做護法神。

有一天，當朝狀元帶著隨從到地藏菩薩廟休息。在沒有進入這座廟之前，大家都圍著狀元轉。沒想到剛進到廟裡，眾人就開始祭拜地藏菩薩，冷落了這位狀元。狀元很不滿，他跪下對地藏菩薩說：「都說您是肉身成佛，那今天弟子就斗膽試探一下。」只見他拿出一根銀針，接著說道：「倘若此針刺下去流血了，那就證明菩薩所言不假；倘若沒有見血的話，我就拆了你的廟，向天下人控告你欺世盜名之罪。」

說完，他起身把銀針刺進了地藏菩薩的神像。剎那間，血流不止。狀元嚇壞了，趕緊跪拜求饒。護法神韋陀認為此人太過囂張，對菩薩犯了大不敬的罪，便一棍將狀元打死了。地藏菩薩見狀非常生氣，他對韋陀說：「我的本意是渡天下人脫離苦海，你今天將他打死，不僅違背了我當初的誓言，還違背了佛家的慈悲為懷宗旨。既然這樣，我這裡已經留不下你了！」說完這番話，地藏菩薩就把韋陀趕出了寺廟，不再讓他為自己護法。

韋陀被菩薩趕走之後，寺廟內韋陀的塑像立刻就坍塌了。不明真相的和尚不停地為韋陀塑造神像，可是每次都是過不了多久就會坍塌。

這一天，睡夢之中的方丈夢到了韋陀，見他屹立在風雨之中，忙問為何不進入廟內躲雨。韋陀說：「我犯了錯，被菩薩趕了出來，請方丈幫我求一下情吧！」韋陀再怎麼落魄也是一個神仙，方丈無奈之下只好去大殿面見地藏菩薩。

《地藏十王圖》，中國五代時期藝術珍品，原敦煌藏經洞文物，現藏於英國大英博物館。

菩薩嘆口氣說：「難怪他如此的忠心，可是說出去的話已是覆水難收，我這裡他是回不來了。我聽說天庭的糾察王靈官為人十分正直，你拿著我的文書前去拜見玉帝，玉帝定會讓他跟你一起前來為我護法。」方丈聽後，只好拿著菩薩的文書匆匆地來到凌霄寶殿之上求見玉帝。

玉帝一聽是地藏王菩薩的要求，立刻下旨讓王靈官帶著馬元帥、趙玄壇一起到地藏菩薩廟中做護法神。方丈和王馬趙三神一起乘著雲彩前往地藏王菩薩的廟，行到半路他忽然從雲端墜落到了地上。這時候，方丈才發現原來是自己做了一個夢。

第二天，方丈吩咐眾人將護法殿的牌匾更名為王靈官，在寺外建立了一個亭子，裡面供奉韋陀的神像。從此，這一佈局成為了地藏王菩薩廟的統一形式。

興雲佈雨

海神龍王

由佛經中名叫「那迦」的神獸轉化而來

中國人自稱是龍的傳人，從古至今賦予「龍」太多的象徵意義。龍是多種動物的集合體，有鹿角、蛇身、獅尾，魚鱗、鷹爪、牛耳，這樣一個組合動物展現了我們祖先豐富的想像力。

龍王在道教中是一位雨神，主要的職責是興雲佈雨。在《太上洞淵神咒經》中，記載了以方位為區分的「五帝龍王」，以海洋為區分的「四海龍王」，以天地萬物為區分的54名龍王名字和62名神龍王名字。要想知道龍王的由來，首先需要瞭解一下它的身世。

脫胎於古老的圖騰崇拜

現今出土的歷史文物中，最早的龍是在河南濮陽西土坡發掘出來的貝殼龍。據考古學家鑑定，這條貝殼龍距今已有六千多年的歷史，是一條名副其實的「長壽龍」。由此可見，中國人對龍的崇拜由來已久。

中國人一般會自稱是炎黃子孫，炎帝和黃帝是我們的祖先。在距今五千多年前，炎帝和黃帝主要活躍在黃河流域的中原地區，由於距離水源近，加上平原容易耕作，所以黃帝和炎帝的部落聚集了很多人。當時，除了中原地區的炎黃部落之外，還有處在安徽一帶的蚩尤部落以及南方的三苗部落。為了爭奪更大的勢力範圍，各個部落之間經常會發生戰爭。為了保護自己不受傷害，炎帝和黃帝結為同盟，並最終打敗了蚩尤，趕走了三苗部落。

當共同的敵人存在的時候，盟友是最可靠的，一旦共同的敵人消失了，那麼盟友關係就會破裂。蚩尤和三苗被趕跑之後，炎帝想要當盟主，率先挑起了爭端。這

毗盧寺壁畫——四海龍王。

一行為違背了人心，必然會失道寡助，最終炎帝失敗，歸服了黃帝。黃帝將炎帝的部落合併過來，統稱為炎黃部落，並不斷擴大疆域，形成了中國的雛形。

那個時候，各個部落之間為了相互區分，都會選擇一種動物做為自己部落的象徵，這種動物就是圖騰。炎黃部落形成之後，就以龍做為自己部落的圖騰。因此，炎黃子孫有時也被稱為是龍的傳人。

龍一直都充滿了神秘色彩，在被統治者賦予了更多的象徵意義後，人們對這種看不見、摸不著的神聖物種更是會有一種敬畏和崇拜的心理。關於龍的記載，在《禮記》中有「麟鳳龜龍，為之四靈」的說法。在神話小說《山海經》中對龍則有「雷澤中有雷神，龍身而人頭」的描述。許慎在《說文解字》中對龍的解釋是「龍春分而登天，秋分而入淵」。

炎黃部落之所以會把龍做為圖騰來崇拜，很大程度上是由於人們賦予龍的獨特功能——興雲佈雨。從地理學上來說，炎黃部落所在的黃河流域雖說處於黃河沖積平原，耕作方便，但是這裡的氣候屬於溫帶季風氣候，地處內地的黃土高原還兼有大陸性氣候的特徵，降水很少。水是農業的命脈，在那個靠天收成的年代，具有降雨功能的龍自然就得到了推崇。隨著歷史的演進，人們賦予龍更多的社會意義，特別是在封建社會形成之後，牠成為皇權的代表。皇帝為了顯示自己權力的神聖性和自己的獨一無二，通常會宣揚君權神授的觀點，並以「真龍天子」來做為自己的代稱。一直以來，百姓們都對龍有很強烈的膜拜之情，當皇帝宣稱自己是真龍天子後，對龍的崇拜心理逐漸就會轉移到皇帝的身上。

龍的人格化

龍王是龍人格化的神仙，據史料記載，佛教最早使用了「龍王」這一詞彙。

佛教傳入中國後，為了迅速搶佔中國市場，召集一大批僧眾進行市場調查。透過調查，佛教徒們發現，龍在中國民間有很廣泛的信仰基礎，只有符合民眾的需要，才能夠站穩腳跟。就這樣，佛教徒們翻遍了佛經，終於找到了和中國的龍有相近意義的詞——「龍王」。原來在佛經中，有一個名叫「那迦」的神獸，長身無足，是印度崇奉的蛇神。牠們中的強大而有能力者稱為龍王，音譯那迦拉吉。牠可以興雲佈雨、決江開瀆、致福祛災，居於海川沼淵之中。這樣一來，就有許多地方與中國傳統文化中的龍相似。因此，佛經在轉譯為中文時，那迦就順理成章地被譯為了龍。中國的百姓原本就以龍為神靈，因極對佛教中的龍比較能欣然接受，並以中國文化中的龍來理解佛教中的龍王了。

佛教經書有這樣一段記載：釋迦摩尼在菩提樹下參悟的時候，有兩位龍王兄弟陪侍左右。由於印度的氣候屬於熱帶季風氣候，天氣非常炎熱，佛祖工作很辛苦。佛祖左邊的龍王叫做伽羅，負責灑溫水，右邊的龍王叫鬱伽羅，負責灑冷水。這樣，不僅可以給佛祖祛暑，還可以給佛祖沐浴。佛祖成就金身之後，加封兩位龍王為護法大王。後來，佛教又創造出了五龍王、十龍王等諸多護教龍王，其目的就是護佑佛法、消除災難、庇佑信眾。

到了東漢的時候，道教產生了。做為本土宗教，道教徒們對中國老百姓的心理瞭若指掌，為了與佛教區別開來，他們創造出來獨具特色的龍王神——四海龍王，即東海龍王敖廣、南海龍王敖欽、西海龍王敖閏、北海龍王敖順。除了四海龍王之外，道教徒們在有水的地方都造出了龍王，有井龍王、河龍王等等。

專司雲雨

在道教裡面，龍王不再是什麼護法神，而是一個專司雲雨的神仙。雖說龍天子在人間是權力最大的人物，但是真正的龍王卻不是權力最大的神仙，相反，龍王還是一個地位比較低的神仙。興雲佈雨是龍王最主要的職責，但是降雨多少，什麼時候降雨卻不是龍王說了算，龍王要聽從上司玉皇大帝和太上老君的命令行事。

做為國民經濟命脈的農業，必須有水才行。不管是興修水利也好，祭天拜神也罷，其目的都是為了風調雨順、五穀豐登。古時候沒有人工降雨，更沒有衛星雲圖和天氣預報，人們將希望都寄託在了龍王身上。

古人過年的時候都會買一張灶君神像貼在自己家的廚房中，在灶君像的最上端畫的就是負責降雨的龍王。根據每年所畫龍的多少來判斷是豐年還是歉年，一般來說，根據「六十甲子法」，從農曆正月初一數起，「辰」字數到正月十二，共十二天。如果「辰」字排在初九，當年就是九龍治水，排在初二就是「二龍治水」。俗話說，「龍多靠，龍少澇」，意思是說龍越少，水越多；龍越多，水越少。這就和「一個和尚挑水喝，兩個和尚抬水喝，三個和尚沒水喝」的道理是一樣的。

對雨水的渴望使得人們對龍王有著特殊的依賴，這種依賴使得龍王信仰一直延續了數千年。

天龍八部，佛教術語，包括八種神道怪物，因為「天眾」及「龍眾」最為重要，故得名。此圖為四川大足寶頂山石刻中的天龍八部。

廣源順濟王

江神

政治上不得志的才子屈原

在中國文學上有一種的文體叫離騷體，創始人是著名的愛國詩人屈原。當在現實中無法實現自己的抱負和願望時，屈原選擇了一種浪漫的方式來結束自己淒涼的一生。在農曆五月初五那天，屈原了卻一切牽掛，抱著石頭投入湍急的汨羅江。後人為了紀念他，將每年的這一天稱為端午節。

屈原生前不得志，死後卻被封為了江神，尊號為「廣源順濟王」。

屈原生平

屈原出生於楚國的貴族之家，他這樣的出身生下來只有一個任務，那就是好好讀書，然後在朝中當官。

他自幼聰慧，不僅熟讀《詩經》，還走進民間，搜羅詩歌。等到二十一歲時，父親就把屈原引薦給了楚懷王。楚懷王做為守成之君，最後也沒有守住祖先留給他的基業，全部送給了秦始皇嬴政。在秦始皇還沒有發跡的時候，楚國是當時諸侯國中實力較為強大的。屈原在官場上打拼了幾年之後，當上了左徒。這一官職的職責是入內參與議論國政，發佈號令，出則接待賓客。又過了幾年，屈原被楚懷王升為三閭大夫。這個職位聽起來好像不錯，實際上卻只是一個掌管祭祀和教育的閒職。屈原拿著楚國的俸祿，就想著要為國家做點事情。在愛國熱情的激勵下，他不斷的給楚懷王提建議。

當時正逢楚國和秦國爭奪霸主地位，屈原憑藉著自己的政治才能和眼光果斷提出改革的主張。這些保守勢力見屈原不僅不為自己謀取財富，還想著法子傷害自己，便一把鼻涕一把淚地在楚懷王面前說屈原的壞話。此時，正趕上秦國的張儀來楚國遊說。

張儀到楚國後，首先用重金買通了楚王身邊的近臣，得以面見楚王。他說：「秦國願意和楚國交好，只要和齊國絕交，秦國就會出讓于、商六百里土地給楚國。」

楚懷王原本是個昏庸之輩，一聽有利可圖，十分高興。他不顧屈原的激烈反對，答應了張儀的條件。屈原如此不給自己面子，讓楚懷王勃然大怒，下令把屈原貶到了湖北漢水一帶。屈原的這次被貶官使得他與楚懷王到死都沒能見上一面。令尹子蘭在收了秦國的好處之後，勸說楚懷王入秦結盟，誰知懷王有去無回，被扣留在了秦國，最後死在了異國他鄉。

懷王死後，襄王繼位，他把屈原給召了回來。屈原他剛一回朝，還沒站穩腳跟就開始和令尹子蘭爭得不可開交。楚襄王聽信子蘭的讒言，把屈原流放到了江南。

當秦軍攻進楚國都城的消息傳到屈原的耳朵裡，他抱著以死報國的決心來到汨羅江邊。有位漁夫好心勸說道：「大夫，您看開點，不必隨波逐流，完全可以過閒雲野鶴的生活。」屈原慘澹一笑，表示無法接受這種做法，他說：「舉世混濁而我獨清，眾人皆醉而我獨醒。」說完。縱身一躍，跳入汨羅江中。

屈原的神化

周圍的百姓聽說屈原跳江之後，紛紛駕著小船前來尋找他的屍體，找了三天三夜也沒有找到。人們擔心水中的魚蝦會啃食屈原的屍體，就在江水之中撒入糯米和雞蛋。後來，這個習慣逐漸成為了一個習俗被沿襲了下來，變成了端午節。

在端午節這天，人們紛紛焚香沐浴，祈求消除邪氣，然後舉行賽龍舟，吃粽子，有的地方還會把粽子扔到江水之中餵魚蝦。

相傳有一天，一個漁民在江面上捕魚，忽然天氣驟變，小船就被風浪打翻了。漁夫正在水中掙扎時，有一個人在水底托住了漁夫，把他安全地送到了岸上。對於自己的救命恩人，漁夫不敢怠慢，不僅跪拜表示感謝，還問了恩人的姓名。這位好心人說了句：「我乃三閭大夫是也。」由於屈原曾經做過三閭大

清朝黃應諶所畫的《屈原卜居圖》，描繪屈原遭放逐後，往見太卜鄭詹尹，問卜自處之道的故事。

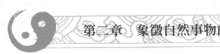

夫，所以大家一致斷定，救助漁民神人就是成仙的屈原。隨著端午節在全國的普及，屈原成為江神的說法也逐漸被大家認可了。

江神的另外幾種說法

道教尊奉的諸神中，有山嶽諸神，也有河流諸神，稱之為「四瀆神」。四瀆指長江、黃河、淮河和濟水，是中國道教水神的代表。道教信奉的水神，時間早，地區性強，所以沒有統一的河流神。

道教對長江之神的崇拜，有整體性和地方性的分別。江神在秦朝統一六國後，被秦始皇納入國家祀典，江神的崇拜變成了整體性崇拜。後來，隨著歷史的變化，江神信仰的整體性消失，變成了某一段的信仰。

「奇相」是江神之一，湘君湘夫人也是江神，管轄湘江段。除此之外，「長江三水府」也是江神之一。

民間女神 媽祖

走國際化的林家小姐

海神媽祖，又稱天妃、天后、天上聖母、娘媽，是歷代船工、海員、旅客、商人和漁民共同信奉的神祇。她在歷史上確有其人，姓林，單名一個默字，經常被人們喚做默娘。

身世之爭：是名門千金還是平凡漁家女？

在以農業為國民經濟命脈的古代社會，身居沿海的百姓不能像內陸的百姓一樣，可以種植各種農作物養活自己，他們只能靠捕魚來為維持生計。海洋的氣象條件瞬息萬變，對於整日駕駛小船來捕魚的漁夫們來說，不時就會碰上惡劣天氣，有時還會有去無回，屍沉大海。在這種艱難的生存環境下，渴望得到神仙的庇佑成了沿海百姓的共同願望。這個時候，那些能夠救助落水漁夫的好心人就會被人們當作神仙來膜拜，林默娘這位心地善良的姑娘就這樣被推上了神壇。

西元 960 年，林默娘出生在今天的福建莆田湄洲灣的一個叫做湄洲嶼的小島上。關於她有很多神話傳說故事，據說，林默娘在出生的第一個月沒有哭過，所以家人便取了一個「默」的名字。還有書上說林默娘水性很好，能夠駕著席子穿越大海，而且經常救助落水的人。在一次救助落水人時，林默娘不幸罹難，眾人感激她的恩德，就把她當成神仙供奉了起來。

林默娘之所以會被人們尊稱為媽祖，主要是尊重的意思，這裡的「媽」並不是媽媽之意，而是一種尊稱，和「祖」在一起有「奶奶」的意思。目前，媽祖的信仰在沿海特別是在港澳臺以及東南亞盛行。特別是在臺灣，每年都會舉行媽祖廟會，參加人數有幾十萬之多。

媽祖做為中國最大、最權威的海神，她的一舉一動、一顰一笑皆是人們關注的焦點。對於神仙來說，身世永遠是一個說不清的話題，總會有各種各樣的版本在民間流傳。關於媽祖，她的身世主要有兩種說法。

身世之一：官宦之後

關於媽祖是官宦之後的說法最早是由元朝進士程瑞學提出的。程瑞學在寫《靈慈廟記》時寫道：「林默娘的父親林願是宋朝的都巡，他外出巡玩的時候，發現湄洲嶼這個地方風景獨特，就帶著全家遷到此地定居下來。」

後來，有好事者還專門梳理了林默娘的家族譜系：祖上是福建莆田的望族，林家的第一代是隨司馬睿南遷建立東晉的開國功臣林祿，林祿官居招遠大將軍，被皇帝封為安郡王。林家歷朝歷代都有人入朝為官，其中林家的第四代創造了「九牧林」（林祿的孫子林披所生的九個兒子全部都做了當朝的刺史）的神話。

由於林家世世代代都在為朝廷做事，皇帝感念林家子孫的貢獻，從唐朝開始，莆田林家就有了「一門忠節」的封號。到了宋朝，宋仁宗還御筆親書了「忠孝」二字，並作詩一首，賜給林蘊。「忠孝」二字也就是莆田「忠門」的由來，宋仁宗詩中的「喬木盤根大，漪蘭奕葉新」一則成為了莆田地區林姓族人統一的門聯。

按照這個說法算下去，林願是林祿的第二十一代子孫，而林默娘則是林家的第二十二代子孫。她出生於西元960年，卒於西元987年，活了二十七歲。

按照此種說法，媽祖林默娘所在的林家是福建莆田地區的名門望族，是一位名副其實的官家小姐。

身世之二：漁家女兒

揭秘媽祖的身世，離不開當時的史料典籍。據記載，媽祖確有其人，但並不是以林默娘的身分而是以湄洲神女林氏或者湄洲女林氏的字眼出現在史書中。由此可以推斷出，當時人們只知道林氏女，並不知道林默娘，也就是說，大家並不知道媽祖的名字。繼續查閱典籍就會發現，媽祖的名字「默」是在明末清初的書中找到的。

媽祖是宋朝人，探尋她的身世還是要以宋朝的史書記載為主。雖說林默娘的身世有爭議，但唯一不變的是她的居住地——湄洲嶼。按照宋朝的說法，湄洲嶼當時是一個文化落後、與世隔絕的小島嶼，在這裡居住的人既可以自己種植糧食，也可以出海捕魚，完全能夠自給自足，不需要與外界互通有無。在這個前提下，由於島上的人不讀書識字，所以人們只知道林默娘的姓氏。

媽祖是漁家女的說法最早是由廖鵬飛提出的。廖鵬飛是南宋初期的人，他進行了詳細的考證，認為林默娘是湄洲嶼上林姓漁夫的女兒。這名女子水性很好，經常救助落水之人，並且具有特異功能，能夠提前預知人的禍福，是當地有名的巫女。不僅如此，廖鵬飛記述了許多關於林默娘的傳說，但對於她是不是「官宦之後」，則隻字未提。

從以上兩種說法的細節中我們可以發現，林默娘是一位道道地地的漁家女，並不是高高在上、衣來伸手飯來張口的名門千金。這是因為，史料記載一般以最早的說法為準，廖鵬飛的記錄和考證無疑是最佳的考證資料。在宋朝，湄洲嶼基本上是一個與世隔絕的偏僻小島，並沒有官員駐紮在這裡。況且，在宋朝的官員名稱中也沒有什麼「都巡」這樣的官職。再加上林默娘水性極好，並擁有未卜先知的本領，所以我們可以斷定她是一位平凡的漁家女。

漁家女到海洋守護神

林家小姐從普通的漁家女變身為炙手可熱的女神，並不是一蹴而就的，期間有一段曲折的神化過程，並由此衍生出許多有趣的神話故事。

（一）不同尋常的出生。

每一位神仙在出生的時候就已經展示出自己的不同之處，從凡人變成神仙的林默娘也不例外。據《三教搜神大全》記載，林默娘是林家最小的女兒，林母在生下她的時候已經年近五十，可以說是一位高齡產婦。當時，父親林願每每看到自己的兒子就會感嘆沒有女兒，於是林母就讓丈夫陪自己一起去向觀世音請願，求菩薩顯靈，賜給自己一個女兒。在觀音廟祈福時，林母忽然感覺到有個東西在自己嘴邊，就本能地吞了下去，回到家中，就發現自己懷孕了。十四個月之後，林媽媽產下了這位女神。林默娘在離開母體的時候一聲未吭，在此後的一個月中，也沒聽見哭一聲。由於這個女兒很安靜，林願就給她取名為林默。此外，林默娘在出生的時候，還帶著香氣，這種香氣沁人心脾，一直持續了半個多月才漸漸散去。

（二）少女時期的特異本領。

林默娘出生的時候已經是天生異象，長大之後又會發生怎樣的傳奇故事呢？在《三教搜神大全》中是這樣記載的：由於林默娘是觀音菩薩賜給林家的，因此她從小就很有佛緣。還在襁褓中的時候，林默娘就可以雙手合十行禮。等到五歲的時候，她就可以背誦《觀音經》了，在十一歲的時候，還可以跟著佛樂跳出相應的舞蹈。不僅如此，林默娘還有未卜先知的本領，能夠預知福禍，並告知鄉里百姓。這樣看來，林默娘是一位女巫，能掐會算。殊不知，她還是位女神醫，但凡鄉里百姓生病了，只要找林默娘看病問診，絕對可以藥到病除。

在《天后顯聖錄》中就記載了林默娘「窺井得符」的故事：一天，十六歲的林默娘和自己的玩伴一起圍著水井梳妝打扮。這時，忽然從井下面冒出一個人來，林默娘的玩伴被嚇得四散逃竄，只有林默娘一個人很淡定地看著這個從井底冒出的人。此人雙手遞給林默娘一道銅符，並告訴她，這個銅符可以治病救人，保護船員和鄉里百姓。林默娘接過銅符之後，銅符瞬間發生變化，融入到了她的身體裡面。從此之後，林默娘既可以騰雲駕霧，巡視海域，也可以未卜先知，救人治病。

（三）孝順女兒的傳說故事。

林默娘不僅幫助周圍的鄉里百姓，還是一位孝順的女兒。有一天，林默娘的父親帶著幾個兒子出海到福州送貨，順便買一些日常的生活用品。當天晚上，家裡只剩下林默娘和母親兩人。半夜時分，半睡半醒的林母發現女兒渾身在抽搐，立刻喚醒了她。林默娘醒來之後反而怪罪母親，說自己剛才靈魂出竅，去救助遭遇海難的父親和哥哥。誰知竟被母親喚醒，使自己所救的大哥被海怪拖下海了。

剛開始的時候，林媽媽並不相信女兒所言之事，後來林父歸來，訴說自己出海時遇到的事情。當時海風很大，海浪很高，自己和兒子的船隻被沖散了，眼看就要沉入大海，只見一位女神用四肢拉住我和另外三個兒子的船隻，用嘴銜住大兒子的船隻，我們才能順利前行。途中，女神鬆開了嘴，大兒子就被海浪吞噬了。這時林母想起當晚林默娘所言之事，才相信女兒所言不虛。後來，林默娘元神出竅救助父兄的故事就在百姓之間流傳開來，她也正式擔當起了護航的重任。

描繪媽祖顯聖的壁畫。

媽祖信仰的發展

俗話說，有海水的地方就會有中國人，有中國人的地方就會有媽祖。貿易往來使得中華兒女行走各地，並且在世界的各個地方安居發展，他們所到之處都會建立媽祖廟或者天后宮，來祭祀媽祖。

人們對媽祖的信仰，主要經歷了三個階段：

第一：民間信仰階段。

今天的莆田已經是中國知名的港口城市了，在古時候，它還是一個破舊的漁村。林默娘水性很好，經常救助落水的人，在一次救助活動中，不幸遇難。曾經受到林默娘恩德的人不相信自己的恩人已經離世，就編造了一個故事，說林默娘做了諸多的好事，恩德已經積夠，所以羽化成仙了。在這個故事的感召之下，人們在林默娘的老家為其修建了一座宗祠，並在林默娘遇難的日子進行祭祀。剛開始的時候，只是那些受過林默娘恩惠的人去參拜。後來，周圍的人本著寧可信其有不可信其無的原則，也去參拜。就這樣，林默娘成為了莆田當地的神仙。

第二：海洋貿易的連帶效應。

宋朝之後，長年戰亂的中原地區逐漸失去了全國經濟中心的地位，南方一躍而上，成為全國主要的糧食供應地。為了順利將南方的糧食運到北方，宋朝開闢了海道。同時，為了賺取更多的錢財，南宋政府開闢了一些通商口岸，莆田就是這批港口之一。莆田人在外出的時候，首先會去媽祖祠拜祭。這些外出貿易的莆田人就這樣把家鄉的習俗帶到了世界各地，讓媽祖神廟在不同的地區落地生根。

第三：官方推廣和全民信仰。

北宋滅亡之後，南宋以臨安為陪都，也就是今天的杭州。由於南方的地形起伏較大，多丘陵和盆地，所以海道就成了主要的運輸道路。古人云「天下至險莫於海」，為了祈求平安，當朝的統治者就開始營造海神信仰，最終選擇了已有廣泛信眾的林默娘。查閱歷朝歷代對林默娘的敕封，竟有36次之多，其中宋朝有14次，僅次於清朝的15次，此外元朝2次、明朝4次，封號從「夫人」、「天妃」、「天后」到「天上聖母」，並列入國家祀典。

在官方的大力宣導之下，媽祖的信仰逐漸從民間信仰變為官方的信仰，並伴隨著商人的足跡遍佈世界的各個角落。

風伯
方天君
上古傳說中蚩尤的同門師弟飛廉

在古人的眼中，風是一種神奇的自然現象。當時人們不懂大氣環流知識，無法解釋風到底是怎麼回事。在找不到科學解釋的時候只能相信某種神秘力量的存在，就這樣「風伯」一詞突然出現了。

種類多多的風神信仰

當人們把無法解釋成因的風歸結為神的控制之後，風神就隨之產生了。雖說人們有了風神這樣一個概念，但是誰也沒有見過風神，不知道他是何方神聖，更不知道他長得是什麼樣子。剛開始的時候，人們認為風神是鳥類。主要是人們經過長期的觀察發現，鳥在拍動翅膀飛翔的時候會帶來風，結合這一發現，人們認為風神是一隻大鳥。這隻鳥高興的時候輕輕地抖動翅膀，不高興的時候用力拍動翅膀，導致狂風飛石。

後來又有人發現，在山谷洞穴之中也會有風，於是人們又開始認為風神是山谷洞穴。據《山海經》記載：一個人來到丘山南邊的一個山谷中，在沒進來之前，天氣還是好好的，一進入山谷之中，立刻狂風不止。這個人出來後對眾人說，那個大山谷就是風神。

隨著時間的推移，人們把風歸結為月亮和星星的運動。比如《尚書》中就有「星有好風」的記載，這裡的星，學者確認為箕星。

到了春秋戰國的時候，中國很多神仙信仰開始逐漸形成自己的體系，風神信仰在這個時候也開始成形。

人格化的風神

由於中國南北氣候差異較大，信奉的風神還是不太一樣。

南方地區的風總是軟綿綿的，這裡的人就認為風神就是一隻叫做飛廉的神獸。根據《歷代神仙通鑑》的描述，風神飛廉是蚩尤的同門師弟，他長著是鹿的身體，蛇的尾巴，頭上還長了一對羊角。不同於蚩尤師兄自己獨立門戶，飛廉和師父一真道人一起居住在南祁山。有一天，飛廉看到對面的山中一下雨就有山石飛出，到了天晴的時候就很安靜，覺得很好奇，就在月黑風高的半夜時分來到此處一探究竟。誰知他抓到了一個會吹風的怪獸，這個怪獸在被飛廉降服之後，就當了飛廉的老婆，也就是後來的風母。

北方地區由於飛沙狂風出現的時候比較多，於是人們認為這裡的風和天上的箕星有關係。箕星是天上二十八星宿之一，是東方七宿的最末一個，它的外形像一個人馬的樣子。後來，人們就將箕星聯想成一個簸箕樣子的星形，並附會出了箕星主風氣的說法。做為一代風神，箕星受到了很多人的讚揚，其中以「鼓之以雷霆、潤之以風雨，養成萬物，有功於人」的評價最為中肯。

為了突出百姓對風神的愛戴之情，人們有時候還將風神稱之為風師、風伯或者箕伯。

秦始皇統一六國之後，對祭祀事宜也做了調整，對風神的祭祀開始被納入國家的祭祀事宜之中。這個時候，飛廉和箕伯都是風神，二者的地位一樣的尊貴。風神也有性別之分，男風神叫做風伯，女風神叫做風姨。

到了唐宋之後，風神信仰進一步人格化，他不再是什麼虛無縹緲的箕星，也不再是神獸飛廉，而是變成了一個有名有姓的神。據《集說詮真》的記載，風神又稱風姨，又名方道彰。到了清朝的時候，人們開始在廟裡面祭祀風神。這個時候的風神不再是血氣方剛的小夥子，也不再是溫柔可人的女子，而是一個左手持輪，右手持燕的白髮老人。在風神的殿門口，寫有「風神方天君」幾個大字。從此之後，風神就以方天君的名字出現在神仙譜系之中。

壁畫裡的飛廉形象。

雨師　陳天君

黃帝手下的一個「小弟」

雨師，道教俗神，亦稱萍翳、玄冥等。傳說他是掌管雨的神，是天上的畢星，即西方白虎七宿的第五宿，共有八顆星，屬金牛座。後有雨師為商羊或赤松子二說。

種類齊全的雨師

在最早的時候，中國早期的天文學者透過觀察得出了「箕星好風，畢星好雨」的規律，從此之後，畢星就成了中國的雨師。

到了商朝的時候，雨師不再是星星了，而是轉身變成了一隻商羊。這隻商羊並不是普通的羊，商羊只有一隻腳，身體可以自動收縮，可大可小。由此可見，商羊是一隻神獸。雨師是商羊的說法主要記錄在《三教搜神大全》中。到《搜神記》出來的時候，雨師變成了赤松子。赤松子，又被人稱為玄冥，是炎帝神農氏手下的一個雨師。這個赤松子有舌燦蓮花的本領，經常把大家哄得很開心。赤松子聽說西王母那裡有不死藥，很想得到一點，但也不好意思明著要。為了得到仙藥，他每天都去西王母那裡拉關係走門路。有一天，西王母臨時要接見一位客人，就讓赤松子在屋裡等待。赤松子左右觀看，發現了裝有不死藥的瓶子。他趁著沒有人，就偷偷的拿了一些不死藥不告而別。赤松子逃下崑崙山之後，把不死藥吞到了肚子裡，霎時間，他就飛升成仙了。

赤松子偷了仙藥，害怕西王母追究責任，就說服炎帝的女兒也吃下不死藥，跟自己一起隱居山林之中。

由於赤松子是司雨的神仙，他一走就是幾百年，大地乾旱的全都裂開了縫，這讓當時的部落聯盟首領高辛氏非常煩悶。赤松子在山林中修行了幾百年之後，覺得應該沒事了，才回到自己的工作崗位。他對高辛氏說自己是雨師，可以降雨解救黎民百姓。高辛氏聽後非常高興，就讓赤松子立刻作法降雨。果然，乾涸的大地終於等來了久違的甘霖，旱情到了緩解。

另一種說法認為，神農氏把首領之位傳給黃帝後，手下很多人都不服氣，其中以蚩尤反對得最為激烈。蚩尤將雨師赤松子和風伯都納入自己的麾下，與黃帝展開一場大戰，連勝九場。後來，皇帝用司南針和牛皮鼓打敗了蚩尤，活捉了雨師和風伯。在黃帝的懷柔政策之下，雨師和風伯開始老老實實地做起了自己的本職工作。

還有一個比較有名的雨師是一種叫做應龍的野獸。在雨師赤松子投奔了蚩尤之後，黃帝把應龍找來做為自己的雨師。為了拉攏住應龍，黃帝與他結拜為兄弟。由於應龍長有翅膀，所以不能算是真正的龍，在真龍出現之後，人們為了區別，就將應龍稱為「土龍」。應龍在大禹治水的時候曾經用尾巴在地上畫出疏浚工事線路圖，幫了大禹很大的忙。有一次，應龍不小心畫錯了線路，大禹很不高興，就殺掉了牠。如今，在中國大陸的三峽地區還有錯開峽和斬龍臺兩個地名。

雨神形象的具體化

從先秦到兩漢時期，人們祭祀的雨神其實就是一個名稱，根本就沒有具體的對象。即使出現了畢星、商羊、赤松子以及應龍四位名聲顯赫的雨神，也都沒有入選到神壇之上。

《集說詮真》上面記載，雨師名馮修，號樹德，別名陳華天。民間百姓很認同這位雨師的形象，專門給他塑造了一個烏鬍壯漢，一手拿著盛有龍的缽盂，一手在做灑水的樣子，並尊稱為雨師陳天君。

佛教傳入中國後，龍王的概念也隨之進入了中國人的視野之中，加上古人一直都有龍的崇拜。龍王很快成為了司雨大神，代替了雨師陳天君的職責。不過中國人觀念中的神仙都是全才，什麼都會一點。人們祈雨的時候會向各種神仙祈禱，比如，在唐朝的時候，人們把衛國公李靖也搬出來做了雨師。

龍王雖然替代了雨師興雲佈雨的職責，但是雨師依舊是道教神仙譜系中的重要一員。在神話小說《西遊記》中，雨師也在很多關鍵的場合露了一下臉。儘管如今的寺廟之中很少供奉雨師的神像，但他畢竟是上古神仙，所以不僅在道教的典籍中，還是在神仙譜系之中，雨師都有自己的一畝三分地。

救產護胎
臨水夫人
唐朝福州府陳靖姑

臺灣曾有「生贏雞酒香，生輸四片板」的說法，意思是說，女人如果能把孩子順順利利地生下來，有麻油雞可吃，一旦生產失敗了，就要進棺材。在醫療條件很差，不能進行剖腹產的古代社會，每個女子都希望有一位神仙能夠保佑自己的平安。在這種強烈願望的驅使下，註生娘娘產生了。

註生娘娘，也被稱為臨水夫人、慈濟夫人、順天聖母。原名叫做陳靖姑，福建福州市人，由於她死後多次保佑難產的女子脫離危險，被稱為註生娘娘。

臨水夫人陳靖姑

根據相關資料的記載，陳靖姑剛出生的時候，滿屋生香，祥雲繞樑，紫氣盈庭。這種難得的祥瑞使得陳靖姑從小就受到人們的關注。陳靖姑天資聰慧，對尋常女子必學的女紅不屑一顧，反對於道家學說很感興趣。

莫高窟壁畫——《風伯、雨師、飛天圖》。

古人流行早婚早育，在陳靖姑十三歲的時候，父母給她介紹了一門親事。陳靖姑不同意，逃婚離家出走，來到淨明教主許遜的道場拜師學藝。許遜見這個姑娘很有靈氣，資質很不錯，就同意陳靖姑當自己的徒弟。在師父許遜的教導下，陳靖姑很快就掌握了呼風喚雨、設壇作法、斬妖除魔的本領。

由於她是一名女弟子，許遜還想專門傳授給她一些生產護胎之類的法術。面對師父的好意，陳靖姑笑著說：「我一個姑娘家，學這些東西做什麼。」既然徒弟不願意學，師父也不勉強。

時間過得很快，轉眼之間，陳靖姑已在山上待了三個年頭，法術也學的差不多了。有一天，許遜對陳靖姑說：「妳的父母和未來的丈夫現在都處於危險之中，妳立刻下山去救助他們，順便幫助百姓，累積功德。」

陳靖姑來到山下，救回了被妖精掠去的父母和未來的丈夫。夫家很感激，便上門提親。如今的陳靖姑已經十六歲，是該嫁人了。在父母的安排下，陳靖姑嫁到了福建古田。婚後，她幫助鄉里治療病痛，並驅逐惡魔。當時有一條修練成人形的白蛇精，幻化成閩王王后的樣子進宮，閩王和王公大臣都不能辨別誰是真的王后。無奈之下，有人提到了陳靖姑。閩王聽後，立刻派人去請陳靖姑進宮辨別。

陳靖姑一邊口唸咒語設壇作法，一邊命人到處噴灑雄黃酒。很快，白蛇精現出了原形。只見陳靖姑以迅雷不及掩耳之勢，一劍刺中白蛇的七寸，將其殺死。接著，陳靖姑又將被白蛇精控制的三十六位妃嬪救了出來。閩王為了感激陳靖姑的恩德，將三十六位嬪妃賜給陳靖姑，並封她為「慈濟臨水夫人」。

遇產難女神無計可施

陳靖姑嫁到夫家，到了二十四歲這一年，她懷孕了。為了讓孩子順利地生下來，陳靖姑什麼事情都不做，專心安胎養身子。這年，福建大旱，好幾個月都沒有下雨。陳靖姑的哥哥陳守元被派去做了祈雨使者，倘若祈雨不成就會面臨著殺頭的危險。為了自保，陳守元就去請妹妹幫忙，懇求她施法幫助自己祈雨。

陳靖姑知道，如果幫哥哥去祈雨，腹中的孩子肯定是保不住了，如果不去，哥哥就會被問罪，還會有更多的百姓因為乾旱失去生命。左右權衡之下，陳靖姑還擇跟哥哥一起去祈雨。由於孕中的女子不能施法，陳靖姑強忍著眼淚把肚中的孩子打掉。並將這個孩子放到母親的房內，希望祈雨之後能夠用法術延續孩子的性命。

陳靖姑駕雲來到白龍江，在江中畫出一個草席，自己立於草席之上，左手持龍角，右手持寶劍，口中唸唸有詞。在陳靖姑的祈禱之下，很快烏雲密佈，天空下起了久違的甘霖。那些曾被陳靖姑鎮壓的白蛇妖和長坑鬼開始出來搗亂，他們施展妖術企圖把陳靖姑拖進江水之中。在危機時刻，陳靖姑的師父許遜命令自己的四個徒弟變成鴨子，銜住草席的四個角，讓陳靖姑繼續施法。搗亂不成的白蛇妖和長坑鬼又變成陳靖姑的樣子跑到她母親的房中，把陳靖姑的孩子偷走吃掉了。

施法完畢，陳靖姑回到家中發現自己的孩子不見了，掐指一算，知道是白蛇妖和長坑鬼所為。她大為生氣，用法術將白蛇精封在洞中不得出來，又一掌打死了長坑鬼。由於之前消耗了太多的精氣，陳靖姑做完這些，一下子就倒在了地上，再也沒有醒過來。

成仙後專司生育之事

陳靖姑死之前發誓，死後一定要救助危難中的產婦，如若食言，永不為神。由於她曾學習過法術，再加上累積了眾多的功德，肉身死後，陳靖姑的靈魂復活了。她的魂魄飄飄盪盪地來到許遜的道場，請求師父傳授自己救產護胎的法術。

學成之後，又回到古田地區，多次顯靈救助難產的婦女。為了感激陳靖姑的恩德，當地百姓在陳靖姑遇難的地方給她建造祠堂，定期前去拜祭。對於陳靖姑的靈驗，舊時民間有這樣的說法，難產婦女的家人只要求助陳靖姑，就能得到她的保佑。

唐朝有個皇后難產，陳靖姑聽說後，就到皇宮看望皇后，她只是輕輕地在皇后的肚子上撫摸了一下，皇子就順利地出生了。皇帝很高興，就封陳靖姑為「都天鎮國顯應崇福順意大奶夫人」。在皇帝的推崇之下，陳靖姑一時成為生產婦女必拜的神仙之一。

還有一次，陳靖姑聽說一個婦人懷胎十七個月都沒有生產，就趕了過去，發現這個夫人是被蛇妖附體。於是，她施展法術，讓婦人保住了性命。在清朝時，陳靖姑也顯過靈。一次皇后難產，道光帝親自給陳靖姑上香，祈求保佑自己的老婆孩子。後來，皇后果然順利產下孩子，母子平安。道光帝欣喜若狂，對陳靖姑感激不已，竟說出了「陳夫人乃朕之生母」的話。

從此之後，陳靖姑也被人們稱為陳太后。

道光皇帝讀書像。

臨水夫人信仰的擴展

陳靖姑可以說是從福建走出來的神仙，由於多次救助鄉里百姓和王公貴族，得到了上至皇帝下至黎民百姓的愛戴。在一開始，只是在福建地區建有陳靖姑的廟宇，後來全國很多地方都開始建造順天聖母宮。

福建地處中國大陸沿海，很多福建人在進行海外貿易的時候，有的就紮根在了異鄉。在剛剛進入一個陌生的地方時，他們並不瞭解當地的信仰習慣，只能按照自己家鄉的習慣進行拜祭。所以，即使在他們遠離故土的時候，他們還是在祭拜那些曾經護佑過自己和家人的順天聖母。後來，隨著海外貿易的不斷擴大，越來越多的福建人在他鄉安家，順天聖母的信仰也隨之擴展到港澳臺和東南亞地區。

中國海神 水仙尊王

原來是三過家門而不入的大禹

水仙尊王，簡稱水仙王，是中國海神之一，以貿易商人、船員最為信奉。各地供奉的水仙尊王各有不同，以善於治水的禹為主。

眾多的水仙尊王

道教的神仙很多是把歷史名人神化而形成的，在中國歷史的發展過程中，有五位名人曾經充當過水仙尊王，分別是大禹、伍子胥、王勃、屈原、李白。這五位名人有的是政治家，有的是文學家，但都和水有著那麼點關係。

大禹

大禹，又稱夏禹，是中國禪讓制的最後一個部落首領，他的兒子夏啟開創了中國歷史上的世襲制。大禹曾經是賢人舜帝手下的水利專家，當時的人們靠著河流定居，一旦到了雨季，河水暴漲，家園就會被沖毀。當時洪水肆虐，舜帝命令大禹前去治水。大禹在伯益等人的幫助下，開挖管道，歷時十三年之久，終於將陸地上的洪水引到了大海之中。由於大禹治水有功，人們就把他奉為水神。

伍子胥

伍子胥生於世家大族，本來應該過著衣食無憂的生活。一切只因為父親是太子的老師，在小人的中傷之下，父兄皆被殺害。伍子胥跟著落魄的太子建逃到了齊國，後來又跑到了鄭國。太子建打算，如果自己做為晉國攻打鄭國的內應，那麼晉國國君就會幫助自己恢復在楚國的地位。這種幼稚想法和行為直接導致了太子建被害，還連累了伍子胥差點被鄭國人殺掉。

伍子胥逃出了虎口，他出了昭關之後還有一條河隔著不能進入吳國的領土。後有追兵，前有大河，伍子胥欲哭無淚，不知道如何是好，竟然一夜白頭。在伍子胥最無助的時候，一位老漁翁出現了，他見年輕人因為不能過河把頭髮都急白了，很同情，就駕著漁船把伍子胥載過了河。

伍子胥來到吳國之後，幫助吳國公子光奪取王位，公子光即是後來的吳王闔閭。在伍子胥的運籌帷幄之下，吳國很快成為了當時的霸主。為了給自己的父兄報仇雪恨，伍子胥帶著吳國的軍隊打進了楚國的都城，把楚王的墳墓掘開鞭屍三百下。闔閭去世之後，夫差聽信寵臣伯嚭的讒言，讓伍子胥自盡身亡。伍子胥含恨而死，死前命人將自己的眼睛掛在城門口，他的屍體則被扔進了大海之中。

屈原

屈原是中國歷史上著名的愛國詩人，寫得一手好文章。當時與屈原同朝的一些小人非常嫉妒屈原的才華，總是找機會貶低屈原，離間他和楚王的關係。三人成虎，小人的話聽得越多就越覺得可信，就這樣楚王疏遠了屈原。這些小人還覺得不夠，一心想要把屈原逼死。但是人家畢竟是楚國的世家王公，楚王再怎麼絕情也不會要了他的性命。但是嫌隙是彌補不了了，只好把屈原給放逐了。可惜這位才華橫溢的詩人，空有報國之志，卻始終不得志。在屢遭奸臣陷害之後，最後以身殉國，投身在了汨羅江之中。

王勃

王勃是唐初四大才子之一，出身官宦世家，人長得帥氣，文章寫得也好。他在六歲的時候就能出口成章，在當地是出了名的神童。後來，王勃來到京城，結識了一大群的朋友，也用才氣征服了大批美女粉絲。那個時候雖然沒有狗仔隊偷拍，也沒有網路，王勃還是很快就成了家喻戶曉的人物。這位帥氣有才的公子哥寫下了許多有名的詩文，只可惜天妒英才，在他二十八歲那年，前往交趾看望父親的時候，不幸溺海身亡。

李白

李白號稱青蓮居士，是唐朝有名的詩人。由於才華橫溢，他不免有些孤傲，對那些喜好權勢之人根本不屑一顧，而且生性豪放，不拘小節。唐玄宗很欣賞李白的才華，就請他做了翰林編修。其實這只是一個虛職，並沒有多少實際工作要做。

有一天，唐玄宗請李白來到梨園給愛妃楊貴妃作詩，李白寫了一句「可憐飛燕倚新妝」得罪了楊貴妃。其實也不是得罪楊貴妃，是因為高力士看到這句詩趁機進的讒言。李白這下可吃不消了，不僅官越當越小，還經常受氣，最後只好辭官不做，雲遊四海。在雲遊之時，李白留下了許多膾炙人口的名詩佳句，特別是每次酒醉時都會寫上幾句詩來助興。

相傳，酒醉的李白為了撈水中的月亮，不幸溺水身亡。

水仙尊王信仰的發展

大禹由於治水有功，死後被人們當作水神來拜祭，而其他幾位歷史名人則是和水有著莫大的聯繫。

道教在創立之初，勢力並沒有佛教那麼大，為了推廣自己的品牌，就想出了將名人神化的招數。畢竟這些名人都已經作古，不可能站起來和道教的那些徒子徒孫們理論。所以。把他們做為道教的神仙不僅不會有損道教的顏面，還可以提升道教的人氣。

這幾位名人雖然都充當過水仙尊王，但是他們之間也是有主有次的。在如今的水仙尊王祭拜中，多以大禹為主神，其他幾位為輔神。

古代凡是從事海上事務往來的人，都會祭拜水仙尊王，由此興起了一個很有意思的「劃水仙」活動。

劃水仙是早期船員向水仙尊王求救祈禱的一種方式。海上的氣候瞬息萬變，漂泊在大海之中的船員就像是沒有母親保護的幼兒一樣，毫無自保能力。在遇到大風大浪的時候，船隻往往會被困在大海之中失去航向，加上之前的航船規模比較小，設備比較落後。在這種情況下，船員們只好向神明求助。劃水仙就是這個時候產生的一種自救祈禱方式，被困大海的船員們模仿鑼鼓的聲音齊聲高喊，每個人還用筷子和羹匙使勁敲擊，認為這樣就能夠把水仙尊王叫醒，水仙尊王便能及時趕來救助。

《謫仙玩月圖》。

第三章
人間吉凶禍福都要請個神仙掌管

給人帶來幸運
福神
是天官還是刺史？

福神是吉祥神，他會給人帶來幸運，所以一直以來就有很多粉絲。關於福神的原型究竟是誰，主要有兩種說法。

賜福的天官

追溯福神的原型，還要從道教的創立之初開始說起。東漢末年，皇帝昏庸無能，大量的富豪和官吏圈佔大量兼併土地，弄得百姓無立錐之地，到處逃荒。既然在物質上不能享受到很好的待遇，那就來點精神寄託吧！如果創立一個宗教既能給百姓帶來心靈的安慰，又能為其祛病免災，豈不是兩全其美？張良的後世子孫張陵看到了這一契機，就創立了五斗米教。規定凡是入教的人必須繳納五斗米，故此得名。

在創教之初，張陵就意識到如果和佛教的教義雷同，五斗米教肯定發展不起來，所以他就把巫術和醫學納入到了本教的範疇之內。同時，他大力提倡三官信仰，這三官分別指的是天官、地官和水官。張陵宣稱，天官會賜福給信徒，地官則可以赦免罪行，水官則可以幫助

天官圖。

人們度過災難。為了證明自己所言非虛，他還親自來到一個生病的信徒家中施法祈禱。神奇的是，這位信徒既沒有吃藥也沒有去看郎中，幾天之後就好了。周圍的人一看如此靈驗，就開始信奉張天師，並在生病的時候誠心向三官祈求保佑。

在三官中，最為人喜歡的是天官，因為他會給人們帶來福氣，而天官賜福的說法一直延續至今。

就這樣，天官成了福神，天官賜福的故事也不斷被寫進民俗故事或者神話小說中。那麼，天官到底是不是福神呢？目前還不能給出確定的答案，因為還有一個為民請命的刺史大人在爭奪署名權。

耿直的刺史

福神的原型之所以會有紛爭，都是一本叫做《三教源流搜神大全》的書惹的禍。在這本書中，作者描寫了一位由人到神的刺史大人楊成（陽城）。不過這個楊城有兩個，但故事內容一樣，只是換了朝代和名字而已。

據說漢武帝時期，在今天的廣西地區，有個地方的人全是侏儒。當地的官員為了討老闆開心，就挑選了幾個侏儒呈送給漢武帝玩樂。龍心大悅的漢武帝當即就把這個官員提拔到京城當京官了。當地的官員高升，剛入仕途的楊成就成了這個地方的父母官。

楊成上任沒多久，漢武帝就下旨讓楊成給自己呈送侏儒。血氣方剛的楊成一聽皇帝這樣不體恤子民，很氣憤，不僅拒絕了這一命令，還寫了一封奏摺來「教育」漢武帝。大概漢武帝當時的心情比較好，看過奏摺並沒有責怪冒失的楊刺史。當地百姓為了感謝父母官為民請命，就在楊成去世後修建了祠堂來祭拜他。

如果楊成真的如此厲害，敢教訓自己的老闆，司馬遷肯定會在《史記》中對他大加讚賞，但我們翻遍《史記》也找不到這個人物。因此，這個故事也就有了虛構之嫌。

不過，在唐朝還真是出了一位勇於為民請命的刺史陽城。故事的情節大致一樣，也是關於勸說皇帝要尊重百姓，不可把侏儒當玩物的內容。這位陽城刺史的事蹟被大詩人白居易寫文表揚過，看來他才是真實的人物。

到了元朝，有人把這位刺史寫進了《三教源流搜神大全》中，並說他是一位賜福百姓的神仙。

誰才是真正的福神？

誰都想當好人，神仙也一樣。在神界，神仙都有特定的分工，每個神仙的職能都是不一樣的。其實福神很少單獨出現，一般都是和祿神、壽仙一起出頭露面的。後面兩位都是星宿神演變的，以此推斷福神一開始也有可能是一位星神。而在民間傳說中，福神原為歲星，即木星，後來才逐漸人格化。

明朝畫家錢貢的作品──《福祿滿乾坤》。

至於福神是賜福的天官還是耿直的刺史，也只能是仁者見仁、智者見智了。

送子神仙

祿神

民間吉祥神的變身

加官進祿、封妻蔭子一直是中國古代讀書人孜孜以求的最高目標，也是對他們寒窗苦讀的最好回報。在孔子之前，平常百姓家的孩子是沒有資格讀書的，讀書只是官宦子弟專屬的特權。後來，孔子提倡「有教無類」的教育理念，招收各個階層的學生，這才使得普通人家的孩子有了受教育的機會。

當科舉取士成為中國的選官制度後，讀書當官就成了中國文化中一個獨特的部分，這種文化也間接催生了主管功名的祿神。在傳統的民俗吉祥年畫中，祿神的形象，往往採取以諧音「鹿」來替代。這是一隻天鹿，是瑤光散開而生成的，身上有五彩光輝，以兆祥瑞。在單獨的祿神畫中，祿神的形象則是一個身穿大紅官服、頭戴高冠的官員，騎在一頭梅花鹿上，寓意為「進祿」。另外，有的祿神還會懷抱一個嬰兒，意寓為送子男神、望子成龍等。

祿神的原型——祿星

祿星是北斗七星中的第六顆星，只要能看到北斗七星的地方就可以看到祿星。從外觀上看，祿星不僅沒有福星（也就是木星）的光環大，與其他星星相比，也沒有什麼特別的地方。可是人們為什麼要把這顆平常得不能再平常的星星定為祿星呢？要回答這個問題，就需要從古代的天文學說起。

在中國的歷朝歷代，政府的機構中都有專門的星象學家來分析星星的運行軌跡，並根據觀察的結果來測算吉凶。為了方便觀察研究，星象學家們仿照封建社會官員的等級序列，對星星進行了相應的劃分。在眾多被命名的星星中，有的是一顆星獨享尊榮，有的是數十顆或者數百顆星平分秋色。這樣一來，整個神秘的銀河系就變成了另一個王朝。

比如說，我們的先人發現北極星永遠都不改變自己的位置，而其他的星星總是圍繞著北極星周而復始地運動，所以就把北極星命名為宸星，把它的起居室命名為紫微宮。北極星在天界的地位和地上的皇帝大體相當，是星星界的最高統治者。既然有了天帝，就需要建造宮殿。星象學家們就在宸星的兩邊用一條線把相近的星星連起來組成皇宮的宮牆，連成宮牆的眾多星星不僅充當了磚頭的功能，還要充當著護衛皇宮的職責，這些身兼數職的星星又按照距離宸星的遠近，被授予了不同的官銜。

古人講究天圓地方的佈局，民間百姓在建造房屋時也都會把院子建成方正的。星象學家根據這一慣例，把宸星所居住的紫微宮也佈局成方形的，說白了就是給宸星建一個大型的四合院。在四合院的四周都安上大門，各配一名統領，負責守衛。按照四名統領所處方位的不同，分為東蒼龍、西白虎、南朱雀、北玄武。

天帝的住所和安全問題解決好之後，接下來就要給他尋找助手了。星象學家們把東南西北四個宮門做為四個大區，每一區裡面設七個星宿，四方相加總共得到二十八星宿。這二十八星宿就是各自轄區的管理人員，幫助天帝管理天界百姓。

天帝不是金絲雀，不可能總是待在自己的家裡，總是會出去微服私訪，體察民情的。由於北斗七星特殊的形狀，這七位形影不離的兄弟就成了皇帝出巡的馬車。北斗七星在充當交通工具的同時，還要替天帝處理公務。為了合理利用人力資源，天帝封七兄弟不同的官職，其中祿星做了組織部長，負責選賢任能。

《史記．天官書》記載，北斗七星正前方這六顆星統稱文昌宮，第六星為專掌司祿的祿星，職司文運官祿。隨著科舉取士制度的不斷發展和完善，祿星的粉絲數量不斷增加，自身的地位也就後來居上了。

清朝名家吳友如的畫作——《福祿壽三星》。

祿星的人格化過程

「不孝有三無後為大」，即使是高中狀元，也要擔負起延續家族香火的責任。在這種情況下，人們想當然地把送子神仙和祿星聯繫在一起，祿星也慢慢地被人格化了。最開始的時候，人們是把張仙做為祿星的化身。張仙本就是一個送子神仙，專管生育之事，所以有些人在給祿星的畫像時，會將其畫成一個穿著官袍懷抱小孩的神仙，形象顯得親民和善。

福祿酒的故事

明朝末年，皇帝昏庸無能，官吏貪贓枉法，弄得百姓怨聲載道。陝西的饑荒直接促使李自成奮起反抗，在他的帶領下，百姓紛紛揭竿而起，脆弱不堪的大明王朝很快就被李自成佔去了大半江山。李自成的軍隊每到一處，都會開倉放糧、減免賦稅，深受百姓的歡迎。

起義軍很快就打到了河南，這裡是福王朱常洵的封地。這位福王仗著自己的母親寵愛，十分驕縱，再加上從小沒有經歷過什麼磨難，每天就知道吃吃喝喝，及時行樂。

當時，洛陽的百姓遇上饑荒，很多人都吃不到飯，手下人勸福王開倉放糧，救濟百姓，卻被斷然拒絕。百姓們對這個吝嗇愛財的福王恨得要命，當李自成的軍隊打過來時，竟沒有一個人願意保衛福王，真應了那句自作孽不可活的古話。

這位養尊處優的王爺被活捉後，李自成按照百姓的要求，將他剁成了肉醬，然後配上鹿血分給百姓喝，並把這種酒稱為「福祿酒」，認為凡是喝了此酒的人都可以福祿雙至。其實，這只是李自成招攬人心的一個手段而已。只是這位福王作惡多端，才讓李自成有了利用的價值。在福祿酒的號召之下，當地很多的百姓都加入了李自成的軍隊。

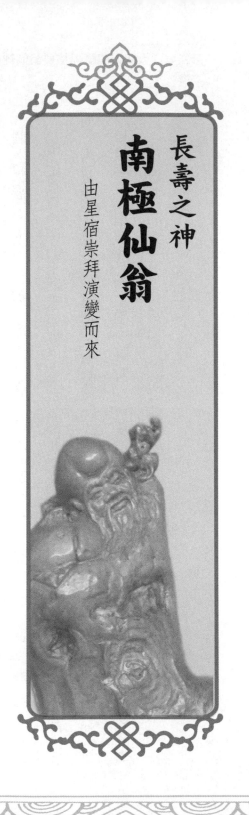

長壽之神
南極仙翁
由星宿崇拜演變而來

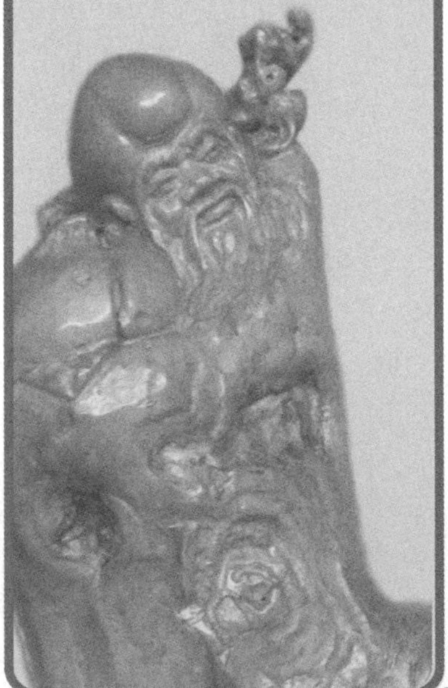

在道教的神仙譜系中，一共有三個壽仙，分別是南極仙翁、彭祖和麻姑。我們對南極仙翁最早的印象應該始於《西遊記》。在這部神話小說中，一個國家的國王迷戀美色，找了一個狐妖做自己的妃子。這個狐妖的情人是一頭鹿精，幻化成狐妖的父親，與狐妖內外勾結企圖奪取國王的江山。

孫悟空雖然識破鹿精和狐妖的陰謀詭計，可是降伏不了那隻鹿精，沒辦法只好請鹿精的主人南極仙翁前來幫忙。南極仙翁不費吹灰之力就收伏了鹿精，在臨走之時，還送給國王一杖紅棗做為禮物。這段故事中出現的南極仙翁很可愛，他弓著背，額頭前凸，一手拄著枴杖，另一隻手裡還托著一顆大大的仙桃。在南極仙翁的枴杖上還掛著一個葫蘆，裡面裝的是一些能夠使人長生不老的仙丹妙藥。

南極仙翁又稱南極真君、長生大帝，玉清真王，是元始天王的第九個兒子。因為他主壽，所以又叫「壽星」或「老人星」。

南極仙翁與古代的星宿崇拜

天文知識匱乏的古人對星象十分崇拜，認為每一顆星都是一個神仙。不僅如此，星象學家還對天上星星進行了等級劃分，總共劃分為二十八星宿。在這二十八星宿中，有很多星星由於自己的職能被其他神仙取代，慢慢地就被人們淡忘了。有些星星由於自己特殊的管理許可權一直受人尊崇，至今依舊是粉絲眾多，香火旺盛。壽星就是這些常青之星中的一位，他主管人的壽命，在東方七星宿中排行第二。由於這顆星的外形像羊角，又被人稱為角宿。

古人對壽星很崇拜，皇帝也會把對壽星的祭拜納入到國家大典的行列。當時的社會流行「老人星現，五穀豐登，老人星隱，則天下大亂」的說法。大概是忌憚這種說法，歷朝歷代的皇帝都會誠心向壽星祈禱，保佑天下百姓能夠安居樂業，幸福安康。

隨著時間的推移和天文水準的提高，人們逐漸掌握了壽星的活動規律：在長江以南很容易能看到，在長江以北每年只有少數的幾個月份才可以看到，碰到天氣不好的時候還看不到。摸清了這個規律之後，壽星做為國家守護神的角色開始逐漸喪失，賜福長壽的作用卻變得越來越突出。

《煉丹圖》。

壽星的形象與古代的尊老敬老

壽星的形象之所以被畫成一個慈眉善目的老者，與古代社會尊老崇老的習俗密切相連。

在漢朝的時候，能夠出仕做官的除了達官貴人的子孫以及門生外，很大一部分人是透過舉孝廉進入仕途的。被舉薦的人，不僅要博學多才，還要孝順父母，行為清廉，故稱孝廉。因此，整個社會從上到下都形成了尊重長者氛圍。當時的法律規定，凡是年邁無子女的老人開門做生意可以免交稅賦。

在社會上提倡尊老崇老，和當時儒家所提倡的以仁義忠孝治國的思想，以及老人在當時社會中所發揮的作用是分不開的。古代文化的傳承主要是代際之間的傳承，加之社會變遷速度慢，長者所累積的生活經驗可以傳遞給下一代，下一代在遇到相似的情況時採用同樣的處理方法也不會過時，所以老人在社會上的地位很高。既然整個社會都尊重老人，那麼把壽星這樣一個人人喜愛的吉祥神畫作一個慈眉善目、和藹可親的老人就很符合大眾的胃口了。

那些和長壽有關的事

雖說長生不老是每個人所期盼的，但真正付諸實踐去追求長壽的還屬皇帝。史書中關於皇帝求仙問道的故事比比皆是，每朝每代總有那麼幾個皇帝會做出這樣荒唐的事情。

最早的應該是秦始皇，他認為，如果讓自己的統治永遠繼續下去，那麼最好的辦法就是長生不死。為了實現這個願望，他派人四處去求仙訪道，最有名的是徐福東渡的故事。

到了漢武帝的時候，為了達成永生的心願，漢武帝命人專門在皇宮中建了一座露臺，以方便在晚上承接仙露，說是接仙露，懂一點物理常識的都知道，那不過是凝結的水氣。漢武帝還讓方士把仙露和研碎的玉末混在一起，製成玉露瓊漿，這味長生不老藥對於這位養尊處優的皇帝來說大概就是黃連湯，但為了自己的長生不老，他還是捏著鼻子喝到了肚子裡。最終的結果大家都知道，秦始皇和漢武帝誰也沒能改變生老病死的自然規律。

後來，道士們開始煉金丹以求長生。金丹用什麼煉成的呢？原料不外乎丹砂、雄黃、硫磺、水銀之類。聽起來這些東西好像都是重金屬，對人體有害無益，實際情況也正是如此。道士們將這些原物料放進煉丹爐，經過一些複雜、神秘的工序（實則不過加熱而已），就會發生化學反應，形成鉛汞化合物。道士們宣稱，金丹可以包治百病，能夠讓人長生不老。當然，很多人在長期服用金丹後，會中毒身亡。如果這樣的事件屢屢發生，道士們做何解釋呢？他們稱之為屍解成仙。也就是說，這是得道升天，實現了長生不老。

這個方法很快就得到了皇帝們的喜愛，明朝的嘉靖和清朝的雍正都是著名的金丹粉絲，可是最後都被這些丹藥要了命。

保護文運與考試的神祇

文昌帝君

道德楷模張亞子的神化

自唐朝科舉取士制度興起之後，越來越多的寒門學子透過考試改變了自己的命運。「朝為田舍郎，暮登天子堂」成了無數讀書人奮鬥的目標，與此同時，主管學子考試命運的神仙也就隨之誕生了。

這個神仙就是我們常說的文曲星，也即是後來被皇帝冊封的文昌帝君。

忠孝兩全的張亞子

張亞子又名張育，出生在四川一個普通的農戶家中。道教的很多神仙在一出生的時候都會顯示出自己非同凡品，要嘛是天氣異常，要嘛是飛鳥朝賀。可是張亞子在出生時並沒有顯示出獨特之處，和普通的嬰兒一樣，以啼哭聲宣告自己來到了這個世界上。

都說窮人的孩子早當家，這話說得一點都不假。張亞子在很小的時候就跟著父親一起放羊、做農活，後來父親去世了，做為家中長子，他毅然挑起了家庭的重擔。

一天，張母出去散步，在回來的時候摔倒了。俗話說，傷筋動骨一百天，再加上張母年紀大了，需要臥床休息半年。白天，張亞子不是外出做工就是在田裡管理莊稼，到了晚上還要悉心照顧母親。

一次，張亞子給母親擦洗身體的時候，無意中發現母親身上有一個被蟲咬過的傷口已經發炎了，並流出了許多膿水。張亞子立刻找來醫生給母親診病，醫生說現在傷口潰爛，只有把膿液全部吸出之後才能治療。張亞子一聽，二話不說就用嘴把潰爛傷口中的膿液給吸了出來。張亞子的孝心感動了醫生，回到診所後，他就把張亞子的孝行說給每一位前來問診的病人。就這樣，張亞子的孝子形象一下子就在民眾中樹立了。

在一天夜裡，張母對兒子說自己想喝肉湯。可是家裡窮得吃上頓沒下頓，連飯都吃不飽，哪裡還有肉呢？這可著實急壞了這個孝子。張亞子不想讓母親失望，情急之下就從自己的大腿上割掉了一塊肉給母親做了肉湯。

第二天，張亞子前往醫生家中包紮，一番交談之後，醫生知道了傷口的由來，就把這件事傳了出去。當時的選官制度主要是「舉孝廉」，因為孝行張亞子被當地人推薦給了皇帝。這樣，張亞子便帶著母親進京當官去了。

為了感激皇帝的知遇之恩，張亞子最後殞命沙場。

老百姓不忍這樣一個忠孝兩全的道德模範淪為孤魂野鬼，就在張亞子的老家建立了一座祠堂來供奉他。

從道德模範到讀書人膜拜的文昌帝君

在一開始，鄉里人只是不忍心張亞子成為孤魂野鬼，才給他修建了祠堂。這個時候，人們對張亞子的祭拜還只是一種情誼性的，並沒有什麼宗教意味在裡面。真正促使張亞子成仙的是兩位外逃的李姓皇帝——唐明皇和唐僖宗。

當年，唐明皇懷疑安祿山有野心，就略施小計把他請進了皇宮。唐明皇本來是想要軟禁安祿山，可是安祿山也不是那麼容易搞定的，他將計就計，透過一些伎倆輕輕鬆鬆地就騙取了唐明皇的信任。這位野心家在被放出之後，很快就露出了自己的狐狸尾巴，不停地招兵買馬，擴張勢力，沒過幾年就起兵造反，一路長驅直入打到了長安城。

清朝《文昌帝君陰騭文》繪圖本，它與《太上感應篇》、《關帝覺世真經》等同為社會流行的勸善書。

唐明皇趕緊帶著滿朝文武和自己的寵妃姬妾離開國都，逃往四川。在路過梓潼七曲山的時候，由於天降大雨，一行人不得不在梓潼祠（也就是張亞子的祠堂）休息。唐明皇在年輕的時候就聽過張亞子的故事，就舉行隆重祭祀，追封張亞子為左丞相。拜祭典禮完成之後，唐明皇在祠內休息，在半睡半醒之際，夢見張亞子顯靈，說自己不久將做太上皇。由於在戰亂之中，太子登基稱帝，所以重新回到長安城的唐明皇果然做了太上皇，居住後宮頤養天年。

張亞子幫助皇帝奪回江山的故事傳到民間之後，梓潼祠的香火一下子就旺盛了起來。後來，黃巢率軍攻入長安，唐僖宗也逃到了七曲山的梓潼祠，他祈求張亞子幫助自己奪回江山，並追封張亞子為濟順王。後來，這位皇帝的祈求也應驗了。

就這樣，在唐朝兩位皇帝的推廣之下，張亞子身價百倍，被世人尊奉到同孔子齊名的地位，故世間有「北孔子、南文昌」之說。

宋朝時，有一個封侯覺得皇帝對自己不公，便起兵反叛，宋真宗派大將狄青前去鎮壓。狄青對賊首說：「我是梓潼神派來的，二十日之內必收回失地。」二十天之後，狄青果然收回了被叛軍佔領的城池。

宋真宗為了感謝梓潼神張亞子顯靈，加封張亞子為英顯武烈王，並命人修善廟宇，擴大規模。南宋初年，戰事不斷，人們對梓潼神的崇拜更為狂熱，宋高宗趙構在逃到南京的時候就命人在南京附近修建梓潼祠。

此時的梓潼神是一個在軍事上有求必應的神仙，並不是掌管科舉的文昌帝君，真正

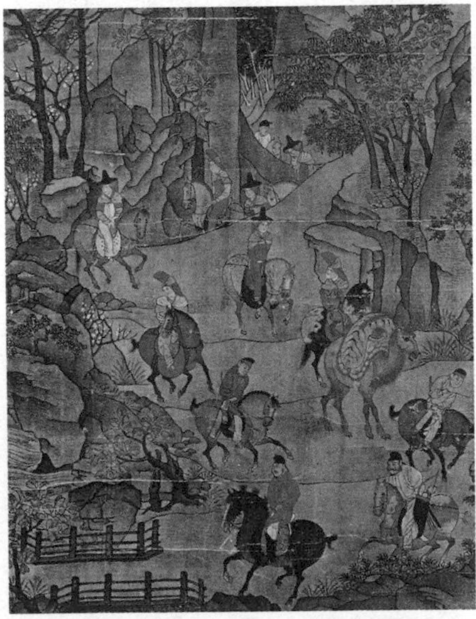

唐朝畫家李昭道的作品——《明皇幸蜀圖》（局部），現藏於臺北故宮博物院。

讓梓潼神和文昌帝君合二為一的是蒙古皇帝。元朝建立後，為了防止漢族人的反叛，朝廷派了很多爪牙來刺探民情。這些人發現漢族人非常崇拜梓潼神，就立刻報告了他們的主子。為了籠絡人心，元朝皇帝就封這位梓潼神為「輔文開化文昌司祿宏仁帝君」，直接就把梓潼神封為負責官員選拔的組織部長了。而當時天上的文昌星的職能和這位梓潼神一樣，人們就想當然地把梓潼神張亞子和專管功名的文昌星合二為一了。

在歷朝歷代皇帝的追捧下，地方神張亞子開始正式走向全國，成為主管功名的文昌帝君。

文昌帝君的崇拜

在文昌帝君的畫像上有兩個侍從，他們一個叫做天聾，一個叫做地啞。之所以取這樣的名字，意思是能知者不能言，能言者不能知。因為文昌帝君掌管科舉，關係富貴貧賤，保密問題很重要，以免天機洩漏。

元明以後，隨著科舉制度的發展，人們對文昌帝君的奉祀也逐漸普遍。各地都建有文昌宮、文昌閣或文昌祠，一些鄉間書院和私塾也都供奉文昌神像或神位。舊時每年二月初三日為文昌帝君神誕之日，官府和當地文人學士都會到供奉文昌帝君的廟宇奉祀。

即使到了今天，文昌帝君的香火依舊旺盛。

歡喜神 和合二仙

本是禪門頓悟僧

古往今來，人們對婚姻大事都十分重視，這樣也就催生出了一批專司婚姻之事的神仙。結婚一般分為兩步，自然也就產生了兩類神仙。第一步是相親，這個就要看緣分，按照民間的信仰習俗，月老主管牽線搭橋。等這一步搞定了，就要進入結婚的實質性步驟——婚禮。這一天，新人會在父母面前成婚，拜天地、拜神仙。這個時候拜的神仙是誰呢？當然是和合二仙了。

和合一詞最早見於《周禮・地官》，在「媒氏」疏中云：使媒求婦，和合二姓。其本義是促進婚姻的達成，這應是和合之正解，後有和睦、同心、調和、順利等意。做為中國本土的神仙，「和合二仙」本是肉身凡胎，在中國五千年文明史裡，都能找到他們的原型。

寒山拾得圖。

佛門頓悟僧

古時候新人結婚的當天，會在堂屋的正中間懸掛一幅畫，畫中是兩個笑臉盈盈、身著彩衣、蓬頭凸肚的童子。他們一個手中拿荷花，一個捧著盒子，形象憨態可掬，十分喜人。這畫中之人正是人們以唐朝兩個關係要好的和尚為原型創作出來的婚姻神——和合二仙。

這兩個和尚一個叫寒山，一個叫拾得。

寒山，又名寒山子，是唐朝一個比較有文化的和尚。他雖說已經脫離紅塵，心無雜念，但有時候還會做一些詩詞來針砭時弊，大有魯迅先生的風範。後來，有文人專門把寒山的詩詞整理編成了《寒山子詩集》。

拾得是個棄兒，剛出生就被父母拋棄在荒郊野地，幸好碰到了天臺山的豐乾禪師。禪師心懷慈悲，把這個孤兒帶到天臺國清寺收養，並給他取了個名字，叫拾得。

寒山常年穿著一件破布衫，面容枯槁憔悴，頭上戴著樺皮冠，腳下拖著一雙大木屐。他的舉止瘋癲，行蹤不定，經常在寺院的長廊裡晃來晃去，不時地大叫：「快活呀！快活！」有時手指著虛空，沒頭沒腦地亂罵。寺裡的人有些討厭他，有人甚至拿起手杖追打他，寒山子一邊躲閃，一邊拍手大笑。

寒山如此，拾得也不輸於他。一次，拾得的傻氣發作了，登上高座，跟佛菩薩像對盤而食，嘴裡還嚷著說：「你這個小果聲聞，沒出息！」他當時視若無人，還拿起筷子哈哈大笑，寺裡的人看到他如此荒唐，就要將他趕走。

靈熠又向住持僧討個人情，改派他去廚房洗碗筷，故此他與寒山子便有了粥飯因緣。自從他和寒山成了最要好的朋友，拾得就時常把僧眾吃剩的粥、飯、菜滓，收入一個竹筒裡，等到寒山子一來，便把竹筒交給他，讓他扛回去。

有個叫閭丘胤的大官，奉了皇帝的御旨要去台州做刺史。臨行時，忽然患了頭風病，痛得呼天搶地，請了好多醫生都無計可施。該當是他命中有救，豐乾禪師從國清寺來到他的府第，將其醫好。

閭丘胤伏地拜謝說：「禪師，您真是天臺山上的聖賢僧啊！」

豐乾禪師說：「我這點本領算不得什麼，有兩位真正的大德，你卻沒有發現。」

閭丘胤急忙說：「請大師明示。」

豐乾禪師說：「假如你看見了他，你又不認識，等到你認識了他，他就不見你了。但是你若是真正要見他的話，就不能以貌取人，正所謂『以貌取人，失之子羽』。我還是告訴你吧！寒山就是文殊，拾得就是普賢，他們遁跡於國清寺，外表看起來卻像個貧子。」豐乾禪師說完，便辭別而去。

閭丘胤到任後的第三天，前往國清寺拜訪，向寺裡的僧人詢問說：「寒山和拾得在嗎？」住持道翹說：「有的，有的，我帶你去吧！」兩人經過廚房，碰到寒山和拾得正在火爐邊燒火。他們一邊燒火一邊放聲大笑。閭丘刺史恭敬地走上前去，叩頭禮拜，住持大為驚奇，拉住閭丘刺史的袖子說：「大人，為什麼要向瘋子叩頭呢？」話音剛落，寒山便大聲喝道：「豐乾禪師是彌陀，你不識，拜我們做什麼？」

拾得笑著說：「豐乾多嘴！豐乾多嘴！」說時遲那時快，他們便一溜煙似地跑到了寒岩。閭丘刺史在後面緊追不放，追著追著發現他們竟然鑽進了石縫，轉眼間，那道石縫合在了一起。

從此，寒山子和拾得再也沒有回到國清寺。

兩人的神化過程

我們的祖先喜歡用同音雙關來表達特定的含意，而「荷」和「和」是同音，古人就取「和諧圓滿之意；而「盒」和「合」又是同音，古人就取「天作之合、合巹」之意。於是，手持荷花的寒山就成了和神，手拿飯盒的拾得就成了合神，兩人就這樣被供奉起來了。不過，這個時候供奉和合二仙還只是民間百姓的一廂情願，並沒有得到官方的承認。

到了清朝，雍正皇帝十分信奉道教，就在他駕崩前兩年也就是雍正十一年（西元1733年），下旨冊封寒山為和聖，拾得為合聖。和合二仙的信仰也就被官方正式承認了，成為了道教在編的神仙之一。

送子神 張仙

竟是花蕊夫人的情人孟昶

從宋朝開始，人們崇拜的生育神中加入了一個新成員，他就是唯一的男性生育神——張仙。

張仙以一青年男子的身分充當了人間送子重任，在中國神話中是絕無僅有的。後來，人們又將他看成了小孩的保護神。

為什麼這位男性生育神出現在宋朝而不是其他朝代呢？這一切還要從張仙的原型說起。

亡國之君孟昶

在中國古代文學史中，留名於世的女詩人屈指可數；在為數不多的女詩人中，才貌雙全的非五代十國時期的花蕊夫人莫屬。

花蕊夫人（生卒年不詳）是後蜀皇帝孟昶孟後主的貴妃。她冰雪聰明，博聞強記，容貌秀麗，風姿冠代。

宋朝軍隊滅了後蜀國後，花蕊夫人被俘。宋太祖趙匡胤垂涎花蕊夫人的美貌，將她納入後宮，做了妃子。在花蕊夫人眼裡，孟後主和趙匡胤簡直是一個天上，一個地下。孟後主是聞名天下的美男子，風流倜儻，善解風月，心思細緻，

明人唐寅所畫的《孟蜀宮妓圖》，取材於五代西蜀後主的宮廷生活。

懂得體貼，而且精通琴棋書畫，是一個很有情調的人。而太祖趙匡胤，雖然是大宋的開國皇帝，也是一代人君。但是在男女之事上，就比不上孟後主了。所以，花蕊夫人一方面心懷亡國之痛，另一方面思念孟後主，一直對趙匡胤沒有好感。

花蕊夫人身在宋宮，時時刻刻思念故國家園，思念孟後主。她私自繪製了衣服孟昶像，每當夜深人靜的時候，就拿出來，對著畫像傾訴相思之苦。

一天，孟昶的畫像被太祖看見了，追問何人。花蕊夫人急中生智，說：「這是張仙（也就是祿神張亞子），我們四川人都知道的送子之神。」宋軍破滅後蜀國的時候，太祖並沒有和孟後主謀面。他聽花蕊這麼一說，還認為她求子心切，不但沒有再深問，反而十分高興。

後來太祖還是知道了事情真相，他令花蕊夫人交出畫像燒毀，花蕊夫人不從，太祖一怒之下將其殺死。後人感懷花蕊夫人的忠貞不渝，將她的故事流傳了下來。

張仙的神化過程

孟昶的畫像做為送子之神，從宮中流傳到了民間，年深日久，人們逐漸將其做為求子的神仙來祭拜。

相傳北宋嘉佑年間，宋仁宗有一天睡午覺，忽然看到一位粉面黑髮的美男子，攜帶著彈弓走上前來對他說：「你身邊有天狗環繞，所以一直沒有子嗣。幸好你在位期間多行仁政，所以我今天來為你打走天狗。」

宋仁宗問他是誰，男子莞爾一笑：「我乃桂宮張仙也。天狗在天上掩日月，在凡間咬小孩，但見了我牠們就會逃避。」宋仁宗猛然驚醒，方知是張仙來保佑賜福，於是命人描繪張仙圖像懸掛宮中。從此，張仙送子的傳說更是深入人心。

由於得到皇家的膜拜和尊崇，人們對張仙的信仰很快就透過一些遣返的宮人傳到了民間。民間百姓根據自己對生育神的理解，將張仙的形象變為一個手拿彈弓和彈丸的神仙。因為彈弓的「彈」與「誕」同音，暗含了誕生的意思，張仙就這樣成為了專管生育的「送子神仙」。

任何一個神仙的走紅都離不開文學家的推崇，張仙也不例外。蘇洵三、四十歲的時候還沒有兒子，為了延續蘇家的香火，他每天都會對著張仙的畫像祈禱，希望能求得子嗣。有一天晚上，蘇洵夢見張仙拿了兩顆彈丸交給自己，後來果然得了兩個兒子，即蘇軾和蘇轍。

看來神仙也是偏心的，對於宋仁宗，張仙一毛不拔，不肯送他一個兒子，而對於自己的同鄉蘇洵，則很大方，一下子就賜了兩個兒子。不過有人說此張仙非彼張仙，蘇老泉說的張仙是四川地區一個叫做張遠霄的道士。這個道士由於受到神仙的眷顧，得到了一個法器——彈弓。張道士看到誰家有難，就會用彈弓把災難打散。有一次，這位張道士竟然把彈丸打到天上去了，人們不解地問這是為什麼。

張道士說：「我是打天上的災星。」後來有人說，女子得到張道士的彈丸，將其藏在懷中就可以生兒子，很明顯這也是和生育神聯繫在一起。

到了明清時期，有人想給張仙畫一個神像，但是做成男子的身分又不太合適，於是就按照花蕊夫人的原型，把張仙改造成了一個女性生育神。不過幸運的是，在現今中國的天津西廟旁有一座張仙閣，裡面供奉的神仙就是名副其實的男性神。

戾氣十足 閻王

吠陀文化的舶來品

閻王叫人三更死，誰敢留人到五更。在人們的印象中，閻王的職責是統領陰間的諸神，審判人生前的行為並給與相應的懲罰。

其實，中國古代原本沒有關於閻王的觀念，佛教傳入後，閻王做為地獄主神的信仰才開始流行起來。後來，道教為了迎合人們的鬼神信仰，演變出具有漢化色彩的閻王觀念——十殿閻羅。

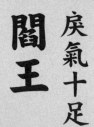

閻王信仰的中國化

閻王原來是古印度神話中管理陰間的天王，在《梨俱吠陀》中即已出現，佛教沿用這一說法，稱閻王為管理地獄的魔王。佛教傳入中國後，不斷進行著本土化的努力。在傳教的過程中，佛教徒發現中國人普遍具有鬼神信仰，於是就把閻王主宰生死的觀念引入了進來。

東漢末年，張陵創立了五斗米教。為了吸引信徒，他把閻王拉入到自己的神仙譜系中，並在此基礎上把世界劃分為天界、地界和人界。天界的最高首領是玉皇大帝，管理人間的是高高在上的皇帝，負責轉世投胎的地界歸閻王管理。為了與佛教的閻王區別開來，張陵的徒子徒孫們還把地獄劃分為十八個等級，統稱為十八層地獄。

人死之後，閻王根據每個人生前作惡的多少和輕重，把人的靈魂送入不同的地獄之中接受懲罰，其中以第十八層地獄的刑罰最為殘酷。如果人們不想死後受到懲罰，就需要在活著的時候多多行善積德。

不管如何說，這些觀念上恐嚇只能在心理上取勝，不能從根本上壓制人們作惡的念頭。張陵經過多年研究，終於想到了一個解決的辦法，那就是建造一個實際存在的鬼城。為了展現鬼城的正式性，他還專門取了一個名字叫酆都。

關於鬼城酆都的由來，和一個傳說故事是分不開的：在四川有一座平都山（又作酆都山），它是道教七十二福地之一，在整個排行榜中位居第四十二位。由於風景獨特，很多人都會到這裡來修道。在平都山得道的仙人中，最有名的是西漢的王方平和東漢的陰長生。王、陰兩人白日飛仙的地方位於平都山的最頂端，後世的道徒們為了紀念這兩位仙人，就在平都山的頂部建造了一座道觀，供奉兩位仙人。到了唐朝，有人誤將「陰」和「王」兩人的姓連在一起，成為「陰王」，再訛傳為「陰間之王」，於是酆都就成了「陰曹地府」。

十殿閻羅的出現

道教的發源地在四川，這裡自古就是一個少數民族聚集的地方，巫術很流行。張陵為了突出道教的特色，就在儀式中融入了很多巫術的成分，那個時候的道士們常常被人們稱為「鬼吏」。早期道教的神仙譜系不是很完善，加上「陰王」之說很盛行，酆都城的平都山很快就

中國四川大足石刻的十八層地獄（局部）。

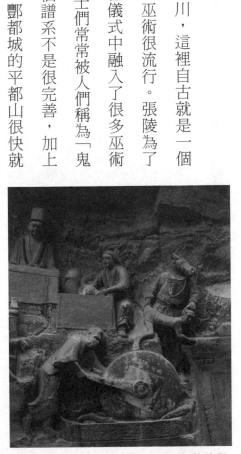

成了魔鬼居住的地方。後來，隨著《西遊記》和《鍾馗傳》的暢銷，酆都的形象完全被顛覆了，成了名副其實的鬼城，再無翻身之日。有了鬼城，還要有完善的組織機構才行，於是就有了十殿閻羅。

十殿閻羅嚴格說來並不是創造性的產物，因為它還是模仿了陽間的官僚體系設置，只是把這些官員的名字換了一個說法而已。這十殿閻羅分別是秦廣王、楚江王、宋帝王、五官王、閻羅王、卞城王、泰山王、都市王、平等王、轉輪王。此十王分別居於地獄的十殿之上，因稱此十殿閻王。

閻王的人格化

到了隋唐時期，道教得到了空前的發展。為了使閻王的形象更加親民，道教把一些名臣武將拉入到自己的神仙譜系中，並在不斷地加工和匹配過程中產生了四位比較有名的閻王。

第一位閻王是隋朝名將韓擒虎。這個人是衛國公李靖的舅舅，跟隋煬帝還有些親戚關係。據說他在十三歲時打過猛虎，所以取名叫擒虎。他在隋王朝統一中國的滅南陳戰爭中，首先渡江進入建業，由此立下了大功。

相傳在他五十五歲的時候，有一天一個陌生人快速跑到韓府，大聲叫道：「我想拜見大王。」

韓府中的人感到莫名其妙，就問他說：「你要見什麼王？」

那人回答說：「我要見閻羅王。」韓擒虎的兒孫一聽，非常惱火，擁上前將那人擒住，想痛打一番。這時，韓擒虎喝令住手，並將那人迎入內室敘語。

眾人在室外聽到那人對韓擒虎說：「小將是陰間的五道將軍，奉天符之命來請大王為陰司之主。」又聽到韓擒虎說：「生為上柱國，死為閻羅王，我已經很知足了。三天之後，我到陰司赴任。」自稱為五道將軍的人答應一聲就不見了蹤影。第三天，韓擒虎辭別皇帝同僚，返回家中告別老小，盛裝就寢，閉上眼睛就去世了。

第二位比較有名的就是北宋宰相寇準。寇宰相是一位出了名的清官，斷案公正，為民請命，讓他當閻王是比較符合人心的。

第三位是范仲淹。此人不僅文學造詣高，還是一個敢說敢做的人，從來不怕得罪權貴，死後也被道教拉進了閻王隊伍之中。

最後一位大家都比較熟悉，他就是包拯。包拯有很多傳奇的斷案故事流傳民間，最有名的就是狸貓換太子中的夜審郭槐。在審理這個案子的時候，包拯把自己扮成是閻羅王，輕而易舉地騙過了郭槐，讓其招了供。這些極具神話色彩的案件使得包拯很符合閻王的任職條件，再加上他也是一個比較清廉的官員，因此被道教吸納了進來。

從這四位閻王的背景可以看出道教的發展脈絡。隋朝的時候，當朝的皇帝信奉佛教，道教的發展一直處於受壓制的狀態。道教在這個時候巴結一個有地位的人，可以有效提高自己的地位，這種需要就使韓擒虎在道教佔了一席之地。到了唐宋時期，道教得到了發展和壯大，特別是在宋朝，它幾乎成為了國教，所以，寇準、范仲淹、包拯這些名臣加入到道教的神仙譜系中也就不足為奇了。

中國山西石樓縣興東垣東嶽廟內遺留的十殿閻王壁畫（局部）。它是清同治五年所繪，內容為人間、地獄、天堂、因果報應等。

首席判官
崔府君
原身是唐太宗的一位臣子

閻羅王殿裡文武四大判官分屬賞善司、罰惡司、陰律司、查察司，其中主管陰律司的是崔判官。在陰曹地府中，他身著紅袍，左手執生死簿，右手拿勾魂筆，專門執行為善者添壽，讓惡者歸陰的任務。

那麼，崔判官是如何做到了首席判官的位置，主管人間百姓生死的呢？

唐太宗的臣子崔珏

首席判官崔府君，原名崔珏，出生在山西樂平的一戶普通人家中。

相傳，崔珏的父親年過五十還沒有子嗣，整日長吁短嘆。有一天，他對夫人說：「我這大半輩子積德行善，從不做傷天害理之事，如今到了這把年紀，為何還沒有一個兒子呢？」崔夫人見丈夫的情緒如此低落，覺得很內疚，就責怪自己的肚子不爭氣。

崔珏的父親一看夫人傷心了，就趕緊轉換話題安慰道：「聽說北嶽祠很靈驗，不如我們前去求子吧！」就這樣，夫妻兩人一起來到了北嶽祠誠心祈禱。由於路途遙遠，當天沒有返回，在北嶽祠住下了。晚上，崔夫人夢到一位仙人賜給她一個錦盒，打開錦盒一看，裡面是兩塊美玉。仙人說道：「請把這兩塊玉吞下。」崔夫人聽後，就按照仙人的指點將玉吞進了肚中。

回到家中過了一段時間，崔夫人覺得身體不舒服，就找來郎中號脈，原來是有喜了。十個月後，崔夫人生下了一個男嬰，由於孩子是由兩塊玉變來的，所以就取名叫做珏，字子玉，以表示對仙人的感謝。

崔珏非常聰明，念私塾的時候總是很快完成先生規定的功課，是遠近聞名的神童。唐朝貞觀年間，崔玨第一次參加科舉考試就考中了進士，被分配到山西長子縣做縣令。在任期間，崔玨勤政愛民，斷案公平，死後百姓很懷念這位青天老爺，就建了一座廟來供奉他。

崔玨的神化過程

關於崔玨成神的過程，多是民間百姓對他斷案公平的一種神化和臆想。

當時就流傳一種說法叫做崔玨晝審陽、夜斷陰。

相傳，他在各地主政期間，判私自宰殺獵射飛禽走獸的獵戶到陰曹地府去受罰，而陰間判官就是他本人。他在獵戶面前判罰這些罪犯，或減少壽命、或斷絕子嗣、或削其福分，好不風光。

當時，在崔玨所在縣城附近有一隻白虎整日為害鄉里，崔玨就命人帶著自己的符節前去將其抓捕歸案。白虎一見符節，立刻乖乖地跟著捕快來到了縣衙之內。在公堂之上，崔玨歷數白虎傷人之罪，白虎聽後連連點頭。崔玨最後判決：「啖食人命，按律當斬！」話音一落，白虎立刻撞牆而死。

崔玨生前的神異，死時更令人驚訝。有一天，在滏陽任上的崔玨正與人下棋，忽然從天上下來幾個持節的黃衣人，說是奉天帝的命令，召崔玨為磁州都土地。崔玨聽後，給兩個兒子寫下百字銘訓之後，就安祥地離開了人世。

這些事蹟都記載在明朝王世貞所撰的《列仙全傳》中，稱道崔玨「晝理陽間，夜斷陰府」。如此看來，他死後被封為土地，官還是小了點。所以，在民間，崔玨是地府判官的說法更為流行。

官方對崔玨的信仰

崔判官之所以香火鼎盛，深究起來，和他善走上層路線有關。

當初，唐太宗李世民被他的兄弟建成、元吉告到地府，閻王要看生死簿，審查他的陽壽是否已終。崔判官見生死簿上記載李世民應該死於貞觀一十三年，便取過筆將「一」字改為了「三」字，才將簿子呈上。閻王看後問：「陛下登基多少年了？」李世民道：「朕即位，今年已經一十三年了。」閻王道：「陛下寬心勿慮，還有二十年陽壽。此一來已是對案明白，請返本還陽。」就這樣，崔判官親自把李世民送還了陽間。

安史之亂發生後，唐玄宗驚恐萬分，一直跑到了蜀地。這時，崔玨又出場了。他給唐玄宗托夢說：「陛下勿恐，賊當自滅。」果不其然，安史之亂平息了。唐玄宗念他報信有功，封為靈聖護國侯。

報信封侯，讓崔珏嚐到了甜頭，為皇帝奔走起來更是不遺餘力。

靖康之變，大宋王朝的皇室宗親全都被金人擄走，康王趙構也是被俘人員之一。有一天，押送大宋皇室宗親的隊伍走到了崔判官的廟宇，晚上睡覺的時候，趙構夢到崔判官對自己說：「快逃，後門已備好馬！」趙構立刻起身來到後門，果真見到一匹馬。

他跨上馬朝南飛奔而去，等到了長江邊的時候，那匹馬直躍入江，載著趙構游到對岸。趙構下馬之後，發現這匹馬竟是一匹泥馬。有了這樣護駕的功勞，崔珏自然恩遇非常。淳熙年間，宋孝宗秉宋高宗命，封其為「護國顯應興聖普佑真君」。

宋孝宗畫像。

說起宋孝宗，他的出生據說也是崔珏安排的。宋孝宗是宗室子，並不是宋高宗親生兒子，一日，他的母親夢見崔判官抱一隻羊給了她，然後就懷孕了。

不能生育的宋高宗聽說後，認為此子必非尋常，就接到宮中撫養，日後便繼承了大統。

到了元朝時，崔判官還被封為「靈惠齊聖廣佑王」。

由侯而至公，由公而至王、真君，皇帝如此重視，地方上自然不敢怠慢，崔府君廟就這樣遍及全國了。

陰間長官
城隍爺
多以去世的英雄或名臣來充任

每座城市都有城隍廟。「城」原指挖土築的高牆，「隍」原指沒有水的護城壕，二者都是為了保城內百姓的平安。

古人崇拜神靈，認為凡是和生活有關的領域都會有一個神仙來管理，所以城和隍就被神化為城市的保護神。

到了唐朝時，道教將城隍納入到自己的神仙譜系之中，視其為保護地方、主管當地水旱疾疫及陰司冥籍的神仙。

城隍爺的原型：各地不一，多為忠臣名將

城隍爺這一神職具有明顯的地區性，在中國的很多地方，人們常以去世的英雄或名臣來充任。

北京地區的城隍爺是文天祥和楊椒山。這兩個人之所以會成為北京的城隍爺，主要是因為他們遇害的地點都是在北京。文天祥被元軍俘獲後，羈押在大都的牢獄中，他誓死不降，留下了「粉身碎骨渾不怕，留取丹心照汗青」的名言，可謂是一位有義有節的英雄人物。另外一位城隍爺是明朝的楊椒山，由於不滿嚴嵩父子專權，冒死上書彈劾，最後死在了獄中。

杭州城的城隍爺周新也是一位鐵面無私的正直之臣。當時周新任浙江按察使，由於不願意與奸人為伍，遭人陷害，最後冤屈而死。浙江紹興的城隍爺龐元是唐初的名將，由於保護當地百姓有功，死後被供奉為城隍爺。桂林、南寧的城隍爺是北宋的蘇緘。在蘇緘任南寧知府期間，有異族前來侵犯，他組織當地百姓奮起抵抗，每次都身先士卒，後來由於寡不敵眾，以身殉國。當援軍趕到後，蘇緘顯靈，幫助宋朝軍隊擊退了外族的侵略者。蘇緘的這些事蹟被百姓廣泛傳頌，後來就被南寧和桂林兩城民眾尊奉為城隍爺。

上海的城隍廟一直被人們津津樂道，不僅是歷史悠久，還主要的是因為城隍廟裡供奉了

三尊城隍爺，每一位都聲名顯赫。最早的城隍爺是霍光，他是武帝時期的重要謀臣。漢武帝死後，霍光受命為漢昭帝的輔政大臣，執掌漢室最高權力近20年，為漢室的安定和中興立下了不朽功勳。

元末明初，大孝子秦裕伯為了讓母親看到金鑾殿，專門找人建了一座和金鑾殿相似的建築。後來被人告密，他連夜將金鑾殿改成金山神廟，才躲過了一場災禍。在清軍佔領上海準備屠城之時，秦裕伯顯靈，救了全上海人的性命，所以他也被請進了城隍廟中。

第三位城隍爺是近代民族英雄陳化成。當年，英軍入侵中國沿海，時任江南提督的陳化成戰死在吳淞炮臺，成為了抗擊外國侵略者的民族英雄。抗日戰爭爆發後，日軍侵佔上海，為了激勵軍民的鬥志，上海人就把陳化成的神像擺在了城隍廟中。

以上這些都是中國各地比較有名的城隍爺，他們的原型一般都是去世的英雄和名臣。

中國上海城隍廟的廟門。

這也反映了古人的英雄情結以及對這些榜樣模範人物的敬佩之情。

朱元璋與城隍爺的故事

朱元璋小的時候家境不好，很早就成了孤兒。為了生存下去，他去廟裡當和尚。在當和尚期間，朱元璋經常寄宿在土地廟和城隍廟中。

後來，朱元璋當了皇帝，除了感激那些幫助過自己的人之外，還很感激曾經收留過自己的土地公以及城隍爺。為此，朱元璋下旨封京城和其他幾個大城市中的城隍爺為王，官居正一品，府州縣的城隍爺則依次賞賜公、侯、伯的爵位。可以說，朱元璋等於是在自己的治下設立了兩個衙門，一個是陽間的官府衙門，一個則是城隍爺所負責管理的陰間衙門。由於皇帝如此重視城隍爺，城隍廟就如同雨後春筍般遍地開花了。

勾魂使者 黑白無常

鬼為人造亦分善惡

黑無常和白無常並稱無常二爺，是專門捉拿惡鬼的神。黑無常列入十大陰帥之列而白無常則笑顏常開，頭戴一頂長帽，上有「你也來了」四字；黑無常一臉凶相，長帽上有「正在捉你」四字。

道教認為，人死後就需要一個嚮導來牽引著靈魂走向它的歸宿，這個嚮導就是黑白無常。

黑白無常的由來

相傳，黑無常叫做范無救，白無常叫做謝必安，兩人是從小玩到大的好兄弟。

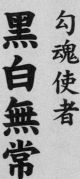

有一年夏天，兩人結伴出去遊玩，來到了一條小河邊。由於走久了很累，他們就坐在河邊休息，順便吃些乾糧、喝點水。在他們準備繼續前行的時候，突然天空飄過一片黑雲，看來是要下雨了。謝必安轉身回去拿傘，讓范無救在河邊等自己。他剛走沒多遠，就下起了瓢潑大雨，河水頓時暴漲起來。

站在河邊的范無救本來可以找個地方避雨的，但是他擔心謝必安回來找不到自己，就站在原地等待。河水不斷上漲，剛開始的時候河水淹過了范無救的腳，過了一會兒就到了膝蓋，後來就到了腰間。過了半個時辰後，河水漫過了范無救的頭頂，將其淹沒了。回家拿傘的謝必安返回之後不見了范無救，看了看暴漲的河水就明白是怎麼回事了，他覺得是自己害了范無救，就把腰帶繫在獨木橋上，上吊死了。

由於謝必安是吊死的，所以舌頭就很長。閻王見兩人兄弟情深，就讓他們做了勾魂鬼和索命鬼，在城隍爺前捉拿不法之徒。有人說，謝必安，就是酬謝神明則必安；范無救，就是犯法的人無救。

黑白無常分善惡

古時候一旦有人觸犯了法律，縣官就會派捕快前去捉拿，而做為和陽間一樣的閻羅殿，也力求在各方面和人間相匹配。黑白無常的職能和衙門裡面的捕快有些類似，能夠懲惡揚善，保有一方平安。

有一年清明時節，白無常出差路過一地，見一婦女帶著孩子在一座墳前哭拜，很傷心。白無常見此情形，就向路邊的行人打聽原因。

原來，這個女人是當地首富陳員外家的三女兒，由於臉上長有雀斑，一直沒有人願意娶她。陳員外家裡有一個叫敖大的人，整日琢磨著如何佔有主人家的財產。他見主人家的小姐因為長得難看而愁嫁，便在心裡暗想：「如果我當了主人的上門女婿，主人死後，財產不全是我的了嗎？到時候我就可以休掉這個醜女人，娶個漂亮的回來。」

主意打定之後，敖大就開始勾引三小姐，單純的三小姐就這樣背著父母和敖大吃了禁果。沒過多久，三小姐就懷孕了。眼看著肚子一天天大起來，三小姐就去求自己的父親。陳員外一看生米已成熟飯，就同意了這門親事。

敖大成了上門女婿後，逐漸流露出了豺狼本性，他經常在外面花天酒地，還欠下了一屁股的賭債。有一天，賭徒上門收取賭債，把陳員外活活氣死了。老員外去世之後，敖大更是肆無忌憚，好幾天都不回家，還揚言將三小姐母子掃地出門。

三小姐在把父親埋葬之後覺得沒有活路了，回到家之後就找根繩子想自殺。這時，白無常現身了，他勸誡三小姐說：「妳還有孩子要養，不能就這樣死去，如果妳不想受氣，不如收拾一下屋裡的金銀細軟遠走他鄉，把孩子撫養成人。」三小姐覺得有理，就把家裡值錢的東西收拾好，帶著孩子走了。

等陳三小姐走後，陳家四間店鋪同時起火燒了起來。當天晚上敖大喝醉了花酒，在妓院裡風流快活，等第二天回來的時候，發現一切都化為了灰燼。

關於黑無常也有很多傳說，有一則《黑無常改惡從善》的故事較為典型。

從前，有一個男子從小好逸惡勞，並且賭錢成癮。有一次，他賭錢回來，輸了個精光，被老父親失手打死了。死後，他的陰魂在十八層地獄受盡了磨難，才明白自己生前做的那些惡事，實在有罪。十殿閻王見他有意悔改，就封他為賞罰司黑無常一職。從那以後，他穿著一身黑麻布衣，半夜出巡各地，捉拿了很多惡鬼。

黑白無常的信仰

道教講究陰陽相生相長，只有陰陽調和，萬物才能繁榮昌盛。在太極圖當中，陰的一部分用黑色來代表，而陽的部分則由白色來充當，一黑一白恰恰代表了陰陽之意。做為道教的神職人員，自然要和本派的教義保持一致，所以就有了黑白無常之說。

至於安排黑白無常兩個神為死去的靈魂引路，主要是為了減輕他們的負擔。試想一下，如果讓一個人連續工作24個小時，估計第一天還可以，等到第二天、第三天的時候就受不了了。所以，閻羅王就安排了黑白無常一起來做這件事。這樣他們就可以換個班，相互調休，再加上二者生前關係較好，安排在一起也不會產生什麼衝突。

黑白無常做的畢竟不是受歡迎的工作，所以很少有人單獨祭拜他們，只是在拜祭城隍爺的時候順便拜祭一下。不過，人們也想方設法地淡去黑白無常的本職工作，這在各地的廟會中可以窺見一二。在廟會上，有專門的喜劇演員來扮演黑白無常。這個時候的黑白無常並不是令人討厭的索命鬼，而是俏皮可愛的小丑，逗得人們哈哈大笑。

冥界孟婆神

孟婆

民間善良女子的化身

鬼城酆都做為仿照人世間政府組織而設立的陰間機構，總是力圖在各個方面與陽間保持一致。於是，鬼城酆都建造了各種宮殿，配備了各級官員，在眾多官員中，最有意思的是一位姓孟的婆婆。

按照常理來說，陰間並不是什麼好地方，這裡面的官員也大多是那種面目猙獰、窮兇極惡之徒。可是這個婆婆既不難看，也不兇惡，她只是一位負責給鬼魂們端茶送水的女神。在地獄的奈何橋邊，孟婆給所有前往投胎的鬼魂喝下一碗湯，確保這些鬼魂都不會記得自己的前世和地獄裡的一切。

孟婆的由來

關於孟婆的原型是誰，民間出現最多的通常有三種說法：天界的一個散官，哭倒長城的孟姜女，西漢時期年老的未婚女子。其中，第二種說法（也就是孟婆即是孟姜女的說法）從元朝開始廣為流傳，到明清時期多見於文人筆記之中，也是至今民間流傳最廣的一種說法。

相傳秦朝時，有位叫孟姜女的婦人，新婚不久丈夫萬喜良就被徵調去修長城，一去好幾年。冬天天寒地冷，孟姜女擔心丈夫受凍，親自縫製棉衣，並且翻山越嶺，千里迢迢為丈夫送去。可是當她歷盡辛苦趕到長城時，卻打聽不到丈夫的下落。

孟姜女見不到丈夫，心急如焚，不由得落下眼淚。好心的同鄉人見此，悄悄對她說：「大姐，妳還是回去吧！妳丈夫在服勞役，不幸累死了。」

聽說丈夫死了，孟姜女如雷轟頂，急忙追問：「我丈夫既然死了，他的屍首埋到哪裡了？我既然來了，無論如何也要祭奠一下。」

同鄉人也不隱瞞，對她說：「死的人太多了，根本埋葬不過來，監工便叫人填到長城下面去了。」

「什麼？」孟姜女大驚，她上前拍打著長城，失聲大哭。她一邊哭，一邊訴說著丈夫的不幸，哭聲傳遍四周，圍攏過來許多民工，大家都垂頭落淚。這時狂風怒吼，昏天暗地，彷彿老天也不忍心看下去了。

孟姜女哭啊哭，一直哭得眼角流血，忽然就聽天崩地裂一聲響，長城嘩啦啦倒塌了一大段。長城倒了，露出一堆堆屍骨。孟姜女爬上去，在屍骨中尋找，竟然找到了丈夫的屍體。她抱著死去的丈夫，又是一場慟哭，哭得死去活來。

這時，恰好秦始皇帶著大隊人馬巡視到此，聽說孟姜女哭倒了長城，勃然大怒，立即親自趕來。當他見到孟姜女時，卻又改變了主意，這位統一天下的君主雖然擁有上萬後宮佳人，卻依然被眼前的孟姜女所吸引，他決定只要孟姜女肯順從自己，就免去她的罪責。

孟姜女聽了這話，恨不能撞死在秦始皇面前，可是她想到丈夫死得太冤了，自己再這麼死了，那他們夫妻兩人真是白白送命。於是她假裝答應秦始皇，並提出三個條件：一、為丈夫修墳立碑；二、要秦始皇為丈夫送葬；三、前兩件事辦完後她要到海邊遊玩。

秦始皇一一答應孟姜女的請求，完成前兩個條件後，剛來到海邊，就見孟姜女轉身跳入大海，再也沒有上來。

上天念孟姜女思夫之情感天動地，就免了她的輪迴之苦。並且讓她在奈何橋畔熬製孟婆湯，讓參與輪迴的陰魂們忘記前世的一切。

孟婆和孟婆湯

成仙之後的孟婆看到受盡懲罰的鬼魂們很可憐，就想幫助他們一下，但也不能違背規矩，只好給他們一些茶水喝。閻王知道後就將孟婆找來問道：「妳給他們喝的都是什麼啊？」

孟婆回答說：「只是一般的茶水而已。」

閻王接著說：「現在很多投胎的鬼魂都沒有忘記輪迴之事，我決定配置一種特殊的迷魂湯，讓他們失去對往昔的記憶。妳以後就在奈何橋畔熬製這種湯水，讓參與輪迴的陰魂們忘記前世的一切吧！」

從這以後，孟婆開始了自己畢生的事業，在奈何橋邊開店送湯水。相傳，凡是預備投生的鬼魂都得飲下孟婆的迷魂湯，如有刁鑽狡猾、不肯喝的鬼魂，它的腳底下立刻就會出現鉤刀絆住雙腳，並有尖銳銅管刺穿喉嚨，強迫性的灌下，沒有任何鬼魂可以倖免。

戲曲界守護神

田都元帥

梨園子弟雷海青死後成仙

在古代，戲曲界雖說是一個不入流的行業，但也是有自己的保護神。這個神仙就是田都元帥。

田都元帥其人

唐朝時，有一蘇姓女子，年方二八，待字閨中。

一天，她和同伴一同到小溪邊洗衣服，忽然看見星辰在天空中顯現，就問同伴：「現在大白天，怎麼會有星星呢？」

話音剛落，只見一顆星星從天空滑落，順著蘇姓女子的鼻尖掉落下來，落到溪水中。蘇姓女子驚異萬分，當用手將星星從溪水中捧出來，拿在眼前仔細端詳。她剛要呼喊同伴們過來觀看，星星突然一躍，跳到她口中，落進了肚子裡。蘇姓女子又驚又怕，洗完衣服回到家中，對父母也不敢提及此事。

數天後，蘇姓女子懷孕了。過了十月後，她生下了一個兒子。父親看到女兒未婚先孕，覺得辱沒了家風，不顧女兒苦苦哀求，將孩子扔到了荒郊野外。幸運的是，有一位善良人經過這裡撿到了這個可憐的孩子，並讓他跟著自己的姓氏，取名雷海青。

十八歲那年，當時的中央歌舞團，也就是唐玄宗李隆基一手創辦的梨園要招募樂師，雷海青抱著試試看的態度前去應試，沒想到被錄取了。進入梨園之後，雷海青憑藉自己精湛的表演得到皇帝的好評，很快就被晉升為首席樂師。在安祿山造反的時候，玄宗皇帝只顧著自己逃命，把那些樂工們全都扔到了梨園之中。

在安祿山還沒有進入長安城的時候就聽說玄宗皇帝領導的中央戲劇歌舞團的演員個個都是人才，不僅排練出了《霓裳羽衣舞》這樣富麗華貴的舞蹈，還奏出了世間最妙的樂曲。安祿山雖說是一個粗人，但為了顯示自己不俗的品味，也想附庸風雅一回。他命令手下的人通知梨園的樂師們來酒會上奏樂獻舞。雷海青不願為叛軍效勞，故意裝病不起。

安祿山久聞雷海青大名，就派人將他抓來。眾樂師想到家園離散，山河破碎，一個個心懷悲痛，暗自垂淚。安祿山見狀大怒，高聲呼喝：「凡有流淚悲戚者，拖出去斬了！」早就怒火滿腔的雷海青走上前來，高舉琵琶向安祿山砸去。因為距離太遠，琵琶擊打在安祿山前面的桌子上，一時間琵琶碎裂，桌上杯盤落地。安祿山怒不可遏，在試馬殿將雷海青肢解（一說凌遲處死），時年六十歲。

田都元帥的由來

雷海青死後，忠魂不滅，飄到了凌霄寶殿之上。玉帝感嘆雷海青的忠勇義烈，就封他做了「九天糾察史，提點昭烈侯」，主管天上的風火院。玄宗皇帝雖然在安祿山進入長安之前逃了出去，但一路上還是會遇到叛軍的追殺。有一次，情況十分危急，有一名叛軍的將領眼看就要抓住玄宗皇帝的時候，雷海青顯靈了。他站在雲端，揮舞旗幟，指揮手下的天兵天將前去救駕。玄宗皇帝抬頭看時，只看到旗幟上一個「田」字，原來「雷」字的上半部分被雲彩遮住了。救助玄宗皇帝之後，雷海青便消失不見了。後來，玄宗皇帝回到長安做了太上皇，下旨封雷海青為「天下梨園主管」。

一次，節度使郭子儀率軍攻打安祿山的部隊，兩軍交戰難分勝負。這個時候，天上突然出現一隊神兵，旗幟上印著一個「田」字。在這隊神兵的幫助下，郭子儀打敗了安祿山，收復了失地。取得勝利之後，郭子儀多方尋找這支部隊，都沒有音信。無奈之下，只好找畫師將自己看到的主將畫出來呈給了唐肅宗。

唐肅宗一看，原來是梨園首席樂師雷海青。由此，唐肅宗推斷，這支部隊應該是和救助父皇的部隊同屬一支。為了感謝雷海青對自己的幫助，唐肅宗敕封他為「太常寺卿」。宋朝年間，宋高宗封雷海青為「大元帥」。後來道教將雷海青神話，納入道教神仙譜系，被奉為「音樂之神」。相傳雷海青在明朝年間三次顯靈，在空中打著寫有「田都」二字的旗幟，後人尊稱其為「三田都元帥」、「田都元帥」。

田都元帥的另外兩種說法

田都元帥最通行的說法除了忠烈樂官雷海青之外，還有另外兩個原型：

一、田都元帥是漢朝的謀臣陳平。相傳漢高祖白登被圍，陳平用計成功說服了單于之妻閼氏勸夫君退兵。陳平也因此有了軍功，被視為「元帥」，也被奉為戲劇之神。因「陳」、「田」古音相同，故世人尊稱其為「田都元帥」。

二、「田都元帥」為主音樂之神翼宿星君的隱晦稱法，「田」來自「翼」字中間。

民間醫生 保生大帝

淡泊名利的江湖郎中吳本

在中國東南沿海的漳州、泉州、廈門與臺灣，以及東南亞一帶，都有保生大帝的宮廟。這位保生大帝是何方神聖，竟贏得眾多善男信女的頂禮膜拜呢？其實，保生大帝一開始並非是不食人間煙火的天國來客，而是一個生活在北宋時期的民間醫生。

懸壺濟世

保生大帝原名叫做吳本，字華基，福建同安縣人。當初，吳本的父親吳通和母親黃氏為了躲避北方的戰亂，從北方遷居到福建同安縣。到福建沒多久，黃氏便懷了身孕，在分娩的時候，她隱隱約約看到太白金星、南陵使者和北斗星君帶著一個模樣俊俏的小童子來到自己面前說：「這個仙童就是妳的兒子，妳要好生待他，他可是天上的紫微星轉世。」話音一落，吳本就出生了。

吳本的前世是天上的紫微星，生下來就有悟性和慧根。在為人處世方面，他要比一般的孩童成熟。不僅如此，還特別聰明，有過目不忘的本領。等到成年之後，吳本已經將人世間有關天文地理、醫藥刑罰的書全都通讀了一遍。在眾多書籍裡面，吳本尤其對醫藥學感興趣，他潛心研究，透過不斷地試驗找出前人醫書上的錯誤之處加以更正，並根據自己所學的知識給周圍百姓治病。

吳本從十七歲開始遊歷四方，所到之處，都會行醫救人。在來到崑崙山的時候，西王母覺得他人品莊重，就將自己所學的醫術盡數傳給了吳本。吳本辭別西王母之後，回到家鄉，正式開始自己的職業生涯。

濟世救人被神化

關於保生大帝懸壺濟世的故事實在是太多了，這裡就只能選幾個比較有名的故事說一說。

有一年，宋仁宗的皇后患了乳疾，宮中的太醫一個個束手無策。為了救治皇后，宋仁宗張貼皇榜，遍求名醫診治。吳本看到皇榜之後隨手就揭了下來，士兵看到後就把他帶到了宮中。宋仁宗對這個江湖郎中很不信任，在把脈的時候，故意叫宮女把絲線繫到柱子上。吳本把過脈之後說：「皇后怎麼是木頭？」

這個時候，宋仁宗還是不怎麼相信吳本，他又命宮女將絲線繫到寵物貓的腳上。吳本診脈之後說：「皇后怎麼又成了一隻貓？」經過兩次測試之後，宋仁宗才讓宮女把絲線繫到皇后的手腕上。

吳本把脈之後說，皇后是由於肝火過旺導致血氣凝結，吃幾副藥調理一下就沒事了。在吳本的醫治下，仁宗皇后的病情得到了緩解。宋仁宗很高興，不僅賜給吳本大量的金銀，還邀請他進宮當御醫。能夠做御醫是很多醫生一輩子奮鬥的目標，但是吳本對此一點興趣都沒有，堅決推辭不就。

如果說保生大帝給人看病還不能說明他是神醫，那麼給老虎治病就足以說明吳本並非浪得虛名。

一天，剛剛出診回來的吳本正在路上行走，從旁邊的樹林之中竄出一隻老虎。吳本以為這隻老虎要吃掉自己，當即嚇得連連後退。後來，吳本發現這隻老虎有點不對勁，牠一直在嚎叫，但並沒有表現出兇惡的表情，從醫多年的吳本覺得這隻老虎肯定生病了。他小心謹慎地向老虎靠近，這時老虎竟然溫順地蹲了下來。

吳本摸摸老虎的頭和肚子，又看看老虎的眼睛，在掰開老虎的嘴巴時吳本發現一根骨頭卡住了牠的喉嚨。吳本用手在老虎身上的一個穴位按了幾下，然後用銀針扎此穴位，一針下去，老虎猛叫一聲，把骨頭給吐出來了。

對於自己的救命恩人老虎很感激，只因為說不出話，只好圍著吳本轉了幾圈才離開。後來，有一條龍深夜來到吳本的家中，請求他為自己診治。吳本運用中醫的望聞問切之法仔細診斷，最後斷定，此龍是由於長期生活在陰濕的環境中，加上肝氣不順，導致眼疾加重。吳本告訴龍說自己要給牠施以針灸，然後再配一些藥塗抹。這條龍很聽話地點點頭，並順勢把自己的身子縮小了，以方便吳本施針。

被針灸過之後，這條龍感覺好多了，高興地朝吳本點點頭。吳本又跑回藥房，找了一些草藥研碎成粉末給龍敷在眼睛之上，過了半個時辰之後，用清水將藥渣洗掉，這條龍竟然可以看得到東西了。接著，吳本又給龍的眼睛做了一個小手術，龍很快恢復了視力。

保生大帝信仰的傳播

吳本的一生基本上是在自己的家鄉治病救人，被他救過的人不計其數。在他五十八歲那年，為了救治病人，親自上山採藥，不幸跌落懸崖去世。當地百姓對這位神醫的離世十分悲痛，他們不相信吳本已經死去，寧願相信他是功德圓滿，羽化成仙的。

吳本去世後，有百姓就曾說自己見到他騎著梅花鹿向天空飛去的情景。這種說法得到了百姓們的認可，就集資在吳本的老宅建造了一座祠堂祭拜他。

南宋建立後，皇帝下旨在原有祠堂所在的地方建造了一座氣勢輝煌的宮殿廟宇。到了宋孝宗的時候，加封吳本為「大道真人」。明朝時，永樂皇后也患了乳疾，在太醫無計可施的情況下，吳本顯靈，在夢中治好了皇后的病。永樂皇帝為了感謝吳本，特意命屬下製造了一頭獅子送到吳本的慈濟宮。這頭獅子後來被稱為「國母獅」，在獅子的一隻腳上還有一個「本」字，至今仍然在福建的慈濟宮中。到了明朝仁宗年間，吳本被皇帝冊封為「保生大帝」。

明末清初，鄭成功反清復明，在福建招募軍隊，當時參軍的人很多都是吳本的同鄉。這些人每人身上都帶有故鄉的土，據說都是從慈濟宮中挖來的，希望保生大帝保佑自己。後來，跟隨鄭成功進駐臺灣的士兵大多都留在了臺灣，這些人將對保生大帝的信仰也帶到了這塊土地上。據說有一年，臺灣發生瘟疫，人們把吳本的真身請到臺灣，瘟疫竟然不藥而癒了。從此之後，保生大帝的信仰在臺灣落地生根，到今天仍然一直香火鼎盛。

督察人間善惡的灶神

遠古火神崇拜的殘存

灶神是道教尊奉的神仙之一，全稱是「東廚司命九靈元王定福神君」，也叫灶君、灶王爺、灶公灶母、東廚司命等。

他是民間信仰最為普遍的神祇。在古代，官民家中送灶神的時間不同，士紳家二十三日送灶，百姓家二十四日送灶。

民間的灶神信仰

中國人對灶神的祭拜，最早始於周朝。周王朝建立後，皇帝頒佈了一些規範百姓生活的法令。其中有一條規定：上至王公大臣，下至黎民百姓，都必須祭祀灶神。但這個時候，雖說有皇帝的推崇，但人們對於灶神的崇拜不溫不火。真正掀起全民崇拜熱潮的是漢武帝。

當時，有一個叫李少君的方士，抓住漢武帝想要長生不老的心理，就勸諫他祭祀灶神。李少君原本二十幾歲，他卻向漢武帝說自己已經七十多歲了，只因為有一年灶神給了他一顆比南瓜還大的棗子，吃了之後就返老還童了。明眼人一聽就知道這是一個騙局，但漢武帝深信不疑，立刻下令祭祀灶神。在漢武帝的表率作用下，民間也颳起了祭祀灶神之風，並且一直綿延至今。

民間對灶神的祭祀在剛開始的時候非常正規，虔誠地上香上供。後來有人傳出灶王愛向玉帝打小報告的消息，便招來了百姓的不滿。可是對方是神仙，誰也無能為力，於是就要了個花招，用糖元寶、炒米糖、花生糖、芝麻糖和糯米糰子之類的食品上供，希望塞住灶神之口，讓他不講人間罪惡。

關於灶神的職權，也是不斷變化的。在中國古代神話傳說中，灶神一開始是司管飲食之神，晉朝以後則列為督察人間善惡的司命之神。相傳，灶神到凡間考察各個家庭的善惡，然後上報玉帝，由玉帝進行賞罰。他有兩個侍從，一個手捧「善罐」、一個手捧「惡罐」，將一家人的善惡行文，分別保存在罐子中。到了清朝時，灶神成了無所不管的管家，還兼起了治病救人的職責。

灶神的演變

中國最早的灶神出現在母系氏族社會。據說，當時部落的一位婦人學會了用火做飯，被尊為領袖。婦人死後，部落的繼承者將其做為灶神來拜祭。第兩個灶神是中華始祖黃帝，據《淮南子》記載，由於黃帝發明了灶，死後就被百姓當作灶神來拜祭。第三個灶神是炎帝，他是發明火的人，並教會人們如何安全用火。第四個灶神是祝融，這一說法在許慎的《五經異義》有記載。關於祝融有很多神話傳說，最有名的是他找到火源的故事。

祝融是顓頊的小兒子，小名叫做黎，身材高大魁梧，在十九歲時，擔任了管理火的官員——火正。在一次與蚩尤的戰役中，祝融讓士兵拿著火把將蚩尤的兵馬燒的落荒而逃。由於火容易燒掉其他物品，為了安全起見，祝融把火源放置在離人群較遠的地方。

有一天，天空突然降下大雨，澆滅了所有的火種。祝融十分著急，他一口氣跑到了山頂，撿起一塊石頭猛地擲向另一塊石頭，忽然發現石頭冒起了火星。受到啟發的祝融不斷敲擊石頭，終於找到了取火的方法。祝融死後，人們把他安葬在衡山的一座山峰上，並將山峰改名為祝融峰，定期前去祭祀和朝拜。後來，人們又把祝融尊奉為火神來祭拜。到了周朝的時候，皇帝把祝融封為灶神，從此灶神與火神合二為一。

從以上灶神的出身我們可以看出，早期的灶神崇拜實際上就是一種祖先崇拜，是後人對祖先的一種哀思和緬懷。後來火神與灶神合二為一，灶神正式成為火神崇拜的延續者，而灶神崇拜也變成了火神崇拜的延續。

灶神的人格化

關於灶神的形象，在古時候是沒有明確說明的。一直到了明清時期，才有了統一的灶神畫像。畫中的灶神端坐在正中央，頭戴烏紗帽，身穿大紅禮袍，旁邊坐著自己的夫人。在畫像上的橫批寫有「一家之主」四字，左右兩邊分別是「上天言好事，下界保平安」的對聯。在橫批的上方繪有二十四節氣和盤繞的巨龍，龍的數目每年不一，預示著當年雨水的數量。在神像的下方有聚寶盆，裡面盛有銅錢、珠寶等財物，聚寶盆的兩邊還會有雞和狗。

灶神蝸居在灶臺，整日受煙薰火燎，唯一的好處就是可以第一個聞到食物的美味。雖說這個職位不怎麼好，但灶神卻是一位身分高貴的人，據說他是玉帝的女婿。

相傳，灶神俗名叫做張奎，年輕時是一個財主家的夥計，主要負責燒火做飯。由於張奎廚藝精湛，財主在宴請賓客的時候，都會讓他來當主廚。

一次，玉帝的女兒來到了熱鬧的人間，看到了正在廚房燒飯的張奎。由於木柴受了潮，廚房裡的煙很大，嗆得張奎直咳嗽。公主想看看張奎在做什麼，就把手帕一揮，將廚房裡的煙霧全都趕走了。接著，她化身成一個平凡女子來到廚房幫助張奎做飯。公主和張奎聊得很高興，竟然互生了愛意，便嫁給了張奎。

玉帝發現女兒一直沒有回來，掐指一算竟發現她嫁人了，非常生氣，命令手下將公主帶回天庭治罪。後來，王母娘娘的一番「女大不中留」的勸解之言，讓玉帝接受了這個事實。公主見父親不管不問了，就開心地和張奎做了貧賤夫妻。玉帝大壽的時候，公主和張奎也來賀壽。席間，太白金星送了玉帝一隻千年熊掌，玉帝很高興，就命御廚去做，可是御廚怎麼弄都不能把熊掌煮爛。這個時候，張奎主動請纓，很快就將熊掌做好了。玉帝嚐過之後，很高興，就問張奎是什麼人。王母娘娘說：「他是你的女婿，是主管飲食的神仙。」就這樣，張奎誤打誤撞成了灶神。

田頭田尾土地公

腳踩陰陽兩界卻不受重視的小神

土地神又稱土地公或土地爺，正式的封號為「福德正神」。在道教的神仙譜系中，他算是眾神中最小的「芝麻官」。別看土地公官小，可是家族龐大，幾乎到處都可見土地廟，裡面供奉著土地公和土地婆，香火著實很旺。

有土地的地方就有土地公

神話傳說中，土地公是天上一位失勢的神仙。他本是社神，排名很前面，法力也很高強，但不知道怎麼得罪了玉帝，被貶到凡間當了土地公。土地公被貶之後，運勢一直走下坡路，到了明朝，成了城隍爺手底下一個不入流的小官。

在道教的神仙譜系中，神明大多會有明確的出身，但土地神的出處有很多。據記載，最早的土地公是周朝一位叫張福德官員。他生於周武王二年二月二日，自小聰穎至孝，三十六歲時任朝廷總稅官，到周穆王三年才去世，享年一百零二歲。張福德死後，百姓合資建廟並塑金身膜拜，將他尊為「福德正神」。

還有一種說法認為，張福德是周朝上大夫的家僕，一次途中遇到風雪，脫衣給主人的女兒穿，凍死在路上。臨終時，空中出現「南天門大仙福德正神」九字。上大夫念他忠誠，建廟奉祀。周武王聽到這件事感動地說：「他的忠心不亞於上大夫」，所以後世土地公的塑像出現了戴宰相官帽的。明清以後，民間又多以名人做為各方土地公。

土地公崇拜的演變

土地可以種植萬物，養育百姓，一直被人們視為最神奇的地方。古人經常會用「母親」來形容對土地的感情，土地崇拜也就隨之產生。在剛開始的時候，中國只有一位土地神——后土娘娘。後來，封建王朝的皇帝為了顯示皇權的至高無上，剝奪了普通百姓祭祀后土娘娘的權利。於是，新的土地神就在人們對土地的強烈熱愛中出現了。

為了避免冒犯皇帝，老百姓就把自己的土地神變成男性神，以做區別。人們還認為，土地公是需要有家庭的，所以就給他找了個妻子，稱為土地婆婆或者土地奶奶。後來，土地公開始人格化，許多名人都加入土地公的隊伍中。比如，三國時南京地區的土地公就是著名的蔣子文，不過他後來成了十殿閻羅中的第一閻羅秦廣王。杭州瓜山的土地公是漢末著名辭賦家禰衡。還有一些土地廟供奉的是蕭何、曹參等漢朝名臣。在諸多被人格化的土地公中，最有名的當屬唐宋八大家之一的韓愈和抗金英雄岳飛。

日後風光的土地公

將土地爺人格化的地方畢竟不多，更多的老百姓還是願意將土地公做為一個觀念中的神仙來看待。他的模樣大多是個子不高、頭戴烏帽、慈眉善目、憨態可掬的老者形象。

土地公也有等級之分，他們的最高長官是「總土地」。在大陸重慶地區的「總土地」的廟裡，不僅有「總土地公」，還有大大小小的土地公和土地奶奶。據說，這個「總土地公」是唐朝大文學家韓愈。由於仕途不順，韓愈被皇帝謫貶到南嶺地區，死後，被韓湘子引渡，成為重慶地區的「總土地公」。韓老爺上任之後，恪盡職守，經常下去微服私訪，把許多不稱職的小土地公都給撤換掉了。不僅如此，為了提高手下人的辦事能力，韓老爺還定期召集全重慶地區的土地公集中學習，所以「總土地公」的廟宇裡面有很多土地公的神像。

由於土地公的管轄範圍基本上相當於一個村落的大小，所以事無鉅細，不管陰間還是陽間的事情，都要過問。在古時候，家裡人去世，一般都會派人去土地廟告知土地公，讓他引導亡魂前去陰間報到。

因為土地公兼管陰間的事情，管理陽界的神仙班子就不想把他納入自己的團隊中。土地公無奈，只好委身管理陰間的冥界。

雖然在神界不受重視，但土地公卻深受百姓的喜愛。民間對土地公崇拜的高潮是在明朝開始的，這一切都要從朱元璋說起。相傳，朱元璋是在土地廟出生的，後來為了生計當和尚，也是在土地廟中修行。所以，他對於土地神和土地廟有著一種特殊的感情。在當了皇帝在之後，朱元璋就號召在全國範圍內對土地公祭拜。沾了皇帝的光，土地公一下子就紅了起來。

韓愈。

第四章 陰差陽錯成了神的文臣武將

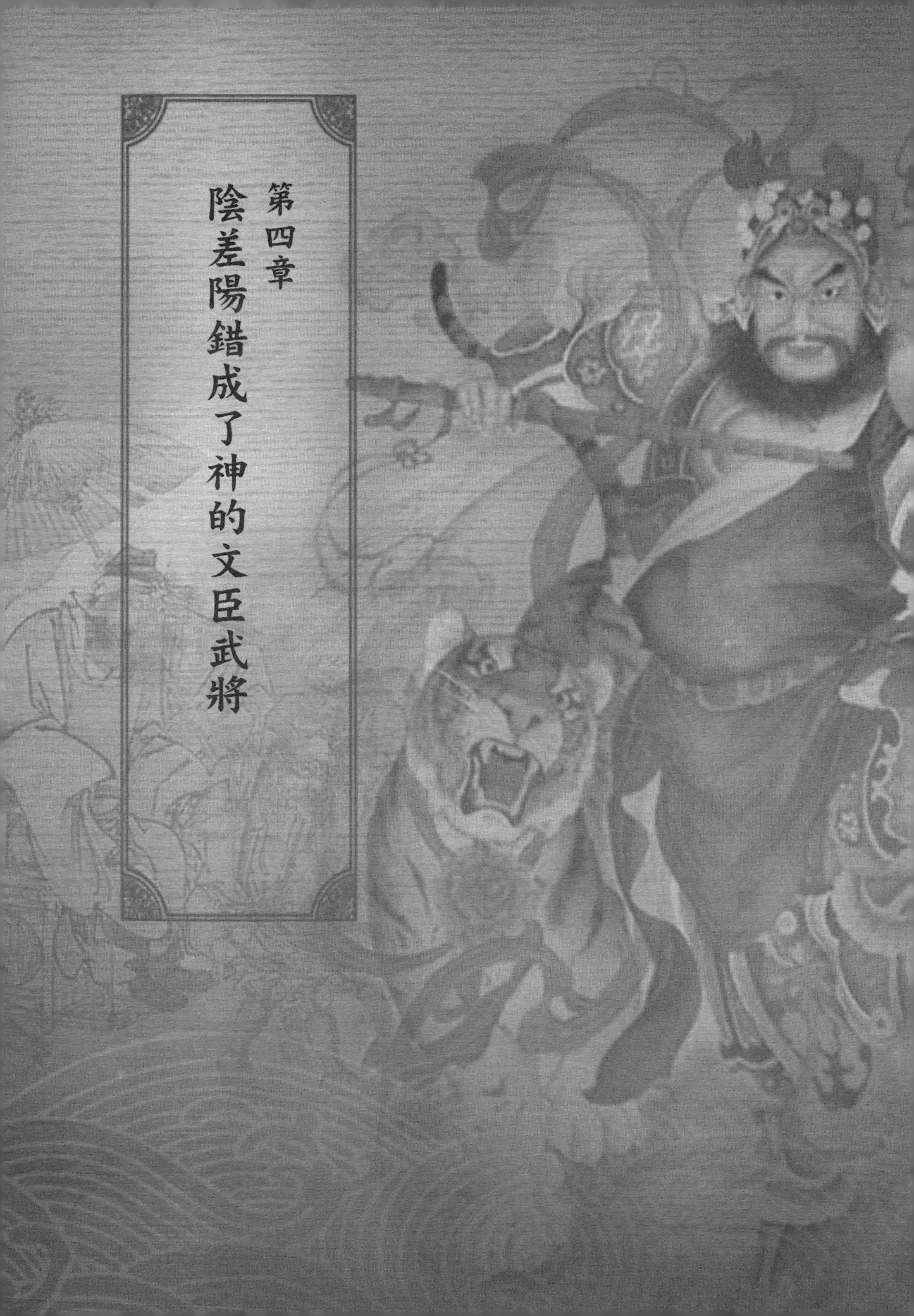

忠義化身

武聖帝君

儒釋道爭搶的大紅人

據統計，中國數量最多的廟是關帝廟。關帝廟中供奉的主神，就是三國時期的名將關羽。中國的儒、釋、道三教均尊他為神靈，在儒家中稱為關聖帝君、文衡帝君；佛教尊他為護法伽藍神、蓋天古佛；於道家中，由於歷代封號不同，有協天大帝、翔漢天神、武聖帝君、關帝爺、武安尊王、三界伏魔大帝等稱謂。

生前為三國大將

關羽，字雲長，出生在山西一個家境殷實的農家，父親關毅。關羽喜讀《春秋》，同時還練習武術。

關羽十八歲的時候，父親給他娶了一房媳婦，第二年就生下自己的長子關平。按照這個情形發展下去，關羽應該會繼承父業，然後子孫滿堂，頤養天年。然而，蛟龍畢竟是蛟龍，總會有飛龍在天的時候，只要時機合適，定會騰空而起。

在平平淡淡度過了二十多年後，因為一件小事改變了關羽的人生軌跡。

有一年，當地一個姓呂的惡霸前來關家的鐵舖收取保護費，這天關老爺子剛好有事出去，留下關羽一人看舖子。面對這個惡霸毫無緣由的收費，年輕氣盛的關羽一怒之下就將其打死了。

俗話說，殺人償命欠債還錢，為了保住兒子的性命，關家二老讓關羽出遠門避難。關羽前腳剛走，收受惡霸家賄賂的縣官就來關家捉人，見關羽逃跑了，便把關羽的父母活活逼死了。

關羽逃出去後，途中遇到了知己劉備和張飛，三人一見如故，在桃花園中結拜成為生死兄弟。兄弟同心，其利斷金，三兄弟果然一起開創了一番事業。後來，他們南征北討，西入漢川，建立了和曹魏相抗衡的蜀國。

由人到神的過程

在前面介紹關羽的時候，我們就說過，他最喜歡讀的書是《春秋》。孔子寫這本書的初衷是要告誡大家恪守本分，不要有逾越之舉。生活在東漢末年的關羽由於自小接受了這種正統價值觀的薰陶，在他幫助劉備建立蜀國的過程中，多次表現出忠義之舉。

當年下邳之戰，由於雙方勢力相差過大，關羽很快就敗了下來。為了保護劉備的妻妾，關羽投降曹操。曹操很惜才，封關羽為漢壽亭侯，並且是三日一小宴五日一大宴，還不時賞金賜銀。但關羽從來都不心動，身在曹營心在漢的他和曹操約法三章：第一，降漢，不降曹；第二，禮待二嫂，不得怠慢；第三，一旦得知劉備下落，就會前往投奔。雖說條件苛刻，但愛惜人才的曹操還是抱著一絲希望答應了關羽。後來，在得知劉備的下落之後，關羽毅然放棄所有金銀珠寶，帶著兩位嫂子過五關斬六將，跋山涉水前去和大哥會合。

火燒赤壁一戰，曹操兵敗出逃華容道。負責駐守華容道的關羽雖說出發之前立下了軍令狀，但是真遇到了落敗的曹操時，不禁回憶起了曹操之前對自己的種種好處，於是冒著被殺的風險，放走了曹操。

關羽正是憑藉著自己的忠義之舉得到了百姓的喜歡和愛戴，並慢慢地將其推上了神壇。

由人到鬼，再由鬼變神

人物神化的崇拜在中國遠古時期就存在了，這種信仰來源於靈魂不死的觀念。古人認為，人死後會以鬼魂的形式存在於這個世界上，做善事的人死後會變成善鬼，做惡事的人死後會變成惡鬼。

關羽一生馳騁疆場，留下了溫酒斬華雄、斬顏良、誅文醜、過五關斬六將等諸多傳奇故事。這樣一個形象高大的人物卻因一時的疏忽大意而敗走麥城，遺憾而死。試想一下，民眾聽到自己的偶像遭遇這樣的待遇，內心會是多麼的難以平靜。粉絲們為了讓自己的內心好受一些，就臆造出關羽死後變成了滿腹哀怨的厲鬼，四處傾訴自己冤屈，並親自顯靈找仇人呂蒙報仇。在這種宣傳之下，大家普遍認為關羽死後變成了鬼魂。

古人對鬼魂都有一種敬畏之心，在關羽鬼魂顯靈的說法出現後，人們出於各種原因，開始拜祭關羽。不過這個時候的關羽還是一個「孤魂野鬼」，不是什麼光明正大的神仙。

民間對關羽的祭拜最早始於劉備，劉備得知自己的二弟被殺之後，命人建立了一座衣冠塚，寄託哀思，定期朝拜。而真正使關羽走上神壇的，是他的遇害地——荊州地區。關羽死後，當陽的百姓害怕關羽前來找自己復仇，就建了一個衣冠塚，每年進行憑弔。這個時候祭拜並不是為了祈求財源，而是祈求平安，希望關羽不要責怪自己。此時的關羽還不是神仙，只是被百姓做為厲鬼供奉。也正是由於民眾對鬼魂的畏懼心理，使得早期的關羽廟宇陰森恐怖，他的塑像也是猙獰可憎。不僅如此，此時對關羽的拜祭也具有地區性，在全國的其他地方並沒有出現。

佛道兩家的爭奪之戰是讓關羽脫鬼成神的最大推手，可謂「佛道相爭，關羽得利」。西元元年，佛教從印度傳入中國，做為一種外來的文化，很難被土生土長的中國人所接受。再加上之前交通不便利，大部分的老百姓都沒有出國旅遊過，對國外的「洋玩意兒」有著本能的抗拒。所以，佛教在剛剛進入中國市場的時候，處境非常尷尬。為了能夠在中國市場上站穩腳跟，佛教徒們前仆後繼地做著不懈的努力。幾百年後，一個叫做智顗的和尚解決了這個跨世紀的難題。

智顗和尚是荊州人，俗姓陳，天臺宗三祖之一。智顗所處的朝代正是戰亂紛爭的梁朝，無以為生的他只好出家當了和尚。俗話說，有緣千里來相會，智顗和佛教就很有緣分，他憑藉自己的聰明才智解決了佛教的本土化問題。

智顗學習完佛教的教義後，回到自己的家鄉荊州創業，想著依靠自己不懈的努力把佛教發揚光大。可是當地的百姓根本就不理解佛教的教義。為了解決這個難題，智顗和尚寢食難安，想了好久都沒有想到合適的解決辦法。既然一時半會兒想不到解決之道，那倒不如先放在一邊。他決定先修建一座寺廟來進行傳教。

古人都比較講究風水，為了能夠讓自己創業成功，智顗專門挑選了一個風水相對較好的地方，並用化緣得到的錢做為本金建造寺廟，取名為玉涼寺。

當地百姓的保守和固執在很大程度上阻礙了玉涼寺的建造進度。有一天，智顗對一些反對的人說：「前天晚上我唸經的時候，遇到了關羽的鬼魂。關將軍告訴我說把寺廟建造在這個地方很好，以後他也要來這個地方安居。」智顗的這些話很快就被一些八卦者傳遍了大街小巷。當地人一聽說關羽的魂魄要來這個地方安居，一下子就變得守規矩多了，再也沒有人前來阻礙智顗建造寺廟。

在玉涼寺修好之後，智顗遵照之前的「彌天謊話」將關羽的塑像供奉在自己的玉涼寺中，並且封關羽為佛教的護法大神。如此一來，關羽就從一個地區性的鬼魂變成了一位佛教的護法神，正式走向了神壇。

智顗藉修建玉涼寺之機將關羽請進了佛教，這本是一個無心之舉，卻迎來很多的香客，很快變成被全國各大佛寺效仿。關羽雖說加入了最早的外來宗教，但也遇到了發展的瓶頸，在一個位置上從來沒有升遷及受到重視過。

人挪活，樹挪死。做為神仙也要懂得識時務，要即時的瞭解資訊，尋找更好的發展機遇。與其在外來宗教中受氣不受重視，不如到本土宗教中大展身手。

道教做為中國土生土長的宗教，很多教義都是原汁原味的，比較符合大眾的胃口。佛教剛開始把關羽給挖走的時候，道教還沒有意識到關羽是一位大有用處的人才。等後來發現了，一時之間也想不到合適的方法把關羽給搶回來。一直到北宋年間，關羽才加入到道教的行列。

鹽鐵官營是古代社會的通行規則。因為鹽鐵是生活的必需品，也是政府財政的主要收入。北宋真宗時，有一年山西解池大旱。解池是宋朝的鹽庫，也是宋朝鹽稅的主要來源地。這裡大旱就意味著政府收不了稅，皇帝就沒錢過日子。

宋真宗派官員去查看旱情，這個欽差到了解池轉了一圈回來告訴宋真宗說：「解池大旱全是蚩尤在搞怪。」這說法一聽就知道是在糊弄人，可是信奉道教的宋真宗卻當真了，還專門請來道士作法。

道士告訴宋真宗：「蚩尤揚言要皇上給他建座廟宇，否則就一直乾旱。」皇帝問有沒有解決的辦法。道士說：「須請關將軍幫忙。」時勢造英雄，關羽進入道教的時機來了。

道教把關羽納入自己的神仙譜系，是想藉助關羽的偶像力量，增強本教的影響力。皇帝們則想著藉助道教的影響力教化子民，使之忠君報國，以穩固統治。兩種勢力結合在一起，於是就有了關羽被納入道教的故事。

元朝入主中原之後，開始仿效漢人信奉關羽。及至明朝神宗年間，關羽被加封為「三界伏魔大帝神威遠震天尊關聖帝君」，這個時候的關羽已經由王及帝。

清朝光緒年間，關羽又被加封為「忠義神武靈佑仁勇威顯護國保民精誠綏靖翊贊宣德關聖大帝」。

從英雄到財神

初時，各地的會館和商會都把關羽做為偶像進行膜拜，意思是學習關羽的忠義，讓大家結為兄弟，共患難共富貴。

會館往來多關乎金錢上，因此各地的會館就逐漸把關羽做為財神來拜。最有名的是山西的晉商會館，無論走到哪裡都會在店鋪中供奉一尊關羽的神像。

晉商們的生意遍佈全國各地，在他們的影響和推動之下，關羽為武財神形象開始得到民間的認同。特別是明清以來，關羽真正成了武財神。

粉絲最多的財神
趙公明
玄壇真君的原型

趙公明，本名朗，字公明，又稱趙玄壇，「玄壇」是指道教的齋壇，也有護法之意。在《封神演義》中，姜子牙封趙公明為「金龍如意正一龍虎玄壇真君」，統領「招寶天尊蕭升」、「納珍天尊曹寶」、「招財使者陳九公」、「利市仙官姚少司」四位神仙，專司迎祥納福、商賈買賣。後來，民間將其尊為了財神。

木筷抵千金

神仙畢竟不是凡夫俗子，這在他們出生的時候就已經可以看出端倪了，這位趙元帥的身世就非同常人。

當年，百姓們得罪了天帝，天帝派了十個太陽烤曬人間。在十個太陽炙烤下，田裡的莊稼被曬死了，河裡的水也被曬乾了，人們無法生存下去。后羿見百姓如此辛苦，就一連射掉了九個太陽。被后羿射下來的這九個太陽中有八個墜落後落在終南山成了厲鬼，而第九個太陽則幻化成了人，並投胎到了山西渭南趙大村一個木工家裡。

在家人的焦急等待中，趙公明出生了，由於是男孩，所以全家都很喜歡他。長大後，爹爹就把祖傳的木工技藝傳給趙公明。

趙公明不僅力氣大，還十分聰明。在他十七歲那年，他憑藉著自己手裡的私房錢，並四處向工友借貸，獨立建起了一個木材廠。

和一般商人不同，趙公明為人慷慨，誠實守信，做事踏實，很多人都願意和他做生意。幾年過去了，他累積了鉅額財富，成為當地的大富豪。

同村的趙大春和趙公明關係素來密切，他向趙公明借了一百金，約定一年為還款期限。

這在當時，算得上是鉅款了。

常言道，福無雙至，禍不單行。趙大春接了趙公明一百金，到山上進了一大批山貨，沒想到半路上連天陰雨。做山貨生意的人最怕這種天氣，乾燥的山貨大量積壓在一起，很容易黴變。陰雨持續了一個多月，趙大春的山貨在庫房中堆積了一個多月。一個月後雲消雨霽，卻錯過了山貨出手的最佳時機，只好忍痛賤賣。返回途中又遇到了山賊，身上金銀被搶掠一空。從漢中回來，年關到了，正是歸還趙公明借債的期限，趙大春一籌莫展。

臘月二十八這一天，天降大雪。趙大春一家還沒有一點過年的氣息，四壁空空，氣氛壓抑。趙大春一家蜷縮在冰冷的屋子裡，心想，今天是歸還趙公明欠款的日子，這年關恐怕是過不去了！正思想間，聽見敲門聲，趙公明帶人催討欠款了。

趙大春將趙公明迎進屋子，滿面堆笑：「兄弟，我的事情你也聽說了！你看我現在臨近年關，家裡連置辦年貨的錢都沒有，孩子們都冷著身體，餓著肚子呢。我欠你的錢，實在無法按期歸還了，還請兄弟看在往日情面上，多寬限些日子吧！」

趙公明環視了趙大春一家人，心裡禁不住嘆息。他說道：「這百金可不是小數目，我寬限你到什麼時候呢？做人最重要的是誠信，我們約定年底還錢，你要兌現諾言才是！」

面對趙公明的緊逼，趙大春無可奈何：「你看我拿什麼還你呢？」

「家裡但有值錢的東西，權且變賣吧！」

「還有什麼值錢的東西呢？」

「聽說你祖上流傳下來一雙檀木筷，是無價之寶？」

「兄弟您取笑了。那雙筷子不是祖上的，是家父留下的，權當念想。至於價值，和平常的木筷子沒什麼區別，怎麼能稱無價之寶呢。」

「到了這個時候，你也不要再隱瞞了。你將那雙筷子交給我，你我之間的債務一筆勾銷，你看怎樣？」

趙大春這才明白，趙公明這是來幫自己了。他不願明說取消自己的債務，怕傷害了自己的自尊心，而是蜿蜒曲折，讓自己的檀木筷抵消債務，算是給足了自己面子！趙大春感激涕零，抱住趙公明放聲大哭。

從此，「木筷抵千金」的故事流傳了下來。

從人到神

後來，趙公明來到終南山，在山洞中潛心修練。畢竟不是肉體凡胎轉世，趙公明憑藉自己的慧根很快就參悟了一些道教法術的秘笈，練就了金剛不壞之身。張陵看趙公明很有天分，就收為了徒弟，讓他看守丹爐。

由於得到高師的指點，趙公明進步很快，在看守鍋爐之餘，還經常下山去抓厲鬼。前面我們已經介紹過，趙公明在前世有八個哥哥被射下之後變成了厲鬼，潛伏在終南山附近。為了讓百姓們安居樂業，趙公明就把這些害人的厲鬼一一抓獲。吃水不忘挖井人，人們為了表示對趙公明的感激之情，就給他建造了廟宇，每個月都會去祭拜。不過這個時候的趙公明還是一個惡神。人們覺得能制伏厲鬼的一定很兇，所以就把趙公明描繪成面目猙獰的黑臉惡神。後來，人們覺得神仙應該有自己的坐騎，就給趙公明找了「黑老虎」做為他的坐騎。慢慢地，趙公明騎著黑虎，手拿銀鞭，面目兇惡的形象開始出現。

使趙公明從惡神轉為吉祥神的是神話小說《封神演義》。

在這本書中，趙公明成為了助紂為虐、不識時務的頑固份子。由於他違背歷史發展的潮流，雖說武功高強，也被姜子牙給收拾了。周滅商後，姜子牙論功行賞，分封天神，將趙公明封為「金龍如意正一龍虎玄壇真君」，統領「招寶天尊蕭升」、「納珍天尊曹寶」、「招財使者陳九公」、「利市仙官姚少司」四位神仙，專司迎祥納福、商賈買賣。

因為自己的手下是招寶、招財、利市、納珍的神仙，趙公明也就被當成了管理錢財的財神爺。可以說，讓趙公明脫離惡神的深淵，實現華麗轉身的是姜子牙。在《封神演義》這本書的推動和宣傳之下，供奉趙公明的廟宇開始在全國各地落地生根，他也以財神的身分接受粉絲們的膜拜。

趙公明在民間的影響

趙公明可以說是粉絲最多的財神。特別是在明朝之後，他成為了主流的神仙出現在各大廟宇中。做為財神的趙公明之所以會受到那麼多人的崇拜，很大程度上是由於古時候物質匱乏。百姓們都想發財致富，求助財神就成了理所當然、順理成章的事情了。

在今天，不僅大陸地區的江浙繼續供奉趙公明，在香港、澳門、臺灣地區以及東南亞都建有趙公明的廟宇，而且香客眾多，人氣很旺。

文財神
比干

無心可偏、公正無私的文財神

比干是商朝大臣，因為忠諫紂王，招致妲己的怨恨。妲己謊稱聖人皆有七竅玲瓏心，要將比干的心剜出來觀看，比干因此被害而亡。因為比干生前正直，死後無心，故不會心存偏祖成見，適合管理分配財富，所以成了道教的文財神。

時運不濟的忠臣

比干是商紂王時期的丞相，也是商紂王的叔父。

紂王登基之後，由於褻瀆女媧娘娘的神像，被女媧娘娘懲罰，命令妖孽毀滅他的江山。千年九尾狐化身蘇護的女兒妲己進宮成了紂王的妃子，這位狐妖發揮自己魅主的才能，很快就把好色的紂王迷得團團轉，最後還逼得王后含恨而死。

後來，妲己又勸說紂王修建鹿臺，以此來接近神仙，以求長生不老。看到自己的姪兒如此胡作非為，紂王的叔父比干氣憤不已，他不能眼看著商湯的大好江山斷送在無道的昏君手裡。於是，他屢次規勸紂王遠離女色，勤政愛民。可是好色之徒又怎麼可能改得了本性呢？沒多久，紂王乾脆不上朝了，留在鹿臺日夜和妲己飲酒作樂。

一次，妲己見紂王又在為大臣們的勸諫頭痛煩悶，就建議紂王大宴群仙，讓比干等老臣看一下自己的本事。對妲己的這個提議，紂王很高興，立刻邀請眾位「神仙」來鹿臺赴宴。剛開始，耿直的比干還真以為紂王請來了神仙，畢恭畢敬地向各位來賓敬酒。到了後來，比干發現這些所謂的神仙竟然全是狐妖。於是，他假裝喝醉離去，派人暗中跟蹤這些狐妖，並命人放火將其燒死在巢穴中。

透過此事，妲己對比干更是懷恨在心，將他視為眼中釘、肉中刺。

這一天，妲己故意裝出一副愁容滿面的樣子。

紂王對妲己萬分關切，急忙上前問候。

妲己雙目垂淚說道：「妾身紅顏薄命，心痛病復發，疼痛難當，恐怕不久要和大王永別了。」

紂王一聽，急忙問道：「可有解救的方法？」

「縱然有，恐怕大王也捨不得！」妲己以退為進。

「妳只管說來！」紂王面露焦躁之色。

妲己言道：「妾身年幼時，有神人相救，用玲瓏心肝一片，煎湯吃下，這病立刻就好了。」

紂王聞言大喜，命令妲己的親信費仲、尤渾兩人四處尋訪有玲瓏心的人。這天，二奸臣來報：「陛下，臣等尋訪全國，只訪到了一個人有玲瓏心。」

紂王問：「此人是誰？」

二奸臣道：「微臣不敢說！」

紂王大為奇怪：「天下乃王之天下，萬民乃王之萬民，何人讓你等如此懼怕？」

費仲對紂王說：「普天之下，只有朝中宰相比干懷有玲瓏心。」

紂王聞言，即刻遣派使者，向比干說明因果，乞求比干以大義為重，獻出玲瓏心給妲己娘娘治病。

比干聞言，知道是妲己蓄意陷害自己，不由得又驚又怒。送走使者之後，比干取出姜子牙曾經給他錦囊，只見上面寫道：「遭遇剖腹挖心之禍時，當按照此符訣畫一符，用火將畫符燒毀，將灰燼入水飲下，可護住你的五臟六腑。」

比干畫了符，喝了符水，來到朝堂之上，指著妲己高聲叫罵：「妲己，妳這個禍國殃民的妖孽！我今天斷送在妳手，實在是有愧於先帝。」

罵完妲己，比干對著紂王怒目而泣：「沒想到成湯二十八世天下，竟然斷送在你的手中，真是可嘆！可嘆！」說罷，拔出短劍剖開肚子，伸手將心摘了出來扔在地上，轉身向朝堂外走去。

比干來到街市上，突然聽到有婦人叫賣無心菜。比干問：「人如果沒了心，會怎樣呢？」姜子牙的死對頭申公豹變成的賣菜婦人說：「人要是沒了心，還怎麼活呢？」比干聞聽此言，大叫一聲倒地身亡。

神化之路

周武王感念比干心底無私，忠君愛國，就下旨在今天的河南衛輝給他修建了一座陵墓。後來，北魏王朝入主中原，又在原址給比干建了一座廟，目的是讓臣子們學習比干忠君愛國的情操。孝文帝還專門前去拜祭，並寫下了祭文。

比干成為財神，並非本人是個頭號財主。民間流傳著這種說法：比干將心摘下扔在地上，隨後走出王宮，來到民間廣散財寶。他雖然沒了心，但因吃了姜子牙送給他的靈丹妙藥，並不曾死去。因為沒了心，也就無偏無向，辦事公道，所以深受人們愛戴、稱讚，成了文財神。

比干的神像為文官打扮，頭戴宰相紗帽，五綹長鬚，手捧如意，身著蟒袍，足登元寶。這個打扮與天官相似，但也有明顯的區別：天官笑容可掬，而文財神比干的神像則面目嚴肅。

文財神
范蠡

縱橫官商兩道的智者

中國的財神有很多，但是能官能商、縱橫官商兩道的只有范蠡。他出身貧寒，天資聰慧，為官可以官至宰相，為商能夠富可敵國，散盡家財而不惜。這樣一個傳奇人物就是深受商人敬重的文財神范蠡。

運籌帷幄的能臣

范蠡出生在南陽一個小山村，此地由於地處山區、資源匱乏，老百姓經常過著食不果腹的生活。范蠡自小天資聰慧，喜歡分析天下的局勢，到了及冠之年，他前往楚國謀求前程。

范蠡憑藉三寸不爛之舌，在楚國謀到了一個官職，並結識了自己的合作夥伴文種。結識文種後，兩個人就經常坐在一起分析楚國的形勢以及個人的前途。後來他們發現，在楚國如果不是貴族，就不可能取得很高的地位，所以兩人來到了越國。

到了越國，他們得到了越王的熱情招待，還得到了很滿意的官職。越王去世後，太子勾踐繼位為王。就在越國王位更迭之時，吳王闔閭想趁機撈點油水，就率軍進攻越國。勾踐由於剛剛登基，急需要建功立業，再加上年輕氣盛，作戰的時候射了闔閭一箭。

闔閭中箭後重病了一場，沒過多久就一命嗚呼了。臨死之前，闔閭告訴兒子夫差為自己報仇。夫差當上吳王之後開始秣馬厲兵，整日想著給父親報仇雪恨。過了兩年，夫差要親自率領大軍去打越國。大夫范蠡對勾踐說：「吳軍來勢兇猛，我們不如避其鋒芒，堅守城池。」勾踐不同意，想要先發制人。於是急躁冒進，結果被夫差的軍隊圍困在了會稽山上。

在沒有補給的情況下，勾踐根本就撐不了幾天。無奈之下，氣急敗壞的勾踐想著自盡身亡，被趕來的文種和范蠡救下。在兩人的勸說之下，勾踐派文種為議和大臣前去向吳王乞和。沒想到夫差想同意，但他手下的重臣伍子胥卻堅決反對。

文種回來後，打聽到吳國的伯嚭是個貪財好色的小人，就把一批美女和珍寶，私下送給伯嚭，請伯嚭在夫差面前講好話。經過伯嚭在夫差面前一番勸說，夫差同意了議和條件，但是要勾踐親自到吳國去。就這樣，范蠡跟著勾踐和王后來到了吳國當人質。

在吳國的那些日子，范蠡每天謹小慎微，以減弱夫差的防禦之心，並尋找離開吳國的機會。有一天，范蠡聽說夫差病了，就偷偷詢問醫生，夫差什麼時間會痊癒，然後回去告訴勾踐。勾踐毛遂自薦，說自己能治夫差的病，可是夫差不讓勾踐接近他，勾踐只能嚐夫差的糞便來治病。果然，夫差的病被勾踐治好了。夫差很高興，就想放勾踐回國。當時朝中的許多大臣都不同意，范蠡就讓文種用金銀珠寶進行賄賂。在范蠡推動下，勾踐和夫人順利回國了。

回到越國之後，勾踐發誓要雪恥報仇。為了磨練自己的意志，他每天都睡在草床之上，並在飯桌上掛一顆苦膽，吃飯前會嚐一下苦膽。越國兵強馬壯之後，勾踐就想著要滅掉吳國。這個時候，范蠡說時機還不是很成熟，希望勾踐稍安勿躁。

吃過虧的勾踐這次很聽話，就接著隱忍，等到夫差殺掉伍子胥之後，范蠡才幫助勾踐謀劃如何滅掉吳國。在智囊團的幫助下，勾踐滅掉吳國，夫差含恨自殺。

滅掉吳國之後，越國舉行了慶功宴，范蠡本來也很高興，無意之中卻看到了勾踐愁苦的表情，頓時明白了幾分。第二天他向勾踐請辭說：「之前大王蒙辱，做臣子本該要自殺謝罪，但臣以為當時不是合適的機會，所以就苟活到了現在，現在臣已完成使命，請大王賜罪。」

范蠡深知，自己做為功臣是不可能受到責罰的，果不其然，勾踐趕緊安慰范蠡。范蠡說：「既然大王不計前嫌，那就請收回臣的官職，讓臣回家種田，頤養天年。」在范蠡的苦說之下，勾踐批准了范蠡的辭職報告。臨走時，范蠡寫信給老朋友文種說：「飛鳥盡，良弓藏；狡兔死，走狗烹。」他本想讓文種跟自己一起走，無奈文種捨不得權位，只好自己走了。

范蠡。

富可敵國的陶朱公

離開越國之後，范蠡來到了齊國。沒過幾年，他就累積了鉅額財富。齊王聽說范蠡經商如此有道，就邀請他來當丞相。拿到相印的范蠡感嘆說：「我一個布衣出身的人做官可以做到宰相，經商可以富可敵國，並不是什麼好事啊！」於是把相印還給了國君，把財產全部散給了同鄉，帶著家人逃到了一個叫做陶的地方。

在這裡，范蠡給自己取了一個叫陶朱公的名字。「陶」，指陶地，也隱喻「逃」；「朱」，指穿紅衣服的高官。

陶這個地方交通便利，物產豐饒，范蠡父子靠種地、養牲畜、做生意又累積了數萬家財，成為富甲一方的大財主。范蠡為人十分慷慨，經常幫助那些窮苦之人。不僅如此，他經商從來不謀求暴利，只堅持薄利多銷的原則，很有儒商的風範。

由人到神的過程

范蠡不僅能夠自己發財致富，還能夠散財鄉里，在當時百姓眼中活脫脫是一個活財神。

《列仙傳》記載：晚年的范蠡大徹大悟，想要把自己人生的智慧傳給後人，就命人拉了兩車金子給鐵匠，讓他按照自己的草圖打造一個器物出來。這個器皿出爐之時，渾身都散發著獨特的光芒，流光溢彩，燦爛奪目。

范蠡把自己一生的智慧和賺取的寶物都凝結在這個器皿之內，並取名叫做「聚寶天下」。這個器物就是後世所傳的聚寶盆，秉承古人天圓地方的哲學思維所打造而成。陶朱公得到這個器皿之後，就把倉庫中的財物全部分給周圍的鄉親，「懷其重寶、升仙而去」。

從那以後，天下就有了財神。後來，秦始皇想統一貨幣，無意之中看到了「聚寶天下」的樣圖，就按照天圓地方的樣子設計了古代的銅錢。這個樣式一直沿用到封建王朝的結束。因此，也有人把范蠡當作是銀錢行業的祖師爺來拜祭。

捉鬼祖師 鍾馗

從皇帝夢裡走出的神仙

在諸多捉鬼遊戲中，鍾馗是出現最多的捉鬼師。之所以讓鍾馗去捉鬼，主要是因為他相貌醜陋，不僅人見了害怕，連鬼見了都怕得要命。對於這種說法究竟有幾分真幾分假我們無從得知，只有透過考察對鍾馗的信仰來源找到正確的答案。

相貌醜陋的落第秀才

鍾馗在出生之前，他的母親譚氏夢到一輪紅日在面前不停地晃動。正巧，她此刻飢腸轆轆，想找點東西吃，誰知剛張開嘴，這輪紅日就飛到了口中。醒來後，譚氏把夢中的情形告訴了相公鍾惠，鍾惠聽後大喜，認為這個吉兆。十個月後，譚氏生下了一個兒子，粗通文墨的鍾惠就給兒子取名為鍾馗，因為「馗」與「魁」同音，希望兒子日後能有所作為。

到了上學的年齡，鍾馗被送到了學堂讀書。他很聰明，每天都被先生誇讚，成了遠近聞名的小神童。長大後，鍾馗去京城參加科舉考試，當時有很多父老鄉親都來給他送行，大家覺得這麼聰明的孩子肯定能拿個狀元回來。

可是天不遂人願，這次考試鍾馗落榜了。鍾馗覺得沒臉見人，就帶著書僮躲到終南山去苦讀，等待下一次考試。第二次考試時，鍾馗將文章寫得十分出彩，被主考官看中，有了參加殿試的機會。在殿試過程中，皇帝也覺得鍾馗的文章寫得很好，只是一見到鍾馗本人，就覺得很不滿意，因為這個人長得實在是太醜了。皇帝覺得讓如此醜陋的人做本朝的狀元，實在是有辱顏面，就罷了鍾馗的狀元頭銜。鍾馗覺得很不公平，由於年輕氣盛，很難嚥下這口氣，走到宮門口的時候，撞牆而死。

鍾馗的神化

鍾馗死後，由於冤屈太大，所以直接飛天了。來到天庭之後，玉帝對鍾馗說：「我知道你的冤屈，但是在人間，不僅你有冤屈，很多無辜的百姓整日被那些散落孤魂野鬼騷擾，不得安寧。你不如忘記自己的仇恨，去人間捉鬼去吧！」在玉帝的開導之下，鍾馗承擔起了在人間捉鬼的重任。

有一天，鍾馗算出當朝皇帝有難，就立刻趕到皇宮中，於是就有了鍾馗捉鬼的故事。

關於這個故事，主角是唐明皇。這個風流皇帝迷戀女色，不理朝政，長年和楊貴妃廝混在驪山溫泉宮中。有一次從驪山回來之後，唐明皇就病倒了，所有的太醫都束手無策。晚上，昏睡之中的唐明皇看到有一個小鬼在偷自己的玉笛和貴妃的香囊，便大喝一聲，叫武士前來抓鬼。

可是還沒等唐明皇開口，又出現了一個相貌醜陋的大鬼，這個大鬼一把抓住小鬼，將其一撕兩半，吞到自己的肚子中。唐明皇趕緊問你是何方神聖，只見大鬼說道：「我是捉鬼師鍾馗。」一醒來之後，唐明皇的病一下子就好了。

他十分感激在夢中給自己驅鬼的鍾馗，就叫來畫師吳道子，讓他按照自己的描述把這位恩人的畫像畫出來。吳道子不愧是當朝第一大畫家，畫出來的畫像和唐玄宗夢中所見竟是同一個人。唐玄宗很高興，重重獎賞了吳道子，命人把鍾馗的畫像黏貼在宮門之上，以保平安。

對鍾馗的信仰

在皇帝的推動下，鍾馗很快就成了全民的偶像，幾乎家家戶戶都會在門上張貼鍾馗的畫像。慢慢地，鍾馗就成了一位全民信仰的神仙。

任何一位神仙想紅，除了皇帝的幫忙之外，還得靠才子的宣傳。後世的文人寫了《斬鬼傳》和《平鬼傳》，認得字的人都會買這兩部小說看。透過小說誇張的渲染，鍾馗成了讀書人的偶像。對於那些不識字的人，一些才子又編造了戲劇，透過活靈活現的演出來宣講鍾馗的故事。其中，最有名的要數《鍾馗嫁妹》這部戲。

由於鍾馗的很多故事都是圍繞著捉鬼來展開的，所以在江淮地區，基本上家家懸掛鍾馗像，用以鎮宅避邪。由

鍾馗與妹妹率眾小鬼出遊。

此，他也成了道教信奉的門神之一。

乾隆二十二年，也就是西元 1757 年端午節發生了瘟疫。在無計可施的情況下，人們將鍾馗像搬出來用以施威捉鬼。此後形成了風俗，由以前的除夕掛門神，改成了端午節掛門神。

後來，人們覺得偶像不應該長得那麼醜，就開始美化鍾馗的形象，他逐漸變成一個身穿紅袍、面目平和的神仙。不僅如此，人們還在鍾馗畫像的上端畫上蝙蝠和蜘蛛。在古時候，蝙蝠是「福氣」之意，而蜘蛛又被稱為是「喜蛛」，意為喜從天降。所以，明朝之後的鍾馗除了具有保家護宅的功能之外，還有賜福的吉祥之意。

神壇天王

李靖

文武兼備的軍事家

托塔李天王是武神的重要代表人物之一。他姓李名靖，是天宮中的衛戍司令。在《西遊記》中，托塔天王是玉帝的得力助手，總管數十萬的天兵天將，一旦遇到緊急情況便會奉旨出征。其中，為我們所熟悉的情節是討伐花果山，捉拿妖猴孫悟空。

那麼，這位李天王的原型是誰呢？根據考證得知，他竟是唐初大名鼎鼎的衛國公李靖。

衛國公李靖

李靖，本是隋朝名將韓擒虎的外甥，由於裙帶關係，他成年後跟隨舅父一起為隋煬帝效命。因為李靖是世家子弟，一旦王朝覆滅，就會跟著遭殃。用唇亡齒寒、戶破堂危來形容政治家族與王朝的關係是再恰當不過了。李靖深知其中的利害，所以為官十分盡心盡力，儘管當時的許多官員無所作為。

後來，山西的李淵見大隋朝政腐敗，民不聊生，就動了奪取表哥隋煬帝江山的想法，於

李靖與紅拂女。

是暗中招兵買馬。李靖聽到了風聲，就偷偷收集李淵謀反的罪證，交給了自己的主子隋煬帝。隋煬帝知道後軟禁了李淵，使得他起兵造反延遲了好多年。

後來，李淵擒獲了李靖，發誓要殺了他，結果被兒子李世民救下。在李世民的勸說下，李靖歸順了這位後來的唐朝皇帝，並誓死效忠。

李靖雖然被李淵免除了死刑，可是李淵對他仍然是心存芥蒂，處處防著他，從來不任命他實職。直至李世民登基為帝，李靖才有了出頭之日。

這時，北邊的突厥開始蠢蠢欲動，想要趁著改朝換代之時搶點物資過冬，李靖見狀主動請纓出戰。

突厥人一打聽來的是一個無名之輩，根本不把李靖放在眼裡。不僅突厥那邊瞧不起李靖，就連李靖的部下也瞧不起他。可是蟄伏多年的李靖練就了一副金剛不壞之身，任憑別人說什麼都不會放在心上。

由於這一戰關係重大，李靖絲毫不敢掉以輕心，每天都仔細研究部署。由於雙方的實力相差懸殊，再加上突厥所來大多數都是騎兵，而唐軍多為步兵，從戰鬥力上來說，唐軍戰勝的可能性很小。為了鼓舞士氣，李靖在誓師大會上殺掉了一個地位僅次於自己的部將（主要是這位部將太懶，每次開軍事會議都會遲到，這次剛好撞到槍口上）。

在對突厥的決戰中，李靖鎮定自若，將部隊分為三路，以實力最弱的去對抗突厥的主力，然後引誘敵人進入唐軍包圍圈。在這一戰中，李靖生擒了突厥可汗。李世民聞訊大喜，封李靖為代國公，官拜尚書右僕射。

貞觀九年，李靖又打敗吐谷渾軍隊，吐谷渾可汗兵敗自殺，國土也被唐朝佔領。這一次，李世民改封李靖為衛國公，還把他的畫像放在凌煙閣中。在李靖死後，李世民命人將其陪葬在昭陵。

李靖用兵如神的威名在死後被人們越傳越神，他所著的兵書《唐太宗李衛公問對》，在北宋時被指定為軍人的教科書。

李靖與佛教天王的糾葛

李靖死後，百姓們很懷念這位給唐朝帶來和平和安寧的大將軍，所以每年都會有人祭奠他。後來，一個地方發生了旱災，當地人在李靖忌日的時候祭奠了李靖，第二天就下起了大雨。於是，人們就開始說李靖是姜太公廟的配神，可以代龍王下雨。在五代十國時期，李靖被冊封為太保，又加封為靈顯王。元朝時已被稱為托塔天王。

可是從史籍和相關資料來看，李靖的形象是由佛教四大天王之一的毗沙門天王演變而來的。

據佛教經典記載，由於毗沙門天王身材高大、相貌醜陋，形象令人懼怕，牛鬼蛇神都不敢近其身，所以被佛教吸納為護教法王。同時，毗沙門天王也是一位財神，執行任務時總會留下一大堆的金銀財寶給百姓。大概正是由於這個原因，毗沙門天王的粉絲很多，香火也最旺。後來，在佛教中國化的過程中，毗沙門天王逐漸和唐朝的李靖合二為一。兩者結合之後，為了避免混淆，就產生了一個叫托塔李天王的大神。

在宋明兩代，有些資料說李天王和李靖是別神。如《夷堅志》記載：「溫州城東有李衛公廟，州人每精禱祈夢，無不應者。」從這裡可以看出，宋朝的老百姓只是把李靖當作神來供奉，卻沒有稱其為天王。

關於毗沙門天王與李靖的結合，可能與李靖的名字有關。李靖的字是「藥師」，而毗沙門天王是「夜叉之王」，所以「李藥師」跟「李夜叉」容易混淆。從這兩者的發音來看，混淆是在唐朝發生的。所以，李靖跟毗沙門的結合最早應是在晚唐時期，以後「托塔天王」特別盛行，人們只知道托塔天王的名字是「李靖」。到了明朝，托塔天王李靖和唐衛國公李靖幾乎成了「同名異神」。托塔李天王則完全脫離了毗沙門天王，而成為中國式的、婦孺皆知的統領百萬天兵的大元帥了。在《西遊記》中，托塔天王與「四大天王」並列，被稱為「五大天王」，正好說明了這個問題。

由佛入道

在李淵順利奪取自己表哥隋煬帝的天下之後，為了證明自己的顯赫身世，就把自己說成是老子的後人。這樣一來，道教就成為了官方信仰的宗教。

在唐初的時候，道教的發展遠遠沒有佛教成熟。因此，喜歡取人之長、補己之短的道教開始從佛教引進神仙。李靖就是從佛教引入道教的神仙之一。李靖成為道教神仙，只有官方的認可還遠遠不夠，所以，影響百姓輿論走向的民間文學作品就成為了李靖華麗轉身道教的許可證。在這些民間文學作品中，以《西遊記》和《封神演義》為代表的小說最為出名。

在《西遊記》中，李靖是玉帝的第一將軍，每次天庭有劫難，他總是衝鋒在前，但幾乎每次都是落荒而逃。而在《封神演義》中，李靖卻不再是唐朝人物，而是殷紂王手下的總兵。據《封神演義》記載，殷紂王的部將李靖年輕時修道，拜度厄真人為師，掌握了五行遁法。紂王得知自己麾下有這樣一個奇人，就命他為陳塘關的總兵。

《封神演義》還把托塔天王和哪吒說成父子關係。李靖的三個兒子金吒、木吒和哪吒，分別在九龍山、九宮山和太乙真人門下學藝（《西遊記》中金吒是如來佛祖的護法，木吒是觀音菩薩的徒弟）。哪吒鬧東海、射殺碧雲童子惹下了大禍，李靖膽小怕事，逼著哪吒償命。後來，哪吒剔骨還父，父子結下深仇，最後在燃燈道人的撮合下和好如初。

經過《封神演義》繪聲繪色的演繹，李靖從此成了托塔天王，而那位毗沙門天王反而成了一個不相關的人。在《西遊記》中，托塔天王李靖奉玉帝旨意征討三界內一切反抗者。這時他成了道教神仙，與佛教沒有了任何關係。

中壇元帥 哪吒

神魔小說精心打造和加工的戰神

人們熟悉哪吒主要源於兩本書，一本是《西遊記》，另外一本是《封神演義》。在西遊記中，哪吒是托塔天王的第三個兒子，受玉帝的調遣，征討花果山。雖說他最後敗下陣來，但是其三頭六臂的本事、俏皮可愛的長相卻給人留下了很深的印象。

而在《封神演義》中，哪吒順應時代潮流，幫助周武王打敗紂王，成為周武王手下年齡最小本領卻很大的一員戰將。在這兩部小說的渲染下，我們形成了對哪吒的總體印象：梳著瀏海、穿著紅肚兜、脖子繫著混天綾、腳踩風火輪、手拿乾坤圈的少年戰神。

雖然誰都能說出一兩個與哪吒有關的故事，但對哪吒的原型，你又能說出多少呢？

哪吒的來源：喬遷中國的外國朋友

在前面的講述中，李靖的原型其實是佛教中的北方多聞天王。在佛教典籍的記載中，這位北方多聞天王有一個兒子叫做哪吒俱伐羅。道教把多聞天王引進之後，也將他的兒子哪吒俱伐羅引進了過來。我們可以發現，哪吒實際上是哪吒俱伐羅的前兩個字，看來他並不是土生土長的中國人，而是和他的父親一樣，是一個「舶來品」。道教將托塔天王的前身塑造為初唐名將李靖，穿衣打扮也完全被漢化了。可是哪吒不一樣，即使被引入道教，依舊是一身荷衣的古梵童子打扮。恰恰是這種打扮，暴露了哪吒的真實身分。

有關哪吒形象的描述在最早的道家經典中沒有出現，倒是佛教典籍中有一些關於哪吒的記載。在宋朝時，有一個叫做張勝溫的人畫了一幅《大理國梵像圖》，在這幅畫中最早有了哪吒的身影。先不說這幅畫的藝術價值，單說畫中的諸位神仙，除了佛教的四大護教法王之外，還有一個小孩依偎在一位手裡托著寶塔，身穿漢服的將軍身旁。可以推斷出這位將軍是道教中的托塔天王，那位依偎著李天王的孩童就是哪吒。

哪吒的本土化之路：神話小說鼎力相助

哪吒雖然「移民」到中國，但當初道教邀請的只是他的父親北方多聞天王，他自己並沒有得到重視。

在中國，關於哪吒的最早記錄是在西晉時出現的。根據佛教典籍《佛所行贊》記載，哪吒俱伐羅是多聞天王的兒子，被稱為太子。到了唐朝時，北方多聞天王基本上完成了自己的本土化之路，民間的信眾也有很多。做為天王的兒子，哪吒太子經常會出現在佛教典籍中，他的形象是一個十分孝順的兒子，幫著父親捧寶塔。

到了晚唐的時候，出現了哪吒剔骨還父的說法。從西晉到唐朝末年，哪吒一直是以佛教神仙的身分出現，跟道教一點牽扯都沒有。從宋朝開始到元朝，道教開始吸收民間巫術，創造了具有中國特色的請神施法口訣，前後一共請了七位神仙，其中「威應統攝都太子哪吒」是請哪吒太子施法的口訣。在這裡第一次出現了哪吒這個後來通用的稱謂。

明朝是中國古代神話小說發展的黃金時期，《三教搜神大全》、《西遊記》和《封神演義》就是在那個時期出現的。

在《三教搜神大全》中，哪吒是一位大羅神仙，轉世投胎到了李靖的夫人腹中。在生下哪吒之前，李靖已經有了兩個兒子，老大叫做金吒，老二叫做木吒，老三生下後就取名叫做哪吒。由於是大羅神仙轉世，哪吒生下來就具有神奇的法力。在出生的第五天就跑到東海去洗澡，由於稚子頑劣，不小心踩到了龍王的水晶宮，龍王大怒，帶著諸多神兵前去找李靖問罪。李靖害怕承擔責任，不僅責罵了哪吒一頓，還說要把哪吒交出去。哪吒很傷心，就剔骨還父，強留一口真氣凝聚自己的靈魂，飄到了世尊那裡，世尊用蓮花將他復活。哪吒復活後，被玉帝封為將軍，鎮守天門。在這本書中，哪吒成為了道教的將軍，跟佛教沒有任何的關係。《西遊記》做為一本崇佛抑道的神話小說，吳承恩在書中故意抬高了佛教的地位。他在書中寫道，哪吒鬧海後剔骨還父，靈魂竟然飄到了如來佛祖那裡，佛祖感念他的功德，就用蓮花給他做了一副皮囊，所以就有了以佛為父的說法。

而在《封神演義》中，哪吒完全是道家的得力幹將。他大鬧龍宮殺掉了龍王的太子後剔骨還父，魂魄則飄到了太乙真人的洞府。太乙真人用蓮藕給哪吒做了一個皮囊，並用法術讓他復活。復活後的哪吒要去找李靖報仇，就在這緊要關頭，燃燈道人賜給李靖一個玲瓏寶塔降伏哪吒，讓他放棄了報仇的念頭。後來，在太乙真人的教誨之下，哪吒去幫助周武王打天下，並在戰爭中立下了汗馬功勞。姜子牙論功封神，將哪吒封為了道教的重要神仙。

看家護院的神仙

門神

位列神職的守門人

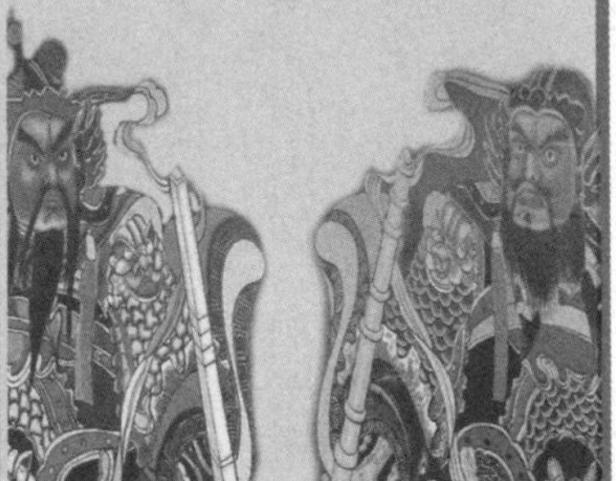

在中國人的意識中，門不僅是一個家庭的象徵，也是社會地位的重要參考標準。古時候通常用朱門來形容大戶人家的豪華和地位的崇高。因此，過新年的時候，家家戶戶都會在門上貼春聯和門神，一則是增添一些喜慶的氣氛，二則是感謝門神對自己家一年的保佑。道教融進了這一民俗，創造出了中國家庭普遍供奉的神仙——門神。

門神信仰的起源

古人認為，凡是跟生活有關係的事物，都有神靈在管理，所以要對管理這些器物的神靈抱有敬畏之心。殷商建立之後，殷天子主張人們祭五祀，這五祀中就包括了進進出出所經過的門。按照道家的解釋，門是一個陰氣很重的地方，容易集聚戾氣，因此在每年臘月過新年的時候，要將用桃木製作的兩個神像放置在大門兩旁。因為桃木最具有靈氣，也是陽氣最足的樹木，可以鎮壓邪氣。這大概是門神最早的起源了。

不同時期的門神演變

總的說來，中國的門神主要經歷了三個時期的演變。

第一個時期是在遠古時期。根據《山海經》的描述，最早的門神是由神荼和鬱壘來充當。相傳，在東海中的度朔山上，有一棵生長了數千年的桃樹，由於時間太久，桃樹的枝幹蜿蜒不絕。在桃樹枝幹的東北角有一個鬼魂出沒的門，這個門由神荼和鬱壘二位神仙看管。如果有鬼魂逃出去了，神荼和鬱壘就用特製的葦索將其捆住，投到山下餵老虎。

神荼和鬱壘由於看護惡鬼，被黃帝奉為門神來拜祭。除了他們之外，能避邪的草藥以及桃木都被當作門神的替代物。在門神信仰發展了一段時間之後，門神開始被不斷人格化。一些能夠避邪的器物，諸如桃木和螺獅開始退出門神崇拜的行列，神荼和鬱壘做為正式門神被道教吸納。到南北朝的時候，道教將神荼和鬱壘封為五方鬼帝之一的東方鬼帝。

神荼和鬱壘的門神職責一直擔任到唐玄宗時期才光榮退休。

這一年，唐玄宗在驪山行宮小住，年終時，從驪山回到京師，便感到身體不適應，瘧疾發作，請遍天下名醫巫師，病情沒有好轉的跡象，就這樣持續一個月，唐玄宗被病情折磨的形體枯槁，瀕臨死境。

這天晚上，唐玄宗夢見一個身穿絳紅色犢鼻褲（古代服飾的一種，類似於現在的小褲衩，因為其短如牛鼻，穿上它便於勞作，所以被稱為犢鼻褲）、光著一隻腳的小鬼，手裡拿著一把大摺扇，竄進了貴妃娘娘的臥室，偷走了楊貴妃的香囊和皇上賞賜的玉笛。這時候一個身穿藍色衣服、頭戴帽子、腳穿靴子的大鬼，袒露著一隻胳膊，要捉拿小鬼。兩鬼在大殿中繞來繞去，最後大鬼捉住了小鬼，用手指挖出他的雙眼，撕開小鬼吃了下去。

玄宗見狀驚問道：「你是什麼人？」

大鬼道：「臣乃是考試不中，憤而自殺的鍾馗，我發誓要掃除天下妖孽！」

唐玄宗醒來後，感覺身體舒服多了。幾天過後，瘧疾痊癒，身體很快恢復了健康。他召來畫工吳道子，將夢中奇遇復述了一遍說道：「你按照我的描述，將夢中的鍾馗畫出來。」吳道子領命以後，仔細琢磨了唐玄宗所敘述的夢境，畫了一幅「鍾馗捉鬼圖」。玄宗見罷，擊節驚嘆。

隨後，命令畫工們按照吳道子所畫的鍾馗相貌，多加臨摹，賜送給各個衙門官署，用於年終時驅除鬼怪。接著又發佈詔令，佈告天下，讓全國的人都知道這件事。就這樣，人們張貼鍾馗畫像驅鬼的風俗，逐漸流行開來。

鍾馗在唐朝成為門神之後，一直做到了元朝的時候才卸任，後繼者就是唐朝的大將秦叔寶和尉遲恭。

傳說這一天，東海龍王托夢給唐太宗李世民，祈求救他一命。龍王說：「我奉玉帝之命到人間降雨，因為延誤了時辰，河流乾涸，土地乾裂，莊稼都旱死了，人民飽受旱災之苦。玉帝大怒，要治我死罪，敕令你朝大臣魏徵第二天午時三刻到天庭監斬。如果你能將魏徵拖住，讓他過了時辰再來，我就能活命了。」李世民很同情龍王，答應了他的請求。

第二天一早，唐太宗將魏徵召來下棋，一直下到中午。眼看過了午時三刻，唐太宗見魏徵一點也不著急，感到很奇怪，又不好明問。

當天晚上，東海龍王找到太宗，抱怨道：「你乃一國之君，為何言而無信，戲耍於我呢？」

太宗納悶：「我一整天都和魏徵在一起，沒讓他離開半步。」

東海龍王說：「魏徵元神出竅，飛到天庭監斬。沒想到我一個海中帝君，卻變成了陰間厲鬼！」言詞之中怨恨不已。

自此以後，東海龍王的冤魂經常在夜間騷擾唐太宗。唐太宗疲憊不堪，召集群臣商議對策。大將秦叔寶說道：「臣下南征北戰，東討西殺，槍下積屍如山，冤魂無數，何懼一個東海龍王。我願和尉遲敬德身披鎧甲，手拿兵刃，站在宮門前守候，看他龍王有何本領。」

唐太宗准許了秦叔寶的建議。

當夜，秦叔寶和尉遲敬德值守宮門，一夜平安無事。

唐太宗愛惜秦叔寶和尉遲敬德，擔心他們整夜值守累壞了身體，於是命畫工繪製了兩人肖像，張貼在宮門上。自此以後，再也沒有鬼祟侵擾了。

道教將秦叔寶和尉遲敬德納入神系，尊奉為門神，是道教中的武門神。兩人雖為唐人，但是確立為門神，是在元朝，其中右門神尉遲敬德，左門神秦叔寶。

不同種類和不同地區的門神

在封建社會，百姓收入的主要來源是農業的收成，但那個時候的農業技術並不是很高，一旦收成不好，生活品質會大打折扣。所以，百姓們在祈求門神保自己平安的同時，也希望他能夠讓自己發大財。順應百姓的心聲，一些商家就在所售的年畫中畫一些財神做為門神。

三里不同俗，中國各地信奉門神也是多姿多彩。在今天的大陸地區的江浙一帶，主要是供奉嶽元帥和溫元帥做為門神，而在山西、陝西一帶，則供奉孫臏和龐涓做做為門神，河北人信奉馬超和張飛，東北人信奉薛仁貴，河南人信奉趙雲，不過最受寵的依舊是秦叔寶和尉遲敬德。

戰無不勝二郎神

原是隋朝的一個道士

我們都很熟悉《西遊記》，在孫悟空大鬧天宮那一回，天兵天將被打得落花流水，只有二郎神與其大戰幾百回合不相上下。

那麼，在道教的神仙譜系中，二郎神又扮演著怎樣的角色呢？

關於二郎神的原型，有很多版本，大體說來主要有以下幾個：

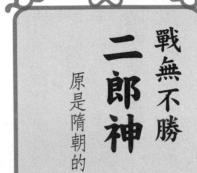

李冰次子

二郎神的神廟在灌江口，灌江口就是今天的都江堰附近，也就是四川的灌南縣。秦朝時，四川地區水患成災，太守李冰到任後，勘察地形，修築水利工程，可是水利工程沒修好多久就被毀壞。後來聽說是因為水下的蛟龍在作怪。李冰的次子為了幫助父親解憂，拿著寶劍深入水下與蛟龍大戰，最後將蛟龍成功制伏，李冰才得以建造都江堰。

當地百姓為了感謝李冰父子的恩德，特意在灌南附近建了一座神廟，在裡面供奉李冰及其次子。由於李冰次子斬殺蛟龍有功，當地百姓親切地稱他為「二郎」，後來二郎進入神廟，自然也就成為了二郎神。但是，這個二郎神直至五代時期才開始受到重視。

宋仁宗加封李二郎為「護國靈應王」，宋徽宗加封他為「昭慧顯靈真人」。元朝皇帝不僅封李二郎為「英烈昭惠靈顯仁佑王」，還加封他的父親李冰為「聖德廣裕英惠王」。清朝雍正時期封李冰為「敷澤興仁通佑王」，封李二郎為「承績廣惠英顯王」。

隋朝道士趙昱

趙昱是隋朝末年著名的道士，在出家之前，他擔任嘉州太守。趙昱為官十分的清廉，治下的百姓也是安居樂業。這一切看上去十分圓滿，但事實並非如此，一切只是因為嘉州的護城河中出現一隻惡蛟，總是為害百姓。趙昱為了除去這個禍害，手持寶劍下水與惡蛟與搏鬥。大戰三天三夜之後，趙昱將惡蛟殺死。由於惡蛟已經修練成精，被殺死之後，鮮血染紅了整條護城河。當地百姓由此將趙昱視為神明。

後來，隋煬帝在揚州被殺，趙昱看到混亂不堪的政局，就辭官歸隱山林，尋仙訪道去了。他離開嘉州之後，來到青城山苦修多年，終於修成正果，得道成仙。唐太宗年間，嘉陵江大水氾濫，眼看就要淹沒城池了，當地百姓在無奈之際只好向神明請求幫助。

這個時候，奇蹟出現了，趙昱從天而降，騎著白馬跨越嘉陵江，馬蹄所到之處，水勢立刻得到控制。當地官員將這一神蹟報告給了唐太宗，唐太宗降旨封趙昱為「神勇大將軍」，並在灌口建造廟宇。

由於趙昱在家中排行老二，人們就稱趙昱為灌口二郎神。安史之亂期間，唐玄宗逃到蜀中地區，趙昱顯靈救助。唐玄宗加封他為「赤城王」，又稱為「靈應侯」。到了宋朝真宗年間，趙昱又被封為「清源妙道真君」。

從以上資料的介紹中我們可以得出，道教中的二郎神應該是隋朝道士趙昱。因為根據道教資料的介紹，二郎神的封號是「清源妙道真君」，趙昱的故事和封號都足以證明他才是真正的二郎神。

此外，二郎神的原型還有佛教多聞天王的兒子獨健和襄陽太守鄧遐，但這兩種說法都不足以說明灌江口和二郎神的關係。

二郎神信仰的擴展

宋元時期，中國海外貿易擴大，一些人從內陸來到了沿海地區。灌南地區的很多百姓也開始進入福建沿海從事貿易往來，在離開家鄉的時候，他們並沒有忘記故鄉的神仙——二郎神，對二郎神的信仰也由此開始進入福建地區。

一開始，這種信仰並沒有得到當地人的認可。為了擴大影響力，二郎神顯靈救助難民，護境安民的故事便流傳了出來。相傳，元朝時福建大旱，很多地方都是顆粒無收，百姓們艱難度日，每天都有很多人餓死在街頭。二郎神不忍看到百姓忍受饑饉之苦，就化身為商人前往魚米之鄉的湖南買米。

當天晚上，當地百姓做了一個相同的夢，神仙讓他們前去海邊領米。第二天一大早，百姓們來到江邊，果然看到有一艘運米船停靠在岸邊。負責分發米的人手中拿著的那把摺扇，正是二郎廟中的物品。此時，人們才知道原來是二郎神顯靈救助。

災荒過去之後，當地百姓紛紛前往二郎廟進香拜謝，就這樣，二郎神的信仰在福建地區紮根了。到了明朝時期，沿海倭寇橫行，二郎神又一次顯靈，打敗倭寇的進犯，保護了百姓的平安。

這些顯靈的故事只是在一個地方打開了二郎神信仰的市場，雖說二郎神已經得到了皇帝們的認可和敕封，但他還是一個地區性的神仙。《西遊記》和《封神演義》兩部神話小說的出現，才使得二郎神從地區神變為神界中的重量級人物。

《西遊記》中的二郎神，與玉帝是甥舅關係，他和孫悟空大戰幾百回合分不出勝負。而在《封神演義》中，二郎神不再是玉帝的外甥，而是姜子牙的師姪。後來姜子牙封神，將他封為二郎神。

雖說兩部小說中的二郎神換了身分，但是他的道場依舊是在灌江口。吳承恩的老家緊挨著灌江口，由此可見，他筆下的二郎神很可能是趙昱的化身。兩部重量級神話小說將人們對二郎神的信仰推廣到了全國，給道教節省了一大筆的宣傳公關費用。

開台聖王

鄭成功

民族英雄死後成神

鄭成功在中國的歷史上一直是以民族英雄的身分出現，他打敗了佔據臺灣的荷蘭殖民者，維持了當時中國領土的統一。這樣一個既是英雄又是神明的人，背後有著怎樣的故事呢？

傳奇人生

鄭成功原來並不叫這個名字，在遇到南明隆武皇帝之前，他叫做鄭森，幼名為福松，字明儼。鄭成功的父親鄭芝龍是明末清初最大的海商兼軍事集團首領，先後歸附明清兩朝。鄭成功在六歲之前一直跟著母親居住在日本，七歲那年，他回到家鄉。

鄭成功回來之後的第一件事就是入學，接受中國的傳統教育。富家子弟給孩子選老師一般都會選那些名氣大的人當教書先生，這樣既可以妝點門面，也可以讓孩子學得更好。鄭芝龍給鄭成功請的老師是福建有名的教書先生，在師父的嚴格要求之下，鄭成功進步很大。

崇禎十一年，鄭成功考中了秀才，後來又進入國子監學習，師從當時有名的學者錢謙益。這位老先生覺得鄭成功是一塊良木，就給他取了一個大木的字。鄭成功在錢謙益的指導下，通讀了儒家的經典著作，文學造詣得到了很大的提升。在鄭成功學問增長的同時，他的國家怎麼樣呢？

此時的大明王朝已經到了山窮水盡的地步，吳三桂投降清朝之後，清朝八旗兵馬不費吹灰之力佔領北京城，崇禎皇帝在煤山自縊。明朝殘餘勢力從北京逃出，一路南下，先後建立了兩個小朝廷。第一個小朝廷是建立在南京的福王政權，沒過多久就被多鐸搗毀，後來又在福建地區建立了隆武小朝廷，主要依託鄭芝龍。

鄭芝龍做為一個黑白兩道通吃的人，投機是他最擅長的。當時，手握重兵的鄭芝龍持觀望態度，只有鄭成功積極主張抗清。隆武皇帝對鄭成功很讚賞，就賜他姓朱，後來很多人稱鄭成功為國姓爺就是來源於此。

後來，洪承疇誘降了鄭芝龍。鄭成功與父親決裂後，毅然舉起了反清復明的大旗，招募勇士，在沿海一帶以廈門和金門為據點，與清軍對抗。為了長期抗戰，鄭成功決定光復被荷蘭佔據的臺灣，將其做為反清復明的基地。恰在這時，在荷蘭軍隊裡當過翻譯的何廷斌，趕到廈門面見鄭成功，送給他一張臺灣地圖，把荷蘭侵略軍的軍事佈置也都告訴了他。

西元 1661 年 3 月，鄭成功親率兩萬五千名將士，分乘幾百艘戰船，從金門出發，向臺灣進軍。有些將士聽說西洋人的大炮厲害，有點害怕。鄭成功就把自己乘坐的戰船排在前面，鼓勵將士說：「荷蘭人的紅毛火炮沒什麼可怕的，你們只要跟著我的船前進就是。」

荷蘭人聽說鄭成功要進攻臺灣，十分驚慌，就把軍隊集中在臺灣（在今臺灣東平地區）和赤崁（在今臺南地區）兩座城堡，還在港口沉了好多破船，想阻擋船隊登岸。臺灣人民聽到鄭成功來到，群情振奮，遙相呼應。躲在城堡裡的荷蘭侵略軍頭目氣急敗壞地派出一百多名士兵沿海佈防，剛一交戰便被打得落花流水。

緊接著，荷蘭侵略軍又調動一艘最大的軍艦「赫克托」號，張牙舞爪地開了過來，企圖阻止鄭成功的船隊繼續登岸。鄭成功沉著鎮定，指揮戰船將「赫克托」號團團圍住，利用本方戰船小、行動靈活的優勢，將其擊沉。

荷蘭侵略軍遭到慘敗，躲在兩座城裡不敢應戰。他們一面偷偷派人到爪哇搬救兵，一面派使者到鄭成功的大營求和。鄭成功嚴詞拒絕，在給荷蘭人的諭降書中明確指出：「然臺灣者，早為中國人所經營，中國之土地也……今余既來索，則地當歸我。」荷蘭人不允，鄭成功隨即派兵猛攻赤崁城。赤崁城的水是從城外高地流下來的，鄭成功派人切斷了水源，三天過後，荷蘭人不戰自亂，乖乖地投降了。盤踞臺灣城的侵略軍企圖負隅頑抗，等待援軍。鄭成功便採取了長期圍城打援的方法逼他們就範，在圍困八個月之後，荷蘭人走投無路，只好舉起白旗投降。

西元 1662 年初，侵略軍頭目被迫到鄭成功大營，在投降書上簽了字後，灰頭土臉地離開了臺灣。

經過潮州戰役之後，鄭成功在南方沿海一代成了氣候，弄得清朝皇帝很頭痛。後來清軍派出大部軍隊進入福建攻打鄭成功，連敗兩場的清軍提出議和方案遭到鄭成功的拒絕。後來為了收復大明江山，鄭成功聯手張煌言北伐，很不幸的是，這次北伐失敗了。

失利的鄭成功退回海上，面臨糧草短缺補給不足的問題。為了解決糧餉問題，鄭成功操持起了他父親利用軍隊進行貿易，以貿易養活軍隊的那一套，但這只能暫時緩解面臨的困境。經過長時期的思考，鄭成功決定揮師東進，奪取臺灣。在與荷蘭軍隊的對抗中，鄭成功取勝，荷蘭殖民者退出臺灣。鄭成功在臺灣建立了第一個漢人政權，他推行大陸的屯田政策，供養軍隊。

英年早逝

鄭成功容易激動、脾氣暴躁的性格使得臺灣最後由自己一手培養的將軍施琅幫助清政府收回。施琅原是鄭成功手下的一員虎將，海上作戰經驗十分豐富。做為一介武夫，施琅有時候難免會犯一些粗人會犯的錯誤。有一次，施琅犯錯正好遇上鄭成功心情不好，鄭成功當即下令要誅殺施琅全族。在眾多將領的勸說之下，鄭成功留下了施琅的性命，但卻殺掉了他的家人。施琅懷恨在心，最終歸順了清政府。如果沒有施琅的幫助，清政府要建一支足以征服臺灣的水上軍隊是一件艱鉅的工作，或許在康熙年間是不可能實現的。

在施琅投奔清廷之初，並沒有對鄭成功造成什麼影響。但當時的康熙皇帝卻下旨殺掉除鄭芝龍之外所有鄭氏族人，還將鄭家的祖墳刨開挫骨揚灰。對於鄭芝龍，康熙皇帝下令流放寧古塔，不得回京。那時的通信雖然不發達，但康熙皇帝這麼做的主要目的就是威懾鄭成功。

鄭成功聽到這個消息後抱頭痛哭，當即暈倒在地。此時，隨他一起進入臺灣的鄭家軍也出現了不同程度的水土不服。處於病痛之中的鄭成功一下子蒼老了許多，為了鼓舞士氣，他讓兒子鄭經代替自己去慰問大家。可是他走到兒子房門口的時候，卻看到兒子和乳母私通。

看到兒子如此不堪，鄭成功氣得一病不起，沒過幾天就去世了。在死前，他覺得愧對祖先，用盡最後一口氣把自己的臉抓破了。鄭成功死後，被埋葬在臺南永康市。清軍收復臺灣之後，為了安撫臺灣民眾，就將鄭氏一族的墳墓全部遷到福建南安的鄭氏祖墳安葬。

開臺聖王

清軍收復臺灣後，為了防止臺灣民眾反抗，就以鄭克爽的名義將鄭成功和鄭經的墳墓由臺灣遷到福建的祖墳，並允許當地人對鄭成功祭拜。後來，鄭成功家鄉的那些商人給鄭成功立了一個塑像，當時的政府也沒有多加干預。

關於鄭成功被神化的故事，最有名的當屬臺中縣的劍井。劍井位於臺中縣的鐵砧山上，當年，剛剛進入臺灣的鄭成功率領部下路過這座山的時候，手下的士兵由於嚴重缺水，很多

康熙皇帝。

都倒在了地上。鄭成功仰天長嘆一聲，拿寶劍朝地面用力一劃，奇蹟出現了，竟然有泉水向外湧出。後世的人們為了紀念這個奇蹟，就將這口泉水稱為劍井。由於鄭成功被稱為國姓爺，這口井有時也被叫做國姓井。

當年，鄭芝龍在東南沿海和日本影響力很大，鄭成功利用父親留下的這些人脈關係和社會資本，建構了一個龐大的貿易帝國。特別是在他進入臺灣之後，更是進一步拓寬了貿易的範圍和管道。不僅促進了臺灣的對外交流和當地經濟的發展，還解決了一大部分人的就業問題。

所以說，鄭成功在臺灣推行的一些措施還是很得人心的。此外，鄭成功做為打敗西方殖民者，收復臺灣的民族英雄，受到了兩岸人民的敬仰。特別是在臺灣，鄭成功推行農桑經濟，施行屯田政策，促進經濟的發展，保護了當地百姓的平安。而鄭成功帶來的鄭家軍則為臺灣的開發和發展提供了力量。為此，鄭成功死後，臺灣人民十分懷念這位英雄，也不斷地神化這位英雄，不僅建造廟宇祭拜，還尊他為「開臺聖王」。

開漳聖王 陳元光

唐代武將聖王公

對於一些英雄人物，人們一般都會把他們當作神仙來拜祭。由於這類人物在生前做出了很大的貢獻，可以做為榜樣供人學習，所以帝王們對百姓的這種緬懷行為也很贊同。不僅承認這種神仙英雄，還賜予廟宇和封號。在道教的神仙譜系中，這樣的神仙有很多，本文的主角開漳聖王陳元光就是其中的一位。

陳元光其人

陳元光，字廷炬，號龍湖，祖籍是河南固始人。他自小就非常聰明，博覽群書，過目不忘。在諸多詩書中，陳元光最喜歡讀《太公韜略》，這可是一本謀略之書，足見他很有抱負。陳元光十三歲的時候參加武舉考試，獲得了第一名。

在中國福建的最南邊有一座號稱「四時有不謝之花，八節盡長春之意」的美麗城市漳州。這是一座古老的城市，早在秦始皇統一六國之時，就已經是中國版圖的一部分了，歸閩中郡管轄。到了漢朝，以梁山為界，漳州被分為了兩部分，北邊的屬於閩越國，南邊的屬於南海國。

到隋朝的時候，開始實行縣制的方式。隋朝滅亡之後，閩南的一些少數民族首領趁中原內亂，自立為王。唐朝建立之後，閩粵一帶的少數民族更是經常聯手反抗唐王朝的統治。為此，唐高宗任命陳元光的父親陳政為大將軍，入閩平定叛亂。

由於唐朝軍隊訓練有素，武器裝備精良，叛亂的少數民族很快被鎮壓了下來。陳政因為積勞成疾，死在了任上。父親死後，陳元光成為了新一任將軍。皇帝感念陳政「鞠躬盡瘁，死而後已」的精神，特加封他的兒子陳元光為左郎將，詔封嶺南行軍總管。

陳元光上任後，給當時的皇帝武則天上書，請求朝廷批准在漳州地區建立州縣，教化百姓，大興教育，淳化民風。武則天很贊同陳元光的建議，同意建立漳州，並由陳元光擔任漳州刺史，同時兼任漳浦縣縣令。

就這樣，陳元光開始教化百姓，興修水利，開辦學校，將中原地區的文化帶到了漳州地區。一時之間，漳州一帶民眾安居樂業，各民族百姓和平共處。可惜這樣的好景僅過了幾年，閩粵地區的一些少數民族又一次發起叛亂。陳元光身先士卒，率領騎兵去偷襲敵軍，因為後續部隊沒有及時趕到，兵敗被殺。

陳元光的神化和信仰的普及

陳元光在世的時候，對漳州地區的管理規範有序，各族人民安居樂業。陳元光死後，他的兒子繼承職位，繼續管理漳州地區。朝廷為了表彰陳元光的功德，加封他為「豹韜衛鎮軍大將軍」、「臨漳侯」，謚號「忠毅文慧」。

民間的百姓十分懷念這位好官，為陳元光建造了祠堂，定期拜祭。由於當地很多的人都受過陳元光的恩惠，一時之間，祭祀陳元光的人越來越多。當朝皇帝聽說後，覺得這樣的好官應該被當作榜樣樹立起來，於是又加封陳元光為「靈著順應昭烈廣濟王」。

宋朝時，國力羸弱，將帥無能，皇帝為了振奮將軍們的鬥志，搬出唐朝的陳元光，將其加封為「開漳主聖王」，賜廟「威惠廟」。明朝時加封為「威惠開漳聖王」，從此之後，所有祭祀陳元光的廟宇多稱為「威惠廟」。目前，在漳州地區的威惠廟就有近百座。在每年陳元光的祭日和生辰之日是漳州城最熱鬧的時候，全城的百姓都出來紀念開漳聖王，可謂是「萬人空巷」。

漳州距離臺灣和東南亞比較近，這裡的人經常出海進行貿易往來。後來，漳州人進入臺灣，在他們的推動下，開漳聖王的信仰開始在臺灣地區落地生根。開漳聖王陳元光成為了臺灣婦孺皆知的神仙，與開臺聖王鄭成功並駕齊名。

閩臺地區的漳州人除了信奉陳元光之外，通常還會在威惠廟的配殿中供奉輔順、輔顯、輔義、輔信四位將軍。其中的輔順將軍曾是陳元光的先鋒將軍，叫做馬仁，又稱為馬公。此人不但文武雙全，還精通醫術。

在一次戰役中，這位先鋒將軍不幸身首異處，但令人稱奇的是，他並沒有從馬背上掉落下來，而是由戰馬馱回到了軍營。當地的百姓覺得不可思議，又感念馬將軍曾經治病救人，就給他建立了祠堂。宋朝皇帝還加封這位忠勇可嘉的馬將軍為「撫順將軍」。其他幾位將軍也都是跟著陳元光征戰多年的部下，當地百姓普遍受過恩惠，在他們死後都被供奉在威惠廟。陳元光被百姓神化之後，他的祖母、父親、夫人和女兒全都被神化，組成了一個龐大的陳氏神團。

第五章

從凡人到「真人」的先師們

南華真人

莊子

得道成仙的南華真人

道教中神仙的來源有很多，有的來源於佛教神仙的本土化，有的來源於民俗神仙，有的來源於鬼神玄術，還有一類神仙是實實在在的人。只因為他們在活著的時候做了一些和「道」有關的研究，也被道教吸納到了自己的神仙譜系之中，比較著名的有許真君、王重陽、丘處機等人。倘若有一天時光穿梭機把這些逝去的先人帶回來，看到自己被供奉在高高的神壇上，不知道會做何感想。下面，我們要解密的主角就是一位生前研究「道」，死後成為一代真人的莊子。

莊子和他的道家學說

莊周，又稱莊子，字子休，籍貫是安徽蒙城，他是繼老子之後中國道家學說上成就最大的一個人。雖說莊子最後也成為了一代真人，但是後世的道徒們並沒有杜撰或者神化他的出生和死亡。莊子生在普通人家，曾做過漆園裡的一個小官，生活很貧困，卻屢次拒絕楚威王的重金聘請。

話說有一日，莊子在河邊釣魚，楚威王的兩個說客來了，再次勸說他進朝為官。莊子也不說拒絕的話，而是給他們講了一個典故：「我聽說楚國有個神龜，死的時候已經有幾千歲了，楚王把牠的屍體放在精美的盒子裡，盒子上面還覆蓋著錦緞。我想請問兩位，神龜是願意被楚王供奉，每日聞香火味呢？還是願意搖擺著尾巴在泥潭裡玩耍呢？」

兩位說客都說願意搖擺著尾巴在泥潭裡玩耍，莊子點頭，得意地看著兩個上鉤的「魚」：「兩位還是回去吧！你們可以轉告楚王，我願意擺著尾巴在泥潭裡玩耍。」

「知魚之樂」的典故也是關於莊子的。一次，莊子在和惠子泛舟遊玩時感慨地說：「魚多幸福啊！每天這麼自由。」

惠子的辯證精神來了：「你又不是魚，怎麼知道魚過得很幸福？」

莊子反駁道：「你又不是我，你怎麼知道我不知道魚的幸福。」

由這兩個故事可以看出莊子的核心思想，那就是「天道無為」。在亂世之中，明哲保身是正確的，但有時莊子不免顯得有些古板了。他和弟子外出遊歷，看見一棵千年古樹，弟子很奇怪地問伐木者：「這樹長得如此茂盛，為什麼不被人所用呢？」

伐木者說：「如果把它做成船，船身就會沉下去；如果把它做成門框或是窗戶，很快就會腐爛；如果用來做柱子，就會被蟲蛀。」

弟子聽了，說道：「這棵樹白白長了這麼多年，毫無用處。」

莊子卻不這樣認為，他說：「這樹因為無用而得以頤養天年，這有什麼不好的呢？如果有用，就要斷送性命，看來還是無用比較好啊！」

弟子聽了，當即領悟了莊子「無為」的核心思想。

由於莊子特別喜歡老子寫的《道德經》，每日都會誦讀一遍，加上當時百家爭鳴的文學氛圍，莊子寫下了很多傳世的名作，其中《逍遙遊》一文成為了傳誦千古的名篇。莊子的這些著作被後世的學者編進了《南華真集》，流傳後世。莊子主張「清靜無為、天人合一」的哲學觀，與老子所宣導的道家思想一脈相承，人們就將他和老子合稱為「老莊」。

莊周夢蝶和擊缶而歌

為了凸顯莊子的與眾不同，後人就編出了莊周夢蝶和擊缶而歌的故事，來說明他的神奇。據傳，莊子非常聰明，老子就把他收為關門弟子，親自教導。有一天，莊子在床榻上休息時，不知怎的忽然覺得自己來到了河邊，這裡青草遍地，鮮花芬芳，令人心曠神怡。他走著走著，覺得累了，便躺到樹下睡了起來。這時莊子發現自己變成了一隻蝴蝶，追隨著同伴，翩翩飛舞。突然一陣風起，隨著沙塵飛揚，莊子努力睜開雙眼。他吃驚地看到，自己的身體依然臥在床榻上，那可愛的蝴蝶卻不知哪裡去了。

此時的莊子百思不得其解，他不知道是自己夢見了蝴蝶，還是蝴蝶夢見了自己。

後來，他把夢境告訴給了老子。老子說：「你的前世是一隻自由翱翔的白蝴蝶，只因為你私自到蟠桃園中採蜜，王母娘娘一怒之下讓青鳥將你啄死。由於你沾染了蟠桃樹的靈氣，所以轉世成為了人。」弄清楚了自己的前世之後，莊子對道家玄術更加癡迷。莊子每日研讀

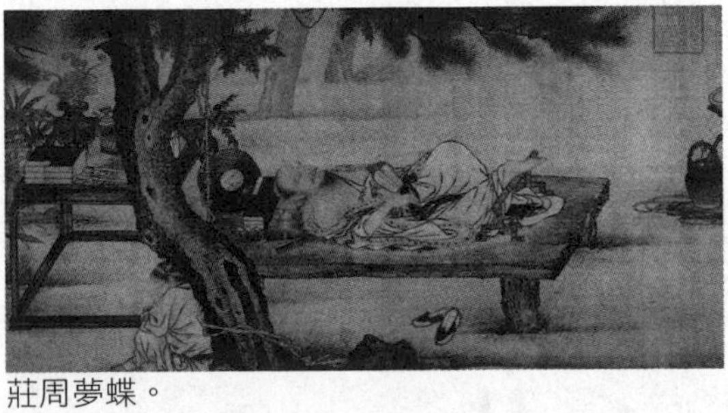

莊周夢蝶。

一遍《道德經》，一段時間之後，他竟能夠出神入化、分身隱形，身體也變得比以前更為輕盈了。

莊子的妻子去世時，朋友惠子怕他想不開，做出什麼不好的事情來，在得知消息的第一時間就來到莊子家。可是令他吃驚的是，莊子竟然在鼓盆而歌。

惠子問他：「嫂夫人生前和你吵架了？」

「沒有啊！」

「那你不愛她了？」

「你為什麼這麼問啊？」莊子很疑惑，絲毫不覺得自己行為有什麼不對勁的地方。

「既沒有吵架，也沒有感情變淡，那你為什麼在她剛過世就這麼大肆慶祝，你也太不近人情了吧！」

莊子哈哈大笑：「惠子，你怎麼變得這麼笨啊！人死了之後，多輕鬆自在，沒有束縛，不用為瑣事煩擾，這本來就是一件值得慶賀的事情，我當然要為娘子感到高興了。」

把妻子安葬後，莊子開始雲遊四海。後來在恩師老子的提攜之下，莊子榮登仙班，玉帝任命他為太極韋編郎。人間的帝王對莊子也是尊崇有加，唐玄宗封他為「南華真人」，宋徽宗封他為「微妙元通真君」。

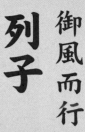

御風而行列子

未脫俗卻最終成神

列子是繼老子、莊子之後道家學說的又一個代表人物。在道教的神仙譜系中，他與南華真人莊子、通玄真人文子、洞靈真人亢倉子並稱為「道教四大真人」。

列子拜師

列子，名寇，又名禦寇，是戰國時期鄭國人，籍貫是今天的河南鄭州。列子雖說學問頗深，但是對功名利祿、出相拜將並不熱衷。他的一生都在致力於追求一種完美的道德境界，可以說是中國道德學的最早研究者。列子的思想傳承於老莊，主張清靜無為。對於有學問的人，列子都會虛心請教，他先後師從關尹子、壺丘子、老商氏、支伯高子等著名道士。關於列子和他的老師壺丘子之間還有一段極具傳奇色彩的故事。

列子除了鑽研道德學說之外，對道家的玄術也很感興趣。一天，他在鬧市中遇到卦師季咸，此人能掐會算，而且說得很準。等到人群散去後，列子就上前和季咸交談，並相約第二天繼續見面。

列子回來後，和老師壺丘子說自己剛才遇到了一個叫做季咸的神人，並把季咸如何了得添油加醋地說了一遍。壺丘子聽後，淡淡地說了一句：「明天請他來給我相相面吧。」

第二天，季咸在列子的邀請下給壺丘子算命。季咸對列子說：「你老師恐怕活不過十天了。」列子一聽就急得哇哇大哭，邊哭邊請求季咸救老師一命。季咸招架不住列子的哭訴，只好答應了。

等季咸走後，壺丘子對列子說：「你不必擔心，他大概是看到了閉塞住生機的我了，明天你再帶他來看看吧！」

第三天，季咸來到壺丘子的住處。他算過之後對列子說：「你的老師遇上我，就是遇上貴人了，我現在已經有了救他的辦法。」列子一聽，慌忙感謝。

送走了季咸，壺丘子對列子說：「他大概看到了我生機微露，所以才這樣說，明天你再叫他來看看。」

第四天，列子把季咸帶來見壺丘子。看了半天之後，季咸羞愧地說：「你老師氣色不定，我現在也拿捏不準情況了。」

列子進屋，把話告訴給老師。壺丘子說：「我剛才顯示給他看的是一種太虛的境界，這種境界無所洩露，沒有徵兆，不可察覺。」

第五天，列子又把季咸帶來見壺丘子。這次季咸進去還沒站穩腳跟就慌忙地逃跑了。

壺丘子說：「快追。」列子追不上，回來向壺丘子報告：「不見了，已經跑掉了，我追不上。」

壺丘子說：「剛才我展示給他的是虛無縹緲、如夢如幻之象，他絲毫看不出我的本源，所以才要逃走啊！」

話說到這裡，列子才明白，自己的老師才是最厲害的。從此之後，列子跟著壺丘子老老實實做學問。三年之後，列子學有所成，又師從關尹子、老商氏，最終得到了真傳。

列子在鄭國隱居四十年苦修學問，由於沒有正式的工作，一家人經常吃了上頓沒下頓。當時鄭國的宰相子陽聽說大學問家列子日子過得很艱苦，覺得臉上掛不住，就派人給列子送去了錢糧。

令人意想不到的是，這位肚子餓得咕咕叫的大學問家竟然將子陽贈送的東西悉數退還。列子的妻子很生氣，忙問這是為什麼。列子笑著說：「他送我錢糧並不是因為他真正想幫我，而是覺得自己顏面上過不去。他今天可以因為面子問題贈我東西，日後也能以同樣的原因殺掉我，我何必跟他有往來呢？」一年後鄭國發生變亂，子陽被殺，其黨眾多被株連致死，唯有列子倖免於難。

列子成仙

列子隱居民間，筆耕不輟，將自己對道的全部認識寫成了《列子》一書。這本書是列子道教思想的濃縮和精華，後來被道教奉為經典。相傳，列子在悟道之後，能夠御風而行，常在春天乘風雲遊四海。他駕風行到哪裡，哪裡就枯木逢春，重現生機。天寶元年（739年），唐玄宗李隆基封列子為沖虛真人。到了宋真宗的時候，列子被封為「致虛觀妙真君」，所著的《列子》一書也更名為《沖虛至德真經》。

酒神
杜康
坐享其成只因有曹操這個粉絲

「慨當以慷，憂思難忘。何以解憂，唯有杜康。」曹孟德的這首詩讓杜康酒一下子成為了中國歷史名酒。也是託曹孟德的福，杜康被奉為酒神和中國釀酒業鼻祖。

歷史原型：夏朝第五代君王

杜康，又名少康，是夏王啟的第五代子孫。當時，后羿作亂，一把火把夏朝的皇宮給燒了。七年後，寒浞殺后羿篡位，並追殺夏王相。相死時妻子後緡時正懷孕，被迫逃回有仍氏，生下相的遺腹子杜康。

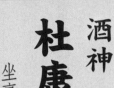

一次，年少的杜康為了避開敵人的圍追堵截，在隨從的護送下晚上趕路，白天休息，越走離首都越遠。他們來到汝陽，發現沒有官兵追捕了，才放慢腳步，找了個地方歇息。村裡的人聽說來的是夏王的兒子，很熱情地接待了這群人。

由於連夜趕路，再加上這段時間擔驚受怕，吃得也不怎麼好，一到汝陽杜康就病倒了。隨從們請來了當地的醫生，他們也不知道如何是好。杜康越來越虛弱，大家都覺得他剩下的時間不多了。杜康看到周圍的人因為自己的病吃不下飯睡不好覺，很過意不去，就趁人不注意，偷偷來到一片桑樹林中，想在那裡結束自己的生命。

他靠著一棵老桑樹坐到地上，恍惚之間摸到了一股水流，就把手指放到嘴中，誰知一嚐竟然清甜可口，感覺精氣神好了許多。杜康低頭一看，發現這股清流是從桑樹裡面流出來的。他心想，既然這麼好喝，那我就多喝一點，反正我也命不久矣。喝飽之後，杜康驚奇地發現自己像是脫胎換骨一般，渾身充滿了力量，之前那種頭重腳輕的感覺全都消失了。這時，從桑樹中流出的水上面顯現出一行字，「宦海無望兮莫強求，造福民間兮樂千家。」杜康認為這是神仙在給自己指點迷津，就跪在桑樹面前叩拜起來。

樹林外的人都在為杜康擔心，突然間一個活碰亂跳的杜康站在了大家面前。眾人很不解，杜康笑著說：「我得到了神仙欽賜的玉露瓊漿，所以不藥而癒。」隨後，他和眾人一起回到了村裡。

轉危為安的杜康一直在思索「宦海無望兮莫強求，造福民間兮樂千家」這兩句話。很明顯，神仙是要自己放棄功名利祿，專心做一些有利於百姓的事。

杜康心想：「既然這樣，那我就專心研究一下那玉露瓊漿是怎麼來的，讓那些窮苦的百姓喝了之後也可以不藥而癒。」

第二天，杜康又來到了這棵桑樹旁邊，卻發現它已經枯死。杜康爬上去一看，桑樹的樹幹已經中空，裡面有些許的糧食殘渣，並且有一種糧食發酵產生的味道。杜康很小就聽人說過，如果把糧食放在一個密閉的容器內久了，就會產生一種特殊的味道。想到這裡，他趕緊返回住所，取一些糧食放到桑樹的樹洞中，然後每天來觀察這些糧食有沒有發生什麼變化。終於有一天，杜康發現放進去的這些糧食有了一些異樣的味道，雖然和之前自己聞到的那種味道不一樣，但已經接近。杜康很高興，繼續思考如何才能釀造出同樣味道的瓊漿出來。

這一次，他帶了一些新鮮的高粱放到樹洞中，並加入了一些水，然後將樹洞密封了起來。過了半個月之後，杜康打開洞口，迎面撲來一股沁人心脾的香氣，他用手指蘸一下汁液放到嘴中品嚐，和之前的味道一模一樣。杜康很開心，立刻找來一個容器來盛，拿出去讓大家分享。眾人喝了之後，都覺得味道很好。

後來，虞城的庖正聽說杜康有這種本領，便親自來拜訪。他發現杜康長得一表人才，就把自己的女兒嫁給了他。杜康透過自己的獨門手藝——釀酒，和周圍的百姓以及部落首領建立了很好的關係。後來，杜康的實力越來越壯大，就帶人直奔都城和竊國者寒浞決一雌雄，頗得人心的杜康最終取得了勝利，恢復了夏朝的統治。

杜康與劉伶

功成名就之後，杜康就把皇位傳給了兒子，重新回到民間釀酒。由於他釀的酒很特別，每天買酒人越來越多。沒過多久，杜康釀酒的事情就傳到了玉帝的耳朵裡。他讓身邊的一個童子下凡，買幾罈杜康釀的酒品嚐一下。玉帝喝過之後，十分開心，就讓杜康上天來做神仙，專門為自己釀酒。

杜康推辭說，等自己把這一技藝傳給他人之後，再上天庭也不遲。玉帝聽後很不爽，讓你成仙都不願意，那你就繼續做凡人吧！心情不高興，玉帝就找人來出氣，那個童子自然就成了他發洩怨氣的替罪羊，被貶下人間。

王母娘娘深知玉帝的想法，也知道他離不開那個童子，就偷偷讓杜康成了仙。杜康來到天庭之後，每天都要釀造數十罈酒。喝到酒之後的玉帝心情大好，不由得想起了那個倒楣的童子。王母娘娘見狀，告訴玉帝，之前的童子現在已是竹林七賢的劉伶，嗜好飲酒，不如派杜康前去點化，讓他回歸天庭，玉帝點頭應允。

重新下凡的杜康化身成凡人，繼續釀酒。這天，聞到酒味的劉伶進入店中，想要嚐下美酒，杜康說：「我這酒很烈，怕你禁不住。」

劉伶說：「我最喜歡喝烈酒了，你儘管上吧。我今天給你寫下字據，如果我有任何的閃失，跟你沒有任何關係。」說著，就寫下了「遊春過酒店，求來酒一罈，劉伶若醉死，主人不相干」幾句話。杜康收下字據，給劉伶上了一罈烈酒。

貪杯的劉伶不自覺地就喝多了，等他意識到喝醉的時候，一起身便癱倒在地。杜康找了幾個人把劉伶送回家中，過了好幾天，他都沒有醒過來。周圍的鄰居說劉伶肯定是死了，他的妻子聽後就傷心地將其葬了。

三年之後的一天，杜康扮成老翁來到劉伶的家

劉伶。

門前，對劉伶的妻子說：「三年前劉伶喝酒沒有給酒錢，現在我是來討要酒錢的。」劉伶的妻子氣呼呼地說：「你今天還敢自己上門來，你害了我相公，看我不拉你去見官！」

杜康忙說：「你丈夫當日立下字據，酒後任何事都與我無關，妳看，字據在此。」劉伶妻子一看果然是相公的筆跡，越想越氣，就坐在地上哭了起來。

杜康說：「妳丈夫根本就沒有死，只是醉過去了而已，不信妳可以挖開棺木一看。」劉伶的妻子聽後，立刻帶著眾人前去挖墳，打開棺木之後，劉伶果然甦醒過來，眾人無不驚奇。

只見這時，一束紫光從天而降，劉伶和杜康都不見了蹤影。等眾人抬頭看時，只見杜康和劉伶站在雲端向眾人招手。杜康開口說：「我乃杜康，前來渡化劉伶。」很快，兩人就不見了蹤影。眾人這才知道，原來那位老翁是造酒的杜康。

後來一傳十十傳百，大家都知道杜康成了神仙。徒弟們為了紀念自己的師父，就給酒取名為杜康酒。後來曹孟德寫下了《短歌行》，杜康酒更是名聲大振。加上杜康已經成仙的故事被百姓四處傳誦，杜康也就成了中國的酒神。

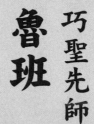

巧聖先師
魯班
春秋時期民間著名的木匠

魯班是中國古代的一位出色的發明家，兩千多年以來，他的名字和有關他的故事，一直在民間廣為流傳。魯班不僅被土木工匠們尊稱為祖師，在道教的神仙譜系中也佔有一席之地。

魯班其人

魯班，原名叫做公輸般，有時也叫公輸子，出生在魯國一個工匠家中。他出生的那一年，家鄉山東曲阜已經一年多沒有下雨了。這年的五月七日，大家聚集在一起商量著怎麼出去逃難，只聽見一聲驚雷，天上突然想下起了瓢潑大雨。大雨從早上一直持續到下午，乾涸的土地和河流得到了滋養，全都恢復了生機。也正是在此時，村莊上空響起了嬰兒的哭聲，原來魯班來到了這個世界。由於這個孩子一出生就給當地人帶來了福音，所以大家都很喜歡他。

魯班從小就跟著父親做木工，做出來的家具不僅美觀，而且總會做出一些不一樣的花樣，很受周圍人的喜歡。慢慢地，他的名氣在方圓百里之內逐漸傳開了，找魯班來做工的人越來越多。父親並不想讓兒子做這一行，就找個藉口把魯班送到孔子那裡去學習。因為是同鄉，孔子沒有收魯班的學費，只是先讓他來試學一下。

上了學堂之後，魯班雖說不調皮搗蛋，但是對孔老先生每天唸的那些「之乎者也」的確沒有什麼興趣，所以整天打瞌睡。而孔子是一位有仁德、懂得因材施教的老師，對魯班天天睡覺這件事很鬱悶，便不斷反思是不是自己教得不夠好。但是反思許久也沒有覺得自己哪裡不好，因為其他學生都很認真。

於是，孔子就找魯班單獨進行談話，問他有什麼志向。魯班直截了當地告訴孔子：「我想當木工，不想讀書！」既然沒有興趣，那就不勉強，孔子讓魯班回家了。他擔心魯班受到責罰，還專門把魯班的父親叫來輸入一些觀念。父親這才同意魯班入木工行。

巧奪天工傳於世

回到家以後，魯班的父親語重心長地說：「既然你鐵定了心進入這一行，那我就不阻攔你了。你雖然跟著我學了點本事，但基礎不牢，還得另拜名師。」魯班愉快地接受了父親的建議，前往終南山學藝。

魯班見到師父後，先是規規矩矩地行禮，然後介紹自己的身分和來意。師父說：「你拿著這把斧頭到山裡把那一棵最粗的樹砍倒。」魯班按照師父的要求去山裡砍樹，一連砍了二十幾天才把樹砍倒。

師父一聽魯班已經把樹砍倒了就說：「你先把那棵樹鋸成三段，然後再刨光。」魯班再次進山，大半個月過去了，這項任務終於完成了。魯班心想，師父這下該教自己真本領了，就滿懷期待去見師父。

師父說：「你把山裡那棟房子拆了，然後再蓋好。」這個任務量有點大，魯班一連忙碌了三個多月。三個月後，魯班去見師父，師父說：「你可以下山了。」

魯班以為是自己哪裡做的不好，師父不教自己了。就趕緊解釋說：「師父，我還什麼都沒學，您不要趕我下山，教教我吧！我是真的想學藝！」

師父說：「你現在已經具備了木工的本事，可以出師了。孩子，好好做，以後會有前途的。」魯班半信半疑地下山了。

回到家後，父親讓魯班跟自己一起去給縣官修房子。在縣官的府內，魯班仔細觀察房子的結構，提出了最省力的辦法，不到兩天就把房子修好了。縣太爺很滿意，不停地誇讚魯班。本來就小有名氣，又被縣太爺誇了一番，自然是名聲大震，慕名前來找魯班做工的人越來越多。

有一天，魯國的國君找到魯班，讓他在三年之內給自己建一座宮殿。要知道，當時的生產力和生產工具都十分落後，僅僅這座宮殿所需的木料，魯班等工匠到山上砍上三年也完成不了任務。但國君說出去的話就是聖旨，是不能夠違背的。接了命令之後，魯班帶著一幫人沒日沒夜地趕進度。

這天，魯班起早抄小路上山去砍木材，不小心被一棵小草劃傷了手。魯班想，一棵草怎麼會有這麼大的力量，可以把人的手劃破。心細的魯班蹲下來仔細觀看，發現這棵小草的葉子兩邊都長著鋒利的小細齒，握緊一拽，手掌就會被劃破。

魯班又試著用茅草在他的手指上拉了一下，果然又劃開一道血口。魯班接著觀察到蝗蟲的牙齒也排列著許多小細齒，不由得激發了靈感：「如果仿照草和蝗蟲的細齒，做一件邊緣帶有齒的工具來鋸樹，豈不比斧砍更快、更好嗎？」

於是他畫出草圖，找到當地最好的鐵匠，讓他按照草圖打造一種帶齒的工具。有了這個工具之後，魯班的工作效率有了很大的提升，按期完成了任務。他發明的這個工具就是木工在做活時經常會使用的鋸。魯班的發明還不止於此，他做了一隻木鳶，在空中連飛三天三夜都沒有掉下來。他還製造了木製馬車，用木頭人來駕馭。

不幸的是，魯班的傑出才能使父母成為了受害者。他的父親騎上魯班發明的木鳶，飛到了蘇州，當地人見到由天上降下個人來，以為是妖怪，便將魯班的父親給活活打死了。他的母親，因為坐上了兒子的木製馬車，不見了蹤影。

魯班成仙

魯班真正被神化是在唐朝的時候開始的，這個時候的魯班已不再是當初那個製作家具的木匠，而是一個建築的專家了。用行話說就是資深工程師，工作的內容和範圍也擴大了。在唐朝眾多關於魯班的神話傳說中，最有名的是趙州橋的故事。

趙州橋是隋朝工匠李春的得意之作，本不關魯班什麼事，可是就因為兩位神仙，魯班就和這座橋有了關係。這兩位神仙就是張果老和柴進。

當時，張果老聽說趙州橋很結實，就想試一試，便邀請柴王爺和自己一起過橋。

這天天氣很好，風輕雲淡，張果老騎著毛驢慢悠悠地走上了趙州橋，驢子身上馱著一個袋子，袋子裡裝著太陽和月亮。柴進王爺推著獨輪車緊隨其後，車子裡裝著五嶽名山。兩人一上橋，橋就開始吱吱地叫起來，他們攜帶的東西何其重，眼看趙州橋就要壓斷了。這個時候，魯班「嗖」一下飛到橋底下，用自己的雙臂支撐起整座大橋。就這樣，趙州橋順利通過了測試。

唐朝時關於魯班的傳說實在是太多了，這只是其中一個。後來有傳說西安大雁塔、太原雙塔等都是魯班的作品，熟悉歷史的人都知道這只是一種杜撰。

魯班之所以能夠在唐朝再度紅起來，主要是得益於唐朝時行會制度的普遍發展。當時商品經濟發展迅速，社會分工也很成熟，各行各業都想給自己找一個名氣大一點的祖師爺。魯班就這樣被木、石、建築行業共推為祖師爺，定時祭拜。

到明朝的時候，北京地區已經開始專門建造廟宇供奉魯班，後來其他地區也爭相建起魯班廟。魯班廟的正中間供奉的是魯班的神像，每當這幾個行業的師父要收徒弟時，就會到祖師爺的廟裡先行祭拜然後再收徒。

後來各地逐漸把魯班的生辰也就是每年的五月初七定為魯班節。香港則是把每年的六月十六定為魯班節，這一天，這幾個行業的從業人員都會到祖師廟去祭拜，以保自己全年平安。

成為神仙的魯班，一般以和善忠厚、衣衫破舊、四處奔波的工匠形象出現在人們的面前。現今在大陸地區也只有一座魯班廟，座落於天津薊縣，感興趣的朋友可以前去參觀拜祭。

豆腐發明者 劉安

一人得道，雞犬升天的淮南王

在道教諸多神仙的故事中，能夠被概括為「一人得道雞犬升天」的只有兩個人，一個是淨明教主許遜，另外一個是漢武帝的叔叔淮南王劉安。

劉安：一個落寞的王子

第一任淮南王是劉邦第七子劉長。由於長期得不到父母的關愛，劉長的心理有些扭曲，經常做出一些出格的事情。文帝繼位後沒多久，劉長便起兵謀反。兵敗後，文帝不忍心殺害他，就將他發配到了四川。劉長深知成者為王敗者為寇的道理，在前往四川的路上絕食自盡了。文帝對劉長的死深感愧疚，就將原來的淮南國一分為三，賜給劉長的三個兒子。長子劉安繼承父親的王位，成為了第二任淮南王，他的兩個弟弟一個被封為衡山王，一個被封為廬江王。

在仇恨中長大的人心理多少都有點陰暗，但是喜讀詩書的劉安比他的父親要聰明，他懂得隱忍。劉安雖說是世家貴胄，卻沒有一點紈綺子弟的不良習慣。他不喜好聲色犬馬的奢靡生活，只是醉心於黃老之術。劉安的心理沒有多少人能夠體會得到，因為是謀逆之臣的兒子，皇家對他並不信任，朝中的官員也是敬而遠之，被孤立的劉安只好以黃老之術表明自己沒有野心。

其實，劉安一直在暗中積蓄力量。他招收門客數千人，經常談論治國強兵之道。為了掩人耳目，劉安組織門客編纂了《淮南子》一書，詳細闡釋了自己對老莊學說的看法和見解，主張沿襲高祖皇帝的治國之道。

在自己的封國裡，劉安制訂了一些輕刑薄賦、鼓勵生產的政策，他善用人才，體恤百姓，使淮南國出現了國泰民安的景象。漢武帝即位後，改變了治國方針，開始罷黜百家，獨尊儒術。他雖然十分欣賞劉安的才情，但對其推崇的「無為而治」的道家學說卻極為不滿。對於劉安來說，父親劉長的死是心中難以解開的一個「死結」，遲早會向皇帝討回公道。就這樣，兩人結下了怨恨。

在劉安招募的數千門客中，雷被是一位劍藝精湛的劍客。一次，他在與淮南王太子劉遷比試中，失手擊中了劉遷。劉遷很生氣，不停地在父親面前詆毀雷被，雷被也知道自己得罪了太子肯定會遭到責罰，就請求淮南王劉安同意自己去前線打仗。

淮南王覺得雷被這一舉動很可疑，不僅沒有同意他的請求，還罷免了他所有的職務。雷被一怒之下找到了漢武帝，狀告淮南王劉安和太子劉遷圖謀不軌，陰謀篡位。漢武帝剛開始不信，後來又有一個人來告狀，這下漢武帝就不得不信了，因為他是淮南王的孫子劉建。

劉建的父親劉不害因為是庶出，很少得到淮南王的寵愛，長期心存怨言。此時，他那個「沒長腦袋」的兒子劉建，竟然也跑到了長安城告起狀來。幼稚的劉建幻想借漢武帝的手除掉劉遷，讓自己的父親當淮南王的太子，沒想到卻把自己的爺爺送上了黃泉路。

一人得道，雞犬升天

當初劉安招攬門客的時候，曾經有八個人來到王府，求見淮南王。

守門人問：「我家王爺招攬各地人才，請問你們有什麼法術呢？」

八人之中的一個人說道：「你看我的相貌，有什麼特點？」

守門人說：「彎腰駝背，面色黃黑，身形枯瘦。」

那人聽罷微微一笑，一邊轉身一邊說道：「你再看！」言罷變成了一個相貌清秀的童子。

守門人見狀，知道是高人降臨，如實稟報給了淮南王，淮南王聞聽急忙出來迎接，厚禮相待，稱他們為「八公」。

淮南王謙恭地請求說：「懇請上仙傳授弟子成仙得道之術。」

這幾個人對淮南王言道：「我們八個人，各有神通。有的精通劍術，武藝超群；有的能使樹木長青，讓人長生不老；有人能呼風喚雨，使日月倒轉；有的人能役使鬼神，使河流逆流；有的人能水火不侵，變化多端。我們知你有慧根，品德高尚，是特地來教授你的。」

淮南王聞聽此言，喜不自勝，從此跟著八公專心學道，並日夜煉製長生不老的丹藥。

丹藥煉成那天，劉安非常高興，心想自己不但可以長生不老，以後還能做萬年皇帝。「八公」中的一個人笑著說：「皇帝已經派軍隊將你這裡圍的水洩不通，你就不要想著當皇帝了，還是和我們一塊上天做神仙吧！」劉安聽後急忙吞下丹藥，和「八公」一起飛上了天。家裡的人看到淮南王成仙了，紛紛吞下丹爐裡的丹藥，由於人多擁擠，不小心把丹爐給打翻了，那些吃了丹藥渣的雞、鴨、鵝也都成了仙。

成仙之後的劉安以為自己在人間是王公大臣，地位顯赫，對天庭中的眾神很不友善。這些神仙紛紛向玉帝上書，要求廢了劉安的仙位，後來「八公」出來求情，劉安保住了仙位，但被罰看守廁所三年。

漢武帝聽說劉安成仙了，很羨慕，從此也愛上了黃老之術。

《淮南子》的科學價值

在歷史上，劉安雖說是一位謀逆之臣，他編纂《淮南子》的目的只是想遮掩造反的野心，但這絲毫沒有影響到《淮南子》的價值。梁啟超曾經稱讚《淮南子》為「漢人著述中第一流」，可見其影響之遠，地位之高。

《淮南子》一書在漢武帝時期被當作是保守派的擋箭牌，所以受到了漢武帝的詬病。拋開政治不談，這本書融合了《老子》、《莊子》，特別是《黃老帛書》等道家名著的思想，是當時社會黃老之學的集大成著作。劉安在書中寫下了自己對「道」、「天人」、「形神」等問題的獨到見解，還提出了「元氣論」和「宇宙生成論」，開創了天文學研究的先河，推動了中國哲學的發展和進步。

第一代天師
張陵
道教的真正首領

在《水滸傳》的第一回「張天師祈禳瘟疫，洪太尉誤走妖魔」中，張天師未卜先知，得知京城有大瘟疫，就駕雲從江西的龍虎山飛往汴京。在東京做了七天七夜的水陸大法，發放符籙，最後終於禳除瘟疫，百姓得以保全。施耐庵筆下的這位張天師就是本文主角的第二十幾代徒孫。徒孫的法力都這麼高強，那始祖的法力更是了不得了。

五斗米教創始人

張天師，名叫張陵，也就是張道陵，是漢朝名臣張良的第九代傳人，東漢建武十年出生在江蘇省豐縣。張陵的父親是一位賣香油的普通農夫，有一天天下大雨，他回來時由於看不清路面，跌入一個空墓穴而死。這個空墓穴是豐縣一個地主請風水先生選中的，埋葬那天，由於天降大雨，只好重新選取埋葬地。張陵的父親就這樣「侵佔」了別人的風水寶地。據風水先生介紹，張陵父親所埋的這塊地是一塊絕陰之地，又稱為天門穴，埋在此處可以保子孫興旺。

張陵是在父親死後不久出生的。在此之前，他的母親夢見自己得到神仙贈送的蘅薇香草，等張陵呱呱墜地之時，滿屋都瀰漫著香氣，很久都沒有散去。張陵七歲的時候，在路邊遇見一位白髮老人，贈給他一本《道德經》。等到張陵八歲的時候，不僅會背誦《道德經》，還能夠講述它的要義。成年後，張陵長得身材高大魁梧，垂手過膝，博聞強識，通讀百家諸子之學說，成了當地出了名的大儒。

後來朝廷舉賢良方正時，張陵被當地的士紳推薦給了皇帝，漢明帝見此人容貌非常，就讓張陵去巴郡江州也就是今天的重慶做了縣令。當了幾年官之後，張陵發現自己並不能給百姓帶來什麼好處，覺得愧對皇帝的信賴，很苦悶。重慶離四川很近，張陵經常聽說蜀人好教化，境內有很多名山，就決定辭官入川。

張陵來到四川後，選中鶴鳴山做為定居點，在此創立了一個新的教派。由於這個教派規定入教的信徒必須繳納五斗米，所以又被稱為五斗米教。五斗米教的宗旨是教人悔過，用符水幫人治病驅魔。由此，張天師還創造了「三官賜福」的治病贖罪之法，即將病人的名字寫在三張紙上，一張散到空中，一張埋入地下，一張撒入水中。這樣就可以完全消除罪孽，病痛也會不藥而癒。

張陵創立的五斗米教受到了當地百姓的歡迎，拜他為師的人絡繹不絕，五斗米教成為四川地區的一大教派。道教徒們為了表示對張陵的尊重，就尊稱他為張天師。

民間傳統的風俗習慣——驅除厲疫。

進入道教神仙譜系

做為五斗米教的創始人，張陵可以說是這一教派的始祖。為了保證自己所創立的教派可以傳下去，張陵立下了只傳宗親的規矩，於是歷朝歷代五斗米教的掌門人都被稱為「張天師」。不過這個時候的張天師只是一個教派的創始人，除此之外，並沒有什麼特異之處。為了提高祖師爺的地位，後世的信徒編造了各種神話故事，將張天師推上了神壇。

在《歷代神仙通傳》中，張天師並不是肉體凡胎，而是天上的北斗魁星投胎轉世。所以，他在出生的時候能夠自帶香氣。張陵七歲時遇見的白髮老人是神仙河上公，特意前來教化張天師的。為了把張天師塑造成一個仙風道骨的人，道教徒們把他入朝為官的經歷改為：不願入朝為官，於是來到了四川鶴鳴山，在山中修道煉丹。

第一年，丹爐發出紅光把整個丹室照得通紅；第二年，青龍、白虎前來守護丹爐；等到第三年，張天師終於練成了龍虎大丹。煉成此丹時，張天師已經是六十多歲了，服用龍虎大丹後，一下子就年輕了三十多歲，走路生風，滿面紅光。

後來，太上老君下凡，賜給張天師修練秘訣，並贈送經書符篆一千餘冊和兩把雌雄劍，此外還贈送張天師戰袍法器，命他消除人間的惡魔，造福百姓。張天師謹遵太上老君的法旨，率領三萬龍虎兵，將惡魔剷除乾淨。完成任務後，元始天尊規定，所有修道成仙之人，必須先拜見過張天師之後，才能拜見玉皇大帝。

張陵雖說是道教的實際創始人，但他在道教神仙中的地位並不是最高的。在道教的神仙譜系中，張天師的上司有太上老君、玉皇大帝等諸多神仙，他在天界的地位只是一個保護凌霄寶殿的小神而已。與天庭不受重用的情況相反，張天師在民間很受百姓的歡迎和道徒的愛戴。

後來，張天師的徒子徒孫將五斗米教的傳教中心遷到了江西的龍虎山，並在山上建造了上清宮等諸多道觀，龍虎山也成為了道教的第三十二福地。到了元朝時，官方開始承認「天師」這一稱號，並允許世襲。這樣一來，歷朝歷代的掌門人都可以被稱為「張天師」，如今已經傳至第六十四代。

張天師所創立的五斗米教可以驅魔治病，因此在民間就有了張貼天師像的習俗。每逢過年時，百姓們都購買「天師鎮宅」的年畫，貼在家裡保護宅院的平安，在端午節的時候，在門口懸掛天師艾來祛除五毒。

道教體系創立者

葛洪

煉丹師不懈奮鬥的楷模

道教雖說是由張陵所創立，卻是由東晉道士葛洪完善的。做為道教體系的創立者和完善者，葛洪在道學、儒學以及化學、醫學等各個領域都取得了很高的成就。

這樣一位學富五車的人，為何將自己的畢生精力都投入到了丹藥的煉製之中呢？

癡迷煉丹

葛洪，東晉時期著名的郎中，字稚川，自號抱樸子，也稱葛仙翁，江蘇丹容人，是中國最早的免疫醫學研究者。他出生在江南的士族家庭，祖上曾是三國時吳國的御史中丞。在葛洪十三歲那年，他的父親去世了，從此家道中落。當時，葛家不僅請不起僕人，連葛洪讀書寫字用的紙都買不起。為了完成自己的學業，葛洪經常割草去賣，用換來的錢買紙寫字。

為了省錢，晚上學習的時候，他用點燃的柴草來代替蠟燭，有一次颳風起了火災，把葛洪家的書全部燒光了。在這樣困苦的條件下，葛洪繼續賣草買紙，然後跑到很遠的同學家裡借書來抄，在抄書的過程中，他的知識儲備也在不斷增加。等到葛洪十六歲的時候，他已經開始讀《孝經》、《論語》、《詩經》等儒家經典，但是最喜歡的是修仙煉丹的道家黃白之術。

葛洪喜好黃白之術可能和家族遺傳有關，葛洪的祖上有一位叫做葛玄的人，是三國時期著名的方士，同時也是煉丹家左慈的門徒，素有「小仙翁」之稱。葛洪正是葛玄的姪孫。

相傳，有一天葛玄請朋友們吃飯，飯吃到一半的時候，朋友們要求他顯露一點本領給大家看。葛玄禁不住眾位友人的盛情，隨口一吹，竟有數百隻蜜蜂從他的口中飛出。當蜜蜂快要落到諸位朋友的身上時，葛玄深吸一口氣，所有的蜜蜂變成飯粒回到他的口中。

做為煉丹家左慈的得意門生，葛玄的煉丹功底也很深厚。他經常在紫蓋山煉仙丹，在煉丹的時候，不論寒暑，總是光著腳。有一年冬天，天氣異常寒冷，紫蓋山附近村子裡的兩位姑娘在山裡打柴的時候，看到葛玄光著腳，就生了惻隱之心。第二天，她們給葛玄帶了一雙靴子。葛玄成仙得道之後，給兩位姑娘留下一顆仙丹。兩人一人一半吃過之後，頓感渾身輕盈，從此容顏永駐。

在聽說當時著名的煉丹師是葛玄的弟子鄭隱，葛洪就興高采烈地前去拜訪。在師從鄭隱的這段時間，葛洪學習了很多與煉丹修道有關的知識。等到葛洪二十歲的時候，已經是當地有名的儒生。

後來為了生計，他投奔到吳興太守顧秘的手下做了將兵都尉。由於鎮壓叛黨立下軍功，被封為伏波將軍。在仕途打拼的同時，葛洪始終不放棄自己對煉丹修道的追求，在得到鄭隱的真傳之後，他又拜南海太守鮑靚為師。鮑靚擅長占卜和道術，一見葛洪，就知道此人以後定會有一番大的作為。他不僅將畢生所學傾囊傳授，還把女兒鮑姑許配給葛洪為妻。鮑姑精通針灸，很快就成了葛洪治病救人的得力助手。

後來，葛洪解甲還鄉。剛剛建立的東晉政權為了拉攏他，就加封他為關內侯。葛洪不想被功名利祿所牽絆，堅決不接受恩賜。

葛洪晚年不顧眾人的勸說，前往廣東羅浮山採取丹砂煉製仙丹，開創了道教的嶺南聖地。在八十一歲那年，他在羅浮山仙逝。由於葛洪的緣故，羅浮山也成為道教的第七洞天和第三十一福地。當地百姓為了紀念葛洪，就在他煉丹的地方修建了沖虛觀。在沖虛觀內有當年葛洪煉丹時取水的「長生井」，井中的水十分貴重，在過去曾有一斗米換一斗水的說法。

發現治病的青藤

東晉升平年間（西元357～西元361年），葛洪來到江西三清山，他和弟子們在這裡結廬而居，開始修道煉丹。

葛洪和弟子們找來煉丹用的八種原料，分別是丹砂、雄黃、雌黃、雲母、硫磺、空青、戎鹽、硝石。這八種原料被古代煉丹家稱為「八瓊」。在煉丹的時候，有兩個弟子修行尚淺，被毒火攻心，出現了牙痛口臭、全身紅疹和大便秘結的症狀。

葛洪用盡各種方法治療，兩人的症狀仍未好轉。

這一天晚上，葛洪夢到一個金甲天神告訴他說：「山中有蛟龍，龍涎治百病。」

那時候葛洪還不具大神通，聞聽天神之言，俯首言道：「何處有蛟龍，但請明示。葛某一介凡夫，如何降伏蛟龍，得到龍涎呢？」

天神說：「有緣者自得知！」

葛洪再拜：「醫人救命，耽擱不得，但請神明點撥一二。」

「下山南行五、六十里，自有蛟龍出沒！」

第二天，葛洪帶著乾糧下山，按照昨夜天神指引的方向南行。傍晚時分，他來到一個溫潤潮濕的山坳，山坳一側是百丈懸崖，從懸崖上垂下了一條大腿粗細的長藤，長藤身上細枝纏繞，虯曲交錯，菱盾形的綠葉，繁茂興盛。夕陽餘輝照射其上，巨藤神威凜凜。

這時候，一陣山風颳來，巨藤隨風而動，夭矯盤旋，猶如青龍出海。葛洪茅塞頓開：天神所說的蛟龍，不就是這樣的青藤嗎？那麼龍涎也就是青藤的汁液了！

葛洪截下幾節青藤在山間小溪清洗乾淨，不顧辛苦勞累，連夜趕回。他將青藤的液汁擠了出來，讓徒弟喝下。連服幾日後，徒弟的病果然痊癒了。

著作等身

做為道教史上舉足輕重的人物和中國最早的化學家、免疫學研究者，葛洪在煉丹術、化學、醫學、文學等方面取得了很高的成就，留下了《抱樸子》、《夢林玄解》、《神仙傳》、《肘後救卒方》等著作。做為一名道家弟子，葛洪梳理了道教的神仙體系，創新了道教理論，發展了道教的煉丹術。所著的《抱樸子》分為內篇和外篇，其中內篇主要記述了煉製丹藥的化學知識，總結了魏晉以前的神仙方術，比如氣功修練、房中術等。

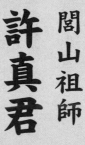

閭山祖師 許真君

道教淨明派的當家人

許真君是天庭四大天師之一，和張天師一樣，負責護衛凌霄寶殿。雖說他在天庭中和張天師的職責是一樣的，但二者並不是出自一個道派。這位許真君是道教淨明派的創始人，他將儒教和道教互融，宣導忠君孝親，很受士大夫們的歡迎。

做過縣令的淨明派教主

許真君，原名許遜，河南人，出生於西元239年，卒於西元374年，整整活了一百三十五歲。

許遜年少時，聰慧好學，文武兼修。他熟讀四書五經，又擅長騎馬射箭，舞刀弄槍。

這一天，許遜騎馬到野外打獵，射死了一頭小鹿。奔跑在前的母鹿突然停了下來，不顧危險走到小鹿身邊，神情悲哀，眼眶濕潤，溫柔地舔著小鹿身上的血跡，不住地哀鳴。許遜見狀，心中悲痛，當即毀掉弓箭，發誓不再殺生。

當時長安城裡，有一個叫吳猛的道士，修為很深，不吃五穀雜糧，具有長生不老之術。許遜不辭勞苦，步行幾千里前去拜師。他在吳道士門下修行了幾年後，道術圓滿。於是雲遊天下，遍訪天下名師高人，學得了道家武術、醫術，並且行醫看病，救濟貧苦百姓，受到了人們的敬仰。

後來朝廷舉孝廉，許遜被當地有聲望的人推薦給了皇帝，被任命為西川旌陽（也就是現在的四川德陽）縣縣令。

走馬上任之後，許遜明察暗訪，瞭解民情，幫助百姓做了很多好事。許遜為官清廉，雖說有政績，卻一直得不到升遷。當了幾年縣令，許遜看透了東晉官場的黑暗，就棄官修道，遠離了塵世。

許遜在年輕的時候接觸最多的就是儒家的教義，加入道教後，他覺得道士沒有必要完全隔離世事，也可以在忠君孝親的同時修心悟道。這一主張很符合士大夫階層「出世」、「入世」的追求，也調和了「出世」和「入世」之間的矛盾，所以很受大夫階層的歡迎。

許遜的神化之路

許遜棄官修道之後，旌陽當地的百姓感念他的恩德，就建了一座生祠來拜祭，同時也流傳出了許多許遜為百姓所做的好事。

在許遜做縣令的時候，有一年旌陽鬧饑荒，百姓顆粒無收，根本沒有錢交賦稅。為了幫助百姓按時交納賦稅，許遜口唸三清秘訣，指符成金，並把這些金子埋到一塊荒地裡，讓百姓前來挖取。在許遜的幫助下，人們按時繳納了賦稅。還有一年，縣裡鬧疫病，許遜畫符為百姓禳除瘟疫。由於當時前來求符的人太多了，許遜就把所畫之符全部散入江水之中，讓百姓飲水治療，喝過江水的百姓果然痊癒。

由於許遜做了很多有利於百姓的事情，人們除了到生祠祭拜他之外，每家每戶還供奉他的雕像。這樣，許遜就被旌陽當地的百姓當作神仙來拜祭了。

許遜辭官之後，在家鄉南昌建立了一座淨明觀，開門收徒，廣泛傳播仁孝之義，得到了當地百姓的擁護。後來，許遜還幫助南昌的百姓剷除蛟龍，這是最讓人感激的事情。蛟龍是一種水怪，不僅吃人，還會給人間帶來洪水。有一年，蛟龍在南昌出現，擾亂了百姓的生活，許遜聽說後，就前往南昌降伏了蛟龍，並在蛟龍出沒的地方樹立鐵柱，在鐵柱下方配有八條鐵索。許遜聲稱，鐵柱正，則表明蛟龍已被制伏，鐵柱歪，則表明蛟龍還會出來為害四方。當地百姓為了感謝許遜，就在鐵柱附近建立了一座祠堂。這樣一來，人們對許遜的祭拜開始蔓延至其他地方。

許遜宣導道士也可以忠君孝親，為了讓更多的人相信這一教義，他親身進行了實踐。有一天，許遜聽說大將軍王敦要造反，為了避免戰亂禍及百姓，就和吳猛一起前往軍中勸說王敦。剛一見面，還沒等許遜和吳猛開口，王敦就說：「我昨晚做了一個夢，夢見一棵參天大樹衝破了天，這是不是意味著我可以當皇帝了？」

許遜說：「木衝破天，這是凶兆。」王敦一聽，甚是惱怒，決定以擾亂軍心的罪名殺掉許遜和吳猛。好在兩人未卜先知，利用隱身術逃出了軍營。後來的事實證明許遜所言不虛，王敦起兵失敗，死在軍中。

許遜活到一百三十五歲的時候，有一天，他所住的院落竟然白日飛升。當時許家有一位僕人外出買菜沒有回來，等回來的時候，發現自己的主人已經升到半空中了。許遜為了彌補遺憾，就教這位僕人地仙之術。

宋朝時，真宗皇帝見許遜這麼受歡迎，加之他所宣傳的教義利於統治，就封他為「神功妙計真君」。南宋時，許遜顯靈幫助朝廷剿滅了叛軍。皇帝為了感謝許遜的恩德，在南方各地為許遜修建廟宇。

目前，大陸境內供奉許遜最大的道觀是江西南昌西山的的玉隆萬壽宮。剛開始的時候，被當地百姓稱為許仙祠。宋徽宗欽賜「玉隆萬壽宮」的牌匾，並撥專款修建，形成了龐大的規模。

茶神

陸羽

嗜茶如命的怪誕之人

陸羽一生嗜茶，精於茶道，被譽為「茶仙」，尊為「茶聖」，祀為「茶神」。唐朝上元初年（西元 760 年），他隱居江南，撰《茶經》三卷，成為世界上第一部茶葉著作。

陸羽其人

陸羽，字鴻漸，唐朝人。

因為長得難看，陸羽三歲時被父母遺棄在了河岸邊。龍蓋寺中的智積禪師聽到了啼哭聲，從寺中趕來，收養了這個可憐的孩子。

智積禪師精通《易經》，他為孩子取名，占得『漸』卦，卦辭寫著：「鴻漸於陸，其羽可用為儀」。於是按卦辭讓這個孩子姓「陸」，取名為「羽」，以「鴻漸」為字。

古時候寺院不用交稅，每年政府還會給予相應的補貼，各地的信眾也會贈送香油錢給寺廟，所以那個時候的寺廟是一個不錯的避難所。在智積禪師的精心照顧和教育下，陸羽成長得很順利，唯一的不足就是有點口吃。

陸羽在黃卷青燈、鐘聲梵唄中學文識字，習誦佛經，還學會煮茶等事務。九歲那年，智積禪師讓陸羽出家，陸羽不願意，竟說出「不孝有三無後為大」的話。這句話惹怒了智積禪師，命人拉住陸羽，把頭髮剃光，不僅如此，還把他軟禁起來，派人看管。十二歲那年，陸羽趁人不備，在一個月朗星稀的晚上，偷偷地下山了。

一個十來歲的孩子，想要找個生計養活自己實在是太難了，陸羽只好暫時到戲班子裡混飯吃。他雖其貌不揚，又有些口吃，但卻幽默機智，演丑角很成功。一次，竟陵太守李齊物看到了陸羽出眾的表演，十分欣賞他的才華和抱負，當即贈以詩書，並修書推薦他到隱居於火門山的鄒夫子那裡學習。

陸羽拿著推薦信，跋山涉水來到了火門山，鄒夫子見到他很喜歡，就將其收入門下。六年之後，陸羽學成下山。下山後，陸羽遇見了竟陵司馬崔國輔，兩人一見如故，經常一起出遊，品茶鑑水，談詩論文。兩年後，陸羽為考察茶事，辭別崔國輔，出遊巴山峽川。唐上元元年

（760年），陸羽從棲霞山麓來到苕溪，隱居山間，闔門著述《茶經》。唐代宗曾詔拜陸羽為太子文學，又徙太常寺太祝，但他都未就職。

《茶經》問世

陸羽九歲那年，被強行剃度。陸羽雖然傷心，但人在屋簷下，不得不低頭，畢竟還是要靠智積禪師吃飯的。這天，陸羽趁著看管的人不注意，就溜到了寺院的後山。他不知不覺走到了一個農夫家中，想來討口水喝。走進的屋裡，陸羽聞到了一股從來沒有聞過的香味。他忙問什麼東西如此清香，農夫的妻子說是煮茶散發出的味道。陸羽很好奇，就跟她討教起來。農夫的妻子演示給了陸羽看，陸羽一下子就知道怎麼哄智積禪師開心了。

回到寺院中，陸羽來到廚房，按照農夫的妻子教自己的方法煮好茶，端到積禪禪師的房門口請罪。喝了茶的智積禪師原諒了陸羽的頂撞，也同意延遲他接受齋戒的時間。

茶幫了陸羽一個大忙，從此之後，他就瘋狂地愛上了茶。在寺院的那幾年，陸羽經常去農夫家中討教煮茶的方法。農夫的妻子見他聰明好學，就把自己知道的煮茶技藝全部教給了陸羽。陸羽離開龍蓋寺，在火門山學習期間，也很注意搜尋煮茶和製茶的方法。在結識崔國輔之後，陸羽經常用不同的製茶方法煮茶給崔國輔喝，崔國輔每次都能給出中肯的意見。在崔國輔的介紹之下，陸羽先後結識了顏真卿、張志和等一批有識之士，大家經常共聚一堂，品評陸羽的製茶方法。

在竟陵待了兩年之後，陸羽拜別崔國輔，準備遍嚐天下名水名茶。一路之上，他逢山駐馬採茶，遇泉下鞍品水，最後寄居棲霞寺，專門鑽研茶事。遊歷多年之後，陸羽隱居浙江吳興，專心寫作《茶經》一書。全書共有十篇，分別講述了茶的生長特性、茶的製造工藝、飲茶器具的製作等等，是中國第一部全面介紹茶的專著。

《品茶圖》。

《茶經》一經問世，就受到人們的追捧，從此，天下開始興起飲茶之風。當時賣茶的茶商，為了增加茶葉的銷量，專門製作了陸羽的雕像放置在店門口，並說自己的茶葉經過陸羽的品嚐，價值很高。有的茶館也開始供奉陸羽的雕像，對外宣稱陸羽曾在此指導過製茶工藝。

商人的有心之舉無形中促使了陸羽的神化，民間百姓感激陸羽所做的貢獻，將他譽為「茶聖」。

扶搖子 陳摶
「長睡不起」的華山祖師

睡覺不僅是很好的美容方式，還是延年益壽的妙法。按照道家的說法，一個人要想成仙，必須每天堅持修練，等到功德圓滿之時，才能得道飛升。在我們的意識中，神仙都是勤奮刻苦的人。不過任何事都有例外，在道教歷史上有這樣一位神仙，他不是靠頭懸樑、錐刺股的修練，而是靠著空前絕後的睡功成為一代老祖。

道教中能被稱為老祖的寥寥無幾，因為除了仙齡比較長之外，最重要的評價標準就是要有個人成就。在仙界被稱為老祖的，除了被稱為道教老祖的太上老君和風流神仙呂洞賓（純陽老祖）之外，還有一位就是本篇故事的主角——睡仙陳摶。

歷史上的陳摶：身世可憐，仕途受阻，隱匿華山

陳摶，字圖南，號扶搖子，宋太宗賜號「希夷先生」。

陳摶的出生很有神話色彩，後世道家經典上記載，他在一個雷雨交加的夜晚從母親的袖子中滑落到地，這和哪吒的出世之說有很大的相似性。不知道是什麼原因，他出生後就被父母拋棄了。

成了孤兒的陳摶，只能在當時類似於今天兒童福利院的慈善堂靠人接濟長大。由於缺少良好的家庭教育，他一直到五歲時才會說話。這個孩子雖然話說得晚，但是卻很聰明，如果測一下智商，肯定會超過同齡人很多。

陳摶當時所住的地方離學堂很近，他經常趴在學堂的窗戶外面聽私塾先生講課，偶爾還會偷私塾先生的書來學習。越是得不到的東西得到之後就越珍惜，陳摶不能進學堂讀書，在偷學的時候，便特別認真。再加上天分不錯，陳摶很快就把四書五經爛熟於心了。

有一天，私塾先生讓學堂裡的孩子背書，沒有一個會背，陳摶就在外面背起來。私塾先生一看到陳摶，感覺這個孩子不一般，以後肯定會有一番作為，便讓陳摶跟其他學生一起上課，並在私下親自教導。在老師的教導下，陳摶的學業得到了突飛猛進的提高。

唐朝滅亡後，中國歷史進入了五代十國的分裂時期。陳摶就近參加了後唐的科舉考試。像眾多讀書人一樣，陳摶也想高中狀元，可是天不遂人願，他落榜了。落第之後的陳摶雖然很失落，但也讓他開始冷靜地思考人生。陳摶覺得與其勞碌終生追求那些身外之物，不如靜下心來追求人生的最高境界。在他看來，人生的最高追求就是悟道，參悟人生的哲理。

陳摶雖說是被父母拋棄了，但還有一大堆的人情債要還。他返回家鄉將自己這些年積存的財物全部散給鄉里，隨身帶著一塊石頭出去闖天涯了。陳摶走啊走，不知不覺間就走到了華山。在華山附近，陳摶遇到了當時的高士孫君仿和皮處士。這兩個人是有知識有學問的人，也是因為科舉考試不順浪跡天涯。

見到陳摶之後，同是天涯淪落人的感覺讓他們一見如故。三個人席地而坐，聊起天來。從落第開始聊起，後來又聊到《周易》和老莊之學。由於過於投入，這三人說了七天七夜沒有中斷。談話完畢，兩人建議陳摶前往武當山修道。

到武當山之後，陳摶開始練習內丹派的氣功。由於遠離塵世，沒有什麼瑣事勞神，陳摶每天除了練氣功之外，還鑽研《周易》。《周易》是周文王在落難時所寫的卜筮之書，可以說凝聚了他一生的智慧。把《周易》鑽研透徹的人，不論在智力還是能力上都會有質的飛躍。經過二十多年的鑽研和學習，陳摶把《周易》鑽研透徹了，只看人的面相就能判斷出富貴貧賤。

在鑽研學習《周易》有體悟之後，陳摶在照鏡子的時候就開始為自己相面，並得出「非仙即帝」的命理判斷。大概是因為這個緣由，陳摶把自己的字取為圖南。我們都知道在古代以坐北朝南的位置最為尊貴，所以圖南的意思就不言而喻了。這也可以看出陳摶的人雖說遠離世俗，但心裡仍然想著入世。只可惜這位老祖空有圖南之心，而無圖南之力，只能隱居華山，終日以漢鍾離之流為友。

心繫天下，濟世安民的假隱士

陳摶雖說遠離了塵世生活，但吃五穀雜糧的他有時候也會到民間體驗一下生活。這位老祖每次來到民間時，並不是用神仙特有的悲天憫人情懷看待人世間的生老病死，而是以一個局外人的身分冷靜地看待時局。

有一次，陳摶遇見外出避難的趙匡胤母子三人，深諳相面術的他當面就說：「莫道今天無天子，卻將天子擔上挑。」當時趙匡胤兄弟兩人年齡小，母親用籃子挑著他們去逃難。

趙匡胤和弟弟趙匡義長大成人後到長安遊玩，偶遇趙普和陳摶。那個時候，年輕的趙氏兄弟和趙普都是有為青年，而陳摶則是一個落第舉人，四人相遇後所聊的基本上都是對於時局的批判。

四個人聊得很開心，就順道找了個酒肆邊喝邊聊。落座的時候，趙普不自覺地就坐到了面南背北的主位上。陳摶說：「你不過是一個小小的星宿，怎麼可以坐主位。」

趙普無奈，只好換了一個座位。趙匡胤於是就問先生前程之事，陳摶道：「你們兄弟兩人的星宿比他大得多！」陳橋兵變時，趙匡胤披上黃袍，登上了帝位，陳摶正好乘驢到華陰縣，聽說了這件事，在驢背上拍掌大笑道：「百姓的福運來了！天下終於太平了。」

趙匡胤建立北宋後為了防止他的手下作亂，就想著如何把兵權收到自己的手裡。但這些人畢竟是和自己一起打江山的兄弟，也不好直接開口，左思右想總也想不到好的主意。在無計可施之時，趙匡胤想到了自己的忘年交陳摶，就派人秘密前往武當山請教。

陳摶早就知道趙匡胤會找自己求解難題，就做了一個錦囊給使者。使者回到東京之後把錦囊交給了趙匡胤，趙匡胤打開一看，上面寫著「杯酒釋兵權」五個大字。

趙匡胤心領神會，立刻找來趙普和弟弟趙匡義一起商量對策。最後三人決定由趙匡胤演主角，用悲情苦肉計感化諸位將領，讓他們主動放棄兵權。事情的結果就如史書記載一樣，趙匡胤順利收回兵權，解除了心頭大患。

趙匡胤死後，趙匡義繼位為帝。由於非常仰慕陳摶的養生之術和政治見解，趙匡義就派人請陳摶入朝為相。前面我們已經講過，陳摶老祖是非仙即帝的人，不會屈居人下做宰相的。他雖說不願意，但還是去見了趙匡義。

一開始聊天，趙匡義就向陳摶套問長生不老的秘訣。陳摶不悅地告訴趙匡義：「你如今

此圖描繪了宋太祖趙匡胤雪夜訪趙普的歷史故事。

已經是皇帝了，怎麼還喜歡黃老之術啊！」一句話說得趙匡義又羞又愧。

過了幾天，趙匡義又去找陳摶說做丞相的事情。陳摶說：「我只是一介山野之人，怎麼能高居宰相之位呢？」言外之意就是我才不稀罕你的宰相之位。

最後，趙匡義只好同意了陳摶回武當山的請求，但要求他給自己一些施政的建議。陳摶不好拒絕，就在紙上寫了四個字「遠、近、輕、重」，並解釋說：「遠就是要遠招賢士，近就是近去佞臣，輕就是輕賦萬民，重就是重賞三軍。」趙匡義聽了之後很滿意，派人隆重地把陳摶送回了武當山。

陳摶雖說沒有入朝為相，但也可以稱為「山中宰相」，他的某些政治見解對宋王朝建立之初的穩定有著積極的影響，這也是趙匡義賜號「希夷先生」的原因。

成就斐然，著作等身

陳摶雖說出家為道，但自始至終一直心繫紅塵，再加上天資聰慧，很有文采，所以留下了許多佳作。這些作品涉及道學、理學、哲學、書法等諸多領域，用著作等身來形容毫不為過。

陳摶修練的是內丹學派，這一派不煉仙丹，只注重自身內在的修養。陳摶非常喜歡這種修練方式，從而將自己練成了中國歷史上的「第一睡仙」。睡覺在陳摶看來不僅是一種休息放鬆手段，更是一種修道方式。他根據自己睡覺時的所思所想，寫下了許多有見地的著作，將內丹學派的理論進行了詳細的闡述。此外，陳摶還主張「睡心」，他認為，只有睡心，才能達到最高境界，真正做到頤養性情。

在宣傳內丹學說的同時，陳摶還創立「先天易學」，開創宋朝理學研究的先河。不僅如此，陳摶還寫了《易龍圖序》一書，廣泛傳播河洛數理，成為古代數學發展史上重要人物之一，被稱為中國「龍圖」第一人。

由於陳摶成就非凡，後人只能望其項背。隨著時間的流逝，人們開始把他當作神仙一樣來膜拜。

紫陽真人 張伯端

從罪犯到「內丹始祖」

張伯端是內丹學的代表人物之一。他的《悟真篇》是有名的道教著作，和魏伯陽的《周易參同契》，一起被《四庫全書》譽為「丹經王」。

坎坷的人生經歷

張伯端，字平叔，號紫陽，浙江臨海人，由於他所創立的內丹教派影響甚大，後輩們多以紫陽真人來稱呼張伯端。

張伯端非常聰慧，在很小的時候就已經聲名在外。在成年之後，他曾多次前往天臺山拜訪那裡的高僧和道士。雖然往返的路途很遙遠，但他絲毫不感覺到辛苦，總是樂在其中。

張家在浙江臨海雖說不上是什麼世家大族，但張伯端從小的聰慧之名早已是人盡皆知，周圍的鄉里都盼著這樣一個天才能夠高中狀元，榮歸故里。但是他們看到張伯端每天和道士、和尚混在一起，不免指指點點議論紛紛。很快，一些風言風語傳進了張伯端父親的耳朵裡。

「兒大不由娘」道出了很多家長的無奈，但是人言可畏，張父將兒子找來進行了一次正式的談話，談話的內容無非就是勸導以及威逼利誘之類的話，這也是中國家長在教育孩子的時候經常會使用的手段。在父親的勸說下，張伯端同意參加科舉考試。

怎料張伯端儘管滿腹詩書，一身才華，卻科舉不利，屢次落榜。無奈，只好在臺州府（現在的浙江省臨海市）當一個小吏。

張伯端從小就十分喜歡吃魚，每天中午必定要有一條魚佐餐，方可下嚥。這天，他在府中當差，僕人將午飯送到了衙門，見張伯端正在伏案批閱，就放在外屋的桌子上回去了。時值盛夏，屋內悶熱不堪。張伯端提著食盒，來到院子一處陰涼下。在石桌石凳旁邊，坐了好幾個同僚正在進餐。張伯端尋了一個空座坐定，打開食盒臉色就變了：裡面竟然沒有魚！他查看了一下食盒，裡面飯食整齊，不像被鼠、貓動過的樣子，那麼魚怎麼會不翼而飛呢？

傍晚張伯端回到家裡，叫來僕人大聲責問，僕人口稱冤枉，張伯端見他抵賴，命人大加責打。僕人蒙冤，當晚上吊自盡。因為一條魚，將一條人命逼死，實在太過分了。張伯端悔恨萬分，向府衙告了兩天假，將僕人安葬，並差人給僕人家裡送去一筆撫恤金。

兩天後，張伯端去府衙值差。走進監獄外屋，看見從房樑上掉下幾個蛆蟲，張伯端很奇怪，抬頭一望，驚得面無人色：原來數日前丟失的那條魚，就在房樑上！天氣酷熱，腐爛生蛆了。他這才明白是同僚和他開玩笑，將魚放到上面去的。

張伯端呆立在原地，冤死僕人的身影，在他面前晃來晃去。他用手抽打自己顏頰，淚流滿面。等到平靜之後，他心想：「自己枉讀了這麼多書，卻也是非難辨黑白不分。這衙門案卷裡面，又有多少這樣的冤案。」想到此，他寫下了「刀筆隨身四十年，是非非是顛倒還。一家溫飽千家怨，半世功名百世愆。紫綬金章今已矣，芒鞋竹杖任悠然。有人問我蓬萊路，雲在青山月在天。」這首詩，並將衙門的案卷放火燒毀。

按照宋朝的法律，官員私自焚毀文案是要被判刑的，就這樣張伯端被發配到了嶺南。

紫陽真人的神化之路

由於葛洪曾經在嶺南地區煉丹，同時還在此地傳道，道教嶺南派由此形成。冥冥之中一切自有定數，這話說得一點都不假，皇帝把張伯端發配到嶺南，在無形中成全了張伯端的成仙得道的夢想。

來到嶺南後，張伯端開始放浪形骸於山水之間，遍訪名山、名道，開始了真正的雲遊生涯。他一路西行，到了成都，遇見了異人劉海蟾，得金丹火候之秘，並根據自己的領悟和思考，寫下了《悟真篇》。當他將此書交給師父觀閱時，劉海蟾笑著說：「雖然你已經參透秘訣要義，但塵世中的一些事還需要你去了斷。」張伯端聽後，謹遵師命，返回了嶺南。

雖說張伯端離開了嶺南一段時間，但並沒有人理會此事，他便繼續過著自己充軍的生活。不久，張伯端的故交、龍圖大學士陸詵來嶺南協管軍隊。他讓張伯端掌典機要，這樣就可以不做那些粗重的勞力工作了。

陸詵死後，張伯端沒有了靠山，一下子失去了生活的來源。在走投無路的情況下，張伯端開始了傳教的生活，以此來混口飯吃。沒想到傳教工作很順利，張伯端一下子就收了幾十名徒弟。你成功了，就意味著其他人失敗了，這些人必定會對這個外來人打擊報復的。果不其然，當地的太守以張伯端非法傳教為名，將他捉拿下獄，並刺配遠方。

負責押送張伯端的隊伍來到邠州境內時，一個名叫石泰的大善人很同情張伯端，就利用自己和太守的私人關係，讓太守下令放了張伯端。張伯端脫離了苦海之後，非常感謝恩人，將自己的《悟真篇》傳給了石泰。

在結束了流放生活之後，張伯端先是來到秦隴一帶雲遊，而後又來到河北，將自己的嘔心瀝血之作《悟真篇》傳給馬默，並告訴他：「這是我畢生所作，希望你能夠發揚光大。」馬默看過之後，很振奮，並大力宣傳《悟真篇》。

在河北停留了一段時間後，張伯端回到家鄉天臺山佈道傳教。他在這裡寫下煉丹要訣《青華秘文》，收弟子近千人，聲勢十分的浩大。有一天在講道的時候，張伯端坐化而去。七年後，他的徒弟說在王屋山見到了師父，他正在和呂洞賓、鍾漢離聊天，鍾漢離告訴張伯端說：「你本是天上的紫微星官，名叫九星真人，主要負責校對仙籍。由於你不夠認真仔細，被貶到人間受盡苦難，現在你苦厄已滿，正是回歸天庭的時候，你就跟我們一起走吧！」話音一落，張伯端就和兩位神仙乘著雲彩飛走了。

內丹始祖的由來

張伯端所著作的《悟真篇》和《青華秘文》詳細講述了他對道、佛兩派的見解。張伯端早年就受到天臺山佛教的影響，後來又加入道教，在這個過程中，他覺得兩大教派之間並不是對立的，完全可以相互借鑑，取長補短。因此，張伯端提出「道禪合一」的思想，革新了道教的傳統理論。

在個人修行方面，他主張「達本明性之道」。「明見心性」是禪宗的主要參禪方法，張伯端將其吸納進來，獨創了一個道教派別。由於張伯端所創的道教支派不煉製丹藥，所以被稱為內丹派，張伯端也被奉為內丹始祖。

全真教主 王重陽

三教互融，以道為尊

北宋末年，王重陽改革道教，創立了新的教派——全真教。他主張儒、釋、道三教合一，認為「三教從來一祖風」。在修練方法上，不崇尚符籙，不依靠丹藥，不信白日飛升，主張修道者必須出家，才能除去情慾，達到內心清淨。

王重陽生平

王重陽，原名王喆，也稱王中孚，號重陽子，北宋末年生於陝西咸陽的一個地主家中。

由於家境優越，他從小就接受了很好的教育，精通經史，還經常習武。在二十六歲時，王中孚去禮部應試但落第而歸。後來，他轉而考取武舉，結果一考即中。

朝廷讓王中孚當了一個縣城的小吏，由於身處基層，他對下層百姓的生活疾苦瞭若指掌，於是盡心盡力為百姓謀取福祉。

有一年，王中孚回家探親，正好碰上家鄉鬧荒災，很多百姓都沒有吃的，就說服父親開倉救濟飢民。王家雖說是地主，但是饑饉之年也沒有多少餘糧，那些沒有分到糧食的飢民竟然搶劫了王家的糧倉。後來官府抓了鬧事的飢民，在王中孚的遊說之下，這些飢民沒有被追究責任。

由於王中孚是漢族中的庶族地主，在女真族的統治下，一直都沒有得到升遷的機會。在這個動盪不安、混亂無序的社會裡，王中孚一則感嘆自己不得志，空有滿腹才華，卻沒有施展的平臺；二則百姓生活在水深火熱之中，自己未能給百姓謀得一點福祉，年輕時候的追求和抱負全都沒有實現。熟讀經史的王孚深知四十而不惑的道理，可是眼看自己已快到了知天命的年紀，卻只知道終日飽食，爭名奪利，實在是虛度光陰。

想來想去，王中孚決定棄官而走，重新創造自己的人生價值。

王重陽與全真教

王中孚在不得志的日子裡，經常讀《道德經》，對於修身養性、悟道成仙有著自己的見解。在棄官之後，他告別妻兒，離開家鄉，到四方雲遊訪道。

四十八歲那年，王中孚來到了甘河鎮（今陝西省戶縣甘河鎮）。一天，他尋了一家酒店，要來酒菜自斟自飲。這時，王中孚抬眼看見從南邊走來兩個道士，神態飄逸，道骨仙風。王中孚見來者非比尋常，就恭恭敬敬地將他們迎到店中。

落座之後一番寒暄，三個人便攀談起來，所說的都是一些仙家的話題，王中孚越聽心裡越明亮。隨後，道士又傳給了他修仙的秘訣，並且賜號重陽子。

臨走之時，一位道士用手遙指東方，問王中孚：「你凝神觀看，能看到什麼？」王中孚順勢望去，看見七朵金蓮，光華四射，對道士說：「弟子看見了七朵金蓮。」兩位道士笑道：「非止七朵，還有千朵萬朵吐芬芳呢！」說完，起身離去。

原來這兩人是鐵拐李和呂洞賓幻化而成的。

從這以後，王中孚改名為王重陽。

自從和兩位道士有了一面之緣，王重陽感覺自己有道緣、仙緣，就仿效古時候那些名流前輩的做法，放浪形骸，混跡市井，平時身穿破爛的衣裳，手拿缺口飯瓢，到處行乞。

一年後的一天夜晚，王重陽在荒郊野外露宿，遇見了一個道士指點他說道：「活死人墓中，藏有仙真；丘劉譚中，駿馬得乘。」

王重陽明白，這是異人前來點化他。他日夜思忖，對第一句話有了參悟。於是他來到終南山尋了一處僻靜的地方，搭建了一個茅屋，茅屋前面豎了一塊木板，上寫「活死人墓」，表明了自己斷絕塵緣、一心修道的志向。

數年之後，王重陽神通圓滿，離開了「活死人墓」，周遊到山東各地。一次，他碰到了馬宜甫，馬宜甫告訴王重陽，自己夢見有仙鶴從自己家的菜園裡飛出來。王重陽高興地說：「那就在此建立庵堂吧！」庵堂竣工之後，王重陽將其命名為全真堂，全真教從此就創立起來了。

王重陽剛開始收下了馬宜甫和他的妻子孫不二為徒，並將馬宜甫改名為馬鈺，賜號丹陽子，稱孫不二為清淨散人。此後幾年，又收下了譚處端、丘處機、王處一、劉處玄、郝大通五大弟子。這就應了道士「活死人墓中，藏有仙真；丘劉譚中，駿馬得乘」的預言。

王重陽的七大弟子在師父仙逝之後，大力宣傳全真教的教義，使全真教名震一時。丘處機更是獲得了元朝皇帝的青睞，成就斐然，不過這是後話。

王重陽創教以來，幫助周圍的百姓治病解困，做了很多好事。於此同時，他還積極的研究教義。王重陽主張三教合一，並聲稱「儒門釋戶道相通，三教從來一祖風」。根據自己以往的經歷和思考，將《道德經》、儒家的《孝經》和佛門的《般若波羅蜜心經》做為全真弟子的必讀書目。在修道方面，王重陽認為「人心常許依清靜，便是修行真捷徑」。他廢除傳統道教中的符籙、黃白之術，主張少思寡慾、清靜無為的修行方式。此外，王重陽還規定，全真教弟子必須出家，不可娶妻室。

由於王重陽所創立的全真教並不會威脅到女真族和蒙古族對中原地區的統治，所宣傳的教義在一定程度上還可以緩解緊張的民族關係，所以全真教在剛開始創立時並沒有受到政府的反對和鎮壓。

王重陽死後，他的七大弟子在北方傳教，特別是丘處機，憑藉過人的才識，規勸成吉思汗放棄屠殺政策，挽救了無數平民百姓的性命，也基於此，皇帝特命丘處機統領全國道教。

丘處機像。

在整個元朝，全真教的傳教範圍遍及陝西、河南、山東等北方諸省，得到社會各階層的認可，達到了頂峰。元朝滅亡後，逐漸走向衰落。

王重陽死後，弟子將其安葬在陝西鎮北，並在屍骨埋放處修建了道觀。馬鈺在觀內建了一座大殿，親筆書寫「祖庭」二字。後來，金朝皇帝將此觀命名為「靈虛觀」。元朝入主中原，加封王重陽為重陽真人，元世祖封其為「重陽全真開化真君」，後來又加封為「重陽全真開化輔極帝君」。而對王重陽的埋葬地，丘處機向皇帝請旨，將靈虛觀改成重陽宮。元太宗時，又將重陽宮更名為重陽萬壽宮。

第六章
民間喜愛的成仙楷模

借屍還魂

鐵拐李

原是一位歷史的「穿越者」

鐵拐李是傳說中的八仙之首，可是關於他的身世經歷卻是一筆糊塗帳。他的姓名和年代跨越了好幾個朝代，可以說他是中國歷史最早的「穿越者」。

撲朔迷離的身世

在《歷代神仙通鑑》卷一中，上面是這樣描述鐵拐李的：長淮有一個叫做巨神氏的人，擅長修練之術，每次出行的時候都會駕著六隻飛羊。這些羊的角長得不對稱，並且身上長有翅膀。這是對鐵拐李的最早描述，在這裡他無疑是一個上古神仙。

倉頡造出了漢字，人們就給鐵拐李取了個名字叫做李凝陽。這個時候他只是一個可以元神出竅的真人，並沒有成仙。李凝陽十分傾慕老子的學問，就去找老子修道。老子是春秋時期的人，李凝陽自然也是那個時期的人。

可是在《續文獻通考》中又有了不同的說法。文中記載鐵拐李是一名乞丐，經常在市井之中乞討。一次，鐵拐李看破了世態炎涼，就將自己的枴杖扔到了半空中幻化出一條龍，騎著龍成仙了。這個時候鐵拐李成了隋朝人。不過這個說法比較符合鐵拐李的身分和形象，是比較流行的一種說法。

明朝時，吳元泰寫了一本《八仙出處東遊記》的書。在這本書中，鐵拐李姓李，名玄，鐵拐是他後來借用的別人的名字。李玄遇太上老君而得道，一日神遊華山赴太上老君之約，囑徒兒七日不返可化其身。徒兒因母親病想早早回家，在第六日就將屍身焚化了。第七日李玄返魂無所歸，乃附在一跛腳的乞丐的屍體而起，蓬頭垢面，袒腹跛足，以水噴倚身的竹杖變為鐵拐，故名鐵拐李。

漢朝時出現了鐵拐李的另一個身世：他姓李名孔目，腿腳殘疾，但是為人十分善良，並十分注重修練。西王母巡視人間，覺得此人可以成仙了，就賜給李孔目一根鐵枴，讓他前往京師點化漢朝大將軍鍾離權。這個時候鐵拐李又成為了漢朝的人。

從巨神氏到李凝陽、從李凝陽到李玄、又從李玄到李孔目，鐵拐李經歷了多重身分的演繹。雖然關於他身世的說法不一而足，但鐵拐李做為道教神仙譜系，特別是八仙之首的地位是不會動搖的。正是這種不可替代的重要性，才使得他有了「穿越」不同朝代的身分。

美男變乞丐

鐵拐李起初並不是跛子，他外貌出眾，博學多才，但由於官場黑暗，他多次科舉都沒有考上，心灰意冷之下，到山中隱居。山中空氣清新，和大自然零距離的接觸，竟然讓他悟道了，無師自通就能學會靈肉相離。

人一旦自學到一定境界，再想深究就很難了。鐵拐李在覺得沒有長進之後，就上山拜太上老君為師，在他的道觀裡繼續修練。

一天，太上老君說：「修練還需要四處遊歷，增長見識，你不如就跟我去四處走走吧。」

鐵拐李喜出望外，和太上老君約好十日後再相見。

十日後，鐵拐李準備完畢，告訴童子：「你要看好我的肉身，如果七日後我還沒有回來，你就把我的身體燒了。」

囑咐完畢，鐵拐李就放心地靈魂出竅，和太上老君遊歷去了。

前六日，童子都小心翼翼地照看著鐵拐李的肉身，但第七日剛開始，童子的叔叔就找上門來，說他父親病重，讓他回家一趟，很有可能是臨終前的最後一面了。童子為難地說：「主人讓我照看他的肉身，我已經答應了。」

叔叔把手指放在鐵拐李的鼻子下一試，已經全無氣息，就說服童子說：「這人已經死了，你快去看看你的父親吧！這可是最後一面啊！」

童子也覺得叔叔說的有理，一把火燒了鐵拐李的肉身，跟著叔叔下山了。

說來也巧，童子前腳剛走，鐵拐李後腳就回來，看見自己的肉身已經化為灰燼，只好四處遊蕩，找剛死的肉身。

遊蕩到道觀後的小樹林，林子裡剛好躺著一個剛死的乞丐，鐵拐李就把靈魂附在了乞丐身上。

這個乞丐是餓死的，鐵拐李剛附身上去就覺得腹餓難忍，這還不是最重要的，鐵拐李剛站起來想要去吃點東西就發現這個身體是殘疾的，乞丐竟然是個跛子！

他剛想再次靈魂出體，背後卻傳來一個聲音，他轉身一看，是太上老君。太上老君說：

「修道之人何必在乎外表呢？你與這個身體有緣，就以這個身體示人吧！」

鐵拐李一想也是，修道修的是內心，外表如何有什麼關係呢？這樣想著，他竟然突破了凡塵桎梏，升空為仙了。

明朝畫家黃濟的作品——《礪劍圖》，描繪了八仙之一的鐵拐李腰掛葫蘆，衣衫襤褸，赤足立於水中，雙手挽寶劍，在石上磨礪。

邋遢神仙有絕招

雖然鐵拐李的形象難看，卻是一位身懷絕技的高手。他除了有一根威力無比的鐵枴杖之外，還有一個寶葫蘆。在中國古代文化中，葫蘆一般是醫者的象徵，鐵拐李的這個葫蘆裡面裝著各式各樣的丹藥，每當人們有需求的時候，鐵拐李就會現身救人。

當年彰德有一個賣膏藥的張掌櫃，他為人十分和善，經常幫助窮人治療各種疾病。有一天，張掌櫃和家裡的夥計一起去逛廟會，在熙熙攘攘的人群中，他發現有一個乞丐的右腿上長了個瘡，連忙讓夥計把自己隨身攜帶的膏藥拿出來給這個乞丐敷上。

張掌櫃邊貼邊說：「這個膏藥一貼，明天一定會好。」第二天，張掌櫃出來散步，又看到了這個乞丐，就連忙問道：「你的瘡好了嗎？」

乞丐答道：「更嚴重了。」張掌櫃蹲下來看了看，果然比昨天嚴重，就給他換了一個大劑量的膏藥。

張掌櫃又是邊貼邊說：「這個膏藥一貼，明天一定會好。」

乞丐問道：「明天不好怎麼辦？」

張掌櫃說：「要是明天還不好，你就來我家找我。」第三天，乞丐果然找到張掌櫃的家，一進門就破口大罵張掌櫃是騙子，什麼彰德府的膏藥，全是騙人的。

張掌櫃揭開貼在乞丐右腿上的膏藥說：「真是對不住啊！我再給你配一帖。」等張掌櫃把重新配好的膏藥拿出來時，張家的狗奔向乞丐，一下就咬住了他的右腿。張掌櫃很生氣，命人將狗打死了。

被狗咬了的乞丐笑著說：「今天又可以吃狗肉了！」說完，挑起死狗走了。

第四天，乞丐來到了張家，奪下張掌櫃手裡的膏藥貼在自己的右腿上，並順勢將昨日剝下的一塊狗皮貼在膏藥上。貼了一會兒，乞丐就撕掉膏藥說：「你看，好了。」

這可真是個奇蹟，看得張掌櫃目瞪口呆。乞丐把剛才撕下來的狗皮和膏藥遞給張掌櫃說：

「這個送你了。」話音剛落就找不見了。這個時候，張掌櫃才反應過來，原來是拐仙——鐵拐李前來傳授藥方。

從此之後，彰德府的狗皮膏藥就在全國出了名，專治各種瘡毒。

第一閒漢　鍾離權

機緣巧合撞大運的幸運兒

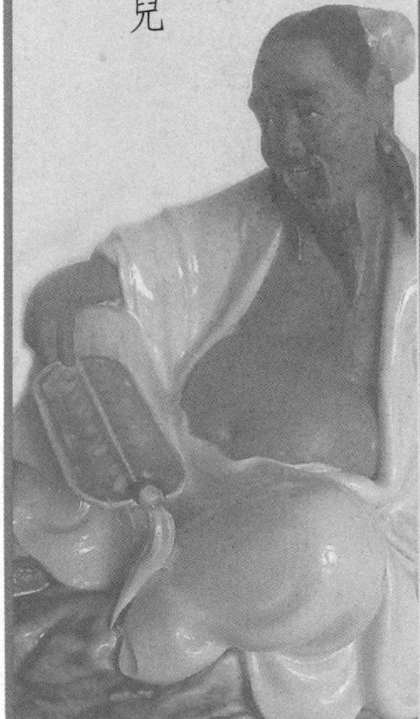

漢鍾離，複姓鍾離，單名一個權字，字雲房，號正陽子，又號和谷子，是道教八仙之一。

在諸多關於八仙的神話故事中，漢鍾離總是以大腹便便、橫臥小憩的形象出現，所以總是給人留下一種「懶漢」的印象。

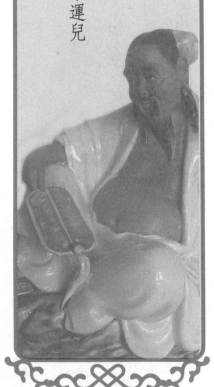

敗軍之將

漢朝有一員名將叫鍾離章，曾經統兵北征侵犯邊境的胡人，凱旋而歸。皇帝念其戰功赫赫，封其為燕臺侯。

這一天鍾離章上朝去了，夫人在家教兒子鍾離簡讀書識字。課業完畢後，鍾離簡到花園玩耍。鍾離夫人遣散僕人，走進臥室正要休息，有一個巨人走了進來。侯門帥府，竟然有陌生人隨意進來，而且還是夫人的臥房，這令鍾離夫人感到驚慌失措。

巨人說道：「鍾離夫人切勿驚慌，我是上古時代的黃神氏，要托生於你腹中。」說罷轉身不見了，臥室裡面剎那間出現了奇異的火光。

自此以後，鍾離夫人懷孕了。孩子出生後，就像三歲孩子那麼大小，長相富貴：額頭寬廣，頭頂渾圓；耳朵肥厚，眉毛修長；雙目深邃，鼻子高聳；臉頰龐大，氣色紅潤；雙唇如丹；雙臂過膝。一般孩子落地後會啼哭，而這個孩子出生後，非但當時沒哭，隨後的七天七夜，不哭不鬧不吃不喝，令鍾離章夫婦著急萬分。召來京師名醫，誰也診斷不出到底是怎麼回事。

七天過後，孩子突然說話了：「我到天上遊玩了一圈，看見一個府邸，上面寫著玉京兩個字。」孩子一番話剛剛落地，在座的人驚得瞠目結舌，好久回不過神來。孩子出生七天就能開口說話，已經夠神奇的了，而說話的內容，更令他們驚訝。因為「玉京」是玉皇大帝的宮城。很快，全京師的人都知道大將軍鍾離章家裡有神童下凡了。

鍾離章給孩子取名為「權」，意思是希望他長大後能正確權衡利弊，度量世事，選擇正確的去向。鍾離權成人後，朝廷任命他為諫議大夫，後因言獲罪，被貶謫到南康任知軍。南康在今江西省南部的南康市，知軍的職責是暫時管理當地的軍隊和民政要務。這一年皇帝召他到京師，讓他帶兵征討北胡。剛剛安下營寨，當夜被胡人劫營，全軍覆沒，鍾離權騎馬倉皇逃走。

塞翁失馬焉知非福

鍾離權逃脫追兵後，在一片樹林中迷了路。在他走投無路之際，遇到了一個和尚。這個和尚對他說：「你跟著我走，我會帶你走出去。」鍾離權連忙答謝。跟在和尚的身後，鍾離權很快就走到了一座村莊。

和尚告訴鍾離權說：「這個地方是東華真人修練得道的地方。」一聽是如此神聖之地，鍾離權立刻恭順起來，不敢驚動村莊中的任何人，只是找了一個偏僻的角落下馬歇息。

在鍾離權迷迷糊糊快要睡著的時候，忽然聽到有人問他：「你是不是漢朝將軍鍾離權？」鍾離權應聲道：「是。」睜眼一看，原來是一位老人。

這位老人又問道：「你為什麼來到我們這裡呢？」

鍾離權嘆了口氣說：「我兵敗之後，無處可去，又感覺世道黑暗，所以決心脫離紅塵，希望老先生能夠給我指點迷津。」

這位老人見鍾離權並沒有欺騙自己，於是就亮出自己的身分說：「我就是東華真人，既然你如此坦誠，那我就助你一臂之力。」從這之後，鍾離權就開始跟著東華真人修練長生不老之術。

後來，東華真人告訴鍾離權說：「我只能讓你長生不老，倘若你想成仙，還要繼續往東走。」遵照東華真人的指示，鍾離權一路東行遇到了華陽真人。華陽真人傳授給他火符金丹，讓他通曉了神仙修練的玄妙之道。最後，鍾離權在崆峒山紫金四皓峰一洞中得軒轅黃帝所藏玉匣秘訣，遂成為真仙。

正史中的身分

鍾離權是道教尊奉的八仙之一，也是道教北五祖之一，道教的全真教派尊稱他為「正陽祖師」、「正陽帝君」。

在一般的印象中，鍾離權是漢朝人，但是根據正史記載，鍾離權的人物原型大約出現在五代十國和宋朝初期。《宣和年譜》、《夷堅志》、《宋史》等書都有他事蹟的記載。只是後來訛為漢鍾離，才附會為漢朝人。

倒騎毛驢遊戲人間 張果老

八仙中唯一「名留青史」的唐代道士

在道教八仙中，張果老最為年邁，最為長壽。他原名張果，人們尊稱其張果老。他在民間的形象是：身材消瘦臉部慈善，倒騎著一頭毛驢，手拿簡板。一邊行走，一邊說唱本，民間俗語「騎驢看唱本，走著瞧」就是指此。

摸不清年歲的唐朝道士

張果老自稱是上古堯帝時代的人。因其長壽，誰也說不清他到底出生在哪個年代，來自

元朝畫家任仁發的畫作——《張果見明皇圖》，北京故宮博物院藏。

哪裡，到底有多少歲了。

唐朝時期，張果老居住在恆州中條山上（今山西省南部）。當時，人們盛傳張果老有長生不老之法。熱衷長壽升仙的唐朝幾代皇帝屢次召見張果老，都被拒絕了。武周時期，武則天多次召見張果老，虔誠之至，方法使盡。張果老礙於情面，只好在妒女廟前裝死。武則天不相信，派人守候在張果老屍身旁邊。當時正值酷暑，張果老的屍身，不一會兒開始腐爛生蛆蟲。武則天聞報，只好作罷。可是後來又有人在恆州的山中見到了他。

唐玄宗開元二十三年，唐明皇差人到恆州請張果老入宮。唐明皇派遣的這個使者，特別能說會道。神仙也是人，也有喜怒哀樂，張果老被說動了，隨使者來到了京師。唐玄宗大喜過望，親自出城迎接，將他安置在集賢院，一日三顧，厚禮相待。

時日已久，張果老和唐明皇之間有了一定的感情，交往也隨意起來。這一天唐明皇問張果老：「先生是得道成仙之人，怎麼也和凡間俗人一樣，老態龍鍾，頭髮稀疏，牙齒衰落呢？」

張果老言道：「我現在年老體衰，已經沒什麼法術可以倚仗了，所以才變成這個樣子，真是令人慚愧。假如我將頭髮拔光，牙齒敲掉，會不會顯得好一些呢？」

隨後，張果老將滿頭的頭髮撕扯下來，拿起旁邊的茶杯，將滿口牙齒敲掉了，弄得鮮血淋漓。唐明皇很害怕，趕緊說道：「先生，我剛才的話唐突了，請您原諒。您休息一會兒，我們改日再談。」言罷告辭而去。

第二天，唐明皇見到張果老的時候，卻發現張果老的頭髮和牙齒全部長了出來。烏髮皓齒，十分年輕。

這一天，張果老在住處靜坐，兩位大臣來訪，向張果老請教學習。閒談間張果老突然說道：「如果娶了公主做老婆，那是很可怕的事情啊！」兩位大臣聽了張果老這句話，一頭霧水，誰也不敢搭腔。

正尷尬間，唐明皇派來使者對張果老說：「玉真公主從小喜歡修道，皇上想將公主下嫁給先生。」兩位大臣這才知道，張果老早算計到了此事。

有一次張果老隨從唐明皇到咸陽狩獵，捕獲一頭梅花鹿，唐明皇下令將鹿殺了吃肉。張果老急忙阻攔：「千萬別殺，這是一頭仙鹿，至今已經一千多歲了。漢武帝元狩五年，我隨從他打獵，俘獲這頭鹿，後來將牠放生了。」

唐明皇認為張果老在故弄玄虛，說道：「如何辨別這頭鹿就是漢朝的鹿呢？」

張果老說：「放生此鹿的時候，漢武帝令人在鹿的左角，懸掛了一塊銅牌做為標記，銅牌上刻錄著放生的原因。」

明皇讓人查驗，果然有一塊半個手掌大小的銅牌，上面刻錄的文字，已經銹蝕斑斑，無法辨認了。後來唐明皇讓史官查看元狩年間到現在多少年了，史官告知有八百五十二年了。足見張果老高壽。

唐明皇身邊有一個道士名叫葉法善，道術很深。唐明皇向他詢問張果老的由來，葉法善對唐明皇說道：「我不敢說，否則立即死掉」。過了一段時日，唐明皇按耐不住好奇心又問，葉法善無奈，只好告訴他，張果老是混沌初分時期的一個蝙蝠精。說完葉法善當即死掉了。在唐明皇的懇求下，張果老才把葉法善救活過來。

後來張果老辭別京師，返回到恆州山中。天寶初年，唐明皇再次召見張果老，被張果老拒絕，後來不知所蹤。

因吃得福

關於張果老成仙的故事，道教是這樣寫的：有一天，張果老又累又餓，忽然聞到一陣香味飄過來。他順著香味去尋找，在一個偏僻的角落發現了一口熱騰騰的鍋。掀開鍋蓋後，發現鍋裡面全是肉。此時的張果老也顧不得什麼禮儀道德了，只想著怎樣才能填飽肚子。見四周沒人，他就狼吞虎嚥地吃了起來。

這個時候，他騎的毛驢口渴叫了起來，張果老就把剩下的湯給牠喝了。這個時候，那鍋肉的主人回來了，張果老趕緊跳上驢子疾奔而走。走著走著，張果老感覺自己騎著毛驢一下子就飄了起來，緩緩地升上了天空。原來，張果老吃的是千年何首烏，幸運地成了神仙。張果老騎乘的毛驢也成了神獸，行走如電，日行萬里。

說唱界的祖師爺

話說當年唐明皇不想讓張果老離開，就想了個辦法，說要把自己的妹妹玉真公主嫁給張果老。一方面玉真公主很喜歡修道；另一方面也可以名正言順地把張果老留在身邊。等成了一家人之後，自己再討要長生不老之術，張果老也就不好拒絕了。

皇帝的這點心思怎麼可能瞞得過張果老，他打著漁鼓簡板說道：「娶婦得公主，平地升公府。人以為可喜，我以為可畏。」言畢，他仰天大笑一聲，騎著驢子離開了。後來，唐玄宗又招張果老，遠在邢州的張果老聽說之後忽然死掉了。他的弟子埋葬了他，但是後來開棺一看，原來只是一口空棺材。

張果老用障眼法騙過皇帝之後，雲遊四海，每到一處，他就會打著漁鼓簡板傳唱道家教義。慢慢地，說唱就成了一門藝術流傳下來，張果老也被尊稱為說唱界的祖師爺。

純陽子 呂洞賓

科場失意的落魄文人

呂洞賓是八仙中名氣最大、人氣最高、法力最強的神仙，也是道教的最佳形象代言人、社會活動家、道教內丹理論家、詩人。

在民間，呂洞賓無人不知，無人不曉，他和觀音菩薩、關公，佔盡人間香火，被尊稱為「三大神明」。

黃粱一夢

呂洞賓，也叫呂岩。關於他的身世有不同的版本，但總的來說，比較可信的有兩種說法。

第一種說法認為，呂洞賓是皇室貴胄，李氏子孫。他的父親姓李，母親姓呂。後來「帝傳三世，武代李興」的預言應驗，武則天坐上了皇帝的寶座，為了防止李氏宗族威脅到自己的統治，就大肆屠殺李氏族人。呂洞賓為了保全性命，就改了母姓，從此以呂家公子的身分出現在世人面前。

第二種說法認為，呂洞賓是官宦子弟。他的爺爺是大唐的高官，父親呂讓曾任海州刺史，可謂是家族顯赫。但是到了呂洞賓這一代，呂家的官運就不那麼順暢了。

相傳，呂洞賓數次進京趕考，每次都名落孫山。

一天，呂洞賓到長安遊歷，在酒店中遇到了一位道士。道士對他說：「我看你很有道緣，要不要跟著我修練成仙？」

呂洞賓以自己塵緣未了為由拒絕了，他那時並不知道，這個道士就是仙人鍾離權。

兩人在閒談中，呂洞賓並向道士感慨了一番潦倒的生活經歷。道士聽出了呂洞賓言語中對榮華富貴的渴求心情，便拿出一個石枕遞給了呂洞賓說：「讓你立刻大富大貴，我不能做到，不過讓你在夢中稱心如意一番還是可以的。躺在這個枕頭上睡一覺吧！你能得到你想要的一切。」

呂洞賓覺得做個美夢醒來就吃飯也是個不錯的選擇，就接過了枕頭，很快就睡著了。睡夢中，他迷迷糊糊看到枕頭上用來透氣的孔洞突然變大了，枕頭也跟著越變越大，最後竟然

《八仙圖》。

變成了可以容一個人鑽進去的洞口，洞內閃著金黃色的光芒。呂洞賓覺得很好奇，就鑽了進去。走了一段路，卻發現自己已經回到了家中。只見本城最有名的一位媒人笑瞇瞇地和他說，城中富豪王家的小姐在某天燒香拜佛的途中對他一見鍾情，這次是來提親的。王家小姐知書達理，美貌溫柔，是很多男人的夢中情人。呂洞賓興奮不已，便應下了這門親事。

第二年他參加了進士考試，一舉得中，最初擔任的職務相當於皇帝的秘書。過了三年，他出任同州知州，得到了一份不錯的評價，然後又改任為陝州知州。這是個機會也是個挑戰，因為陝州連年遭災，河道淤積導致了很大災禍，幾任知州都沒有處理好。呂洞賓親自擬定方案，召集民眾開鑿河道，終於使河道暢通，這使得他在當地百姓的口中備受稱讚。沒過多久，他被朝廷徵召入京，任京兆尹，管理京城的一切事物。

不久，邊境發生了戰事，呂洞賓擔任邊疆的守備將軍。這次他親領兵卒開拓疆土，將敵人打回了國界線，並簽訂了對方稱臣的協定，因此又官升一級，任戶部尚書兼御史大夫。一群老臣不滿呂洞賓官升得如此快，就暗地裡上書，說他沽名釣譽，結黨營私，一時間流言滿天飛。皇帝信以為真，下詔將他逮捕入獄。本來打算處死，幸虧他與皇帝身邊的太監關係很好，幫他說了不少好話，總算把他保了下來，改為流放到偏遠蠻荒的地方。

又過了幾年，京城發生了一件大案，大臣之間結黨營私的事情被皇帝查清，同時也瞭解了呂洞賓被冤屈的真相。皇帝又重新起用呂洞賓為中書令，封為燕國公，一時恩寵更勝往昔。後來，呂洞賓和他的夫人一共生了五個兒子，都把他們培養成了國家的棟樑之材。呂洞賓年老時，曾幾次向皇帝上疏請求辭職，都被皇帝用懇切的話語留了下來。在他臨終前，將自己一生經歷寫明並感謝天恩，不久就去世了。

這時候，傳來了黃米飯的清香，呂洞賓打了個哈欠，然後伸了伸懶腰，突然驚醒，睜開眼睛四處望，發現自己正躺在旅店的床上，頭下是道士給他的石枕。此刻道士正含笑看著他道：「你夢醒了嗎？店主的黃粱米飯還沒好呢！」

呂洞賓驚奇地問：「剛才的一切都是我在做夢嗎？」

道士淡淡道：「人生的快樂極致你都體驗到了吧！覺得如何？」

呂洞賓悵然若失地說道：「我本來以為這些是我畢生所追求的，現在一看也不過如此，感謝您對我的指導。」

四次考驗

呂洞賓經歷了黃粱一夢，就一心想拜在鍾離權的門下，跟隨修行。鍾離權故意推託道：「你的志向還不堅定，仙骨還沒長全。要想學道，還得幾世輪迴。」

這樣一來，就有了四試呂洞賓的故事：

第一試：有一次，呂洞賓和朋友結伴外出遊歷，走到山林野外，突然竄出了一隻猛虎。呂洞賓擋在眾人前面，要捨身飼虎，救下同伴的性命。沒想到老虎看到呂洞賓，變得溫順平靜，繞過一行人，徑自走了。人們感到十分奇怪，同時也敬佩呂洞賓的義勇。

第二試：僕人在後院挖土栽花，發現一個裝滿金銀的罎子，就抱來見呂洞賓。呂洞賓對僕人說道：「不是我們自己的東西，不要起貪圖。從哪裡挖出來的，還安放到哪裡去吧！」

第三試：呂洞賓帶著僕人去市集上買東西，被人誣為小偷，將呂洞賓身上的錢財索去，呂洞賓空手而歸。夫人見狀問道：「你買的東西哪裡去了？」呂洞賓說道：「半路上不小心丟了。」一對於被誣陷被冤枉的事，隻字不提。

第四試：一次夫人外出，夜裡來了一個美貌的單身女子借宿。這個女子對呂洞賓百般挑逗，呂洞賓卻不為所動，依舊慢條斯理地看《道德經》。女子覺得無趣，就趁呂洞賓不注意的時候偷偷溜走了。

這四件事情，都是鍾離權在試驗呂洞賓。鍾離權讚嘆道：「身懷義勇，不談人過，不戀外財，不貪女色！可教也！」

位列仙班

隨著道教的發展和民間傳說的塑造，呂洞賓由人變成了神仙。《宋史・陳摶傳》中就把他描述成了一個有道高人：「關西逸人，有劍術，年百餘歲。步履輕捷，頃刻數百里，數來摶齋中。」據傳，呂洞賓的劍術受教於火龍真人，名為天遁劍法，自稱「一斷貪嗔，二斷愛慾，三斷煩惱」，並發誓盡渡天下眾生。

呂洞賓不僅有廣泛的民間基礎，而且還有很高的「皇帝緣」，歷代皇帝對他屢加敕封。在宋朝，皇帝封他為「妙通真人」，元朝封為「純陽演政警化孚佑帝君」。

傳說呂洞賓修行之前，將家中的萬貫家財分散給了貧民。修行後遇到了鍾離權，拜其為師。他死後，家鄉人們為了紀念他的恩德，建起了「呂公祠」以示紀念。金朝以後，因為呂洞賓信奉道教，於是將「祠」改成了「觀」。

元朝初年，忽必烈遣派國師丘處機統領道教，將呂公祠改建成了「永樂宮」。永樂宮工程浩繁，歷時 110 年才完工。除此之外，紀念呂洞賓的廟觀在中國大陸境內還有很多。

曼妙女神
何仙姑
本是賣豆腐的農家女

在八仙之中，何仙姑是唯一一名女仙。

關於她的身世，一種說法認為，何仙姑原本姓趙，因為她手持荷花，去荷花諧音，後世稱之為何仙姑。另一種說法何仙姑本名何秀姑，廣東增城人。

好心腸的素女

何仙姑也叫何秀姑，小名叫素女，唐朝武則天年間出生於廣東增城一個農戶家中。

素女小時候就非常聰明伶俐，懂得孝順父母，她見父親每天都早早起來做豆腐，每天就趁著父母睡著的時候偷偷起來把壞豆子挑出來。

一天，父親問素女：「妳願不願意跟我一起去賣豆腐？」素女很高興地答應了，跟在父親的身後往市集走去。在市集上，素女發現有很多乞丐都餓得不成人形了，就問父親可不可以救救他們。父親告訴素女說：「我每天賣豆腐的錢只夠我們一家幾口維持生計，沒有多餘的錢救助他們。妳要想幫助他們，就賣燒餅吧！每天賣不完的就可以分給他們一些。」

就這樣，素女就在父親的建議下開始賣燒餅。雖說素女的家境不是很好，但也完全沒有必要自找苦吃。只是她心腸好，見不得別人受苦，就透過賣燒餅賺些錢來幫助窮人和乞丐。

巧遇仙人

有一次，呂洞賓變成乞丐來到素女的餅攤前，說自己已經三天三夜沒有吃東西了，請求素女賞給他一些吃的。素女拿出一個燒餅給了呂洞賓。呂洞賓很感激，連忙拜謝，素女笑著走開了。等素女走後，呂洞賓笑著說：「此女有慧根，可以渡化成仙。」但想到之前鍾漢離收自己為徒的時候，曾經多次試探自己，呂洞賓也想考驗一下素女。

第二天，呂洞賓又變成乞丐前來乞討，素女又給了他一個燒餅。在接下來的一個多月裡，呂洞賓每天都來素女的餅攤前來乞討，每一次素女都會給他一個燒餅。到了月底的時候，呂洞賓對素女說：「姑娘心地善良，又有慧根，不知可否願意成仙？」

素女以為是乞丐餓昏了，在胡言亂語，就笑著說：「你一定是餓壞了，我今天再給你一個餅吧！」說完，在呂洞賓的碗中放了一個餅，轉身就走了。呂洞賓覺得可能是自己這樣的身分無法使素女相信，就決定現出真身點化素女。

素女一看乞丐跟隨自己，有一些生氣地說：「今天已經沒有燒餅給你吃了！」

呂洞賓笑著說：「我乃終南山呂洞賓，不知剛才的提議姑娘考慮得如何了？」

素女一聽是呂洞賓，立刻轉過身來。這時候，呂洞賓已經是一副道士的打扮。素女原本以為乞丐在說謊，這樣一看才知道真遇見了神仙，便連聲說：「我願意追隨師父左右。」

呂洞賓說：「我先教妳一些占卜之術，妳學會之後造福百姓。等妳功德圓滿之後，我再來渡妳成仙。」臨走之時，呂洞賓又賜一顆仙桃給素女。

當天晚上，有神人在素女夢中出現，教給她服食雲母粉的方法。第二天，素女來到雲母山，依照方法服用了雲母粉，然後在一個僻靜無人之處試驗，果然像鳥兒一樣飛了起來。

自此，素女行動神秘，言語異常，經常在山頂之間飛來飛去。她早上出去，晚上歸來，有時候採集千里之外的新鮮果子給父母和鄉民吃；有時候到山中和呂洞賓學習道術；有時候採集草藥，給鄉親們看病。除此之外，她還能預測人事，被當地人尊稱為「何仙姑」。

唐中宗景龍元年的某一天，二十六歲的何仙姑坐在鳳凰臺上，仰望著蒼遠的天空出神。這時候鐵拐李站在遠處的雲端，舞動著鐵柺，似乎是在招呼她。不知不覺中，何仙姑的身體象彩鳳一般冉冉升起，凌空而上，追隨著鐵拐李而去，同時在地上留下了一隻鞋。第二天，那隻鞋墜落的地方忽然出現一口水井，井水清澈甘甜，陣陣異香撲鼻。四周井欄，形狀恰似一隻弓鞋的模樣，井裡的水，不但清涼解渴，而且能治病。因此，人們就在井旁建了一座何仙姑廟，日日香火鼎盛。

逡巡酒、頃刻花
韓湘子
文學大家韓愈的姪子

韓湘子是道教八仙之一，他手持竹笛，風度翩躚，一副斯文公子的形象。在後世的民間傳說中，韓湘子的原型，是從韓愈的姪子身上轉化而來的。五代以後逐漸被神化，說他師從呂洞賓，修成正果後位列仙班。

醉心道術

韓會是唐朝大文豪韓愈的哥哥。韓湘子出生後不久，韓會就去世了，韓夫人將兒子寄生在韓愈家中，韓湘子自此以後由叔父撫養。韓湘子相貌英俊，翩躚公子，一表人才，令韓愈十分喜歡。韓愈一心想讓姪子和自己一樣飽讀詩書，在仕途和文學領域有所發展。可是韓湘子個性狂放，不愛讀書，專好飲酒。長大成人後，韓湘子表露出了出家學道的想法，韓愈堅決反對。

有一天，韓湘子突然不見了，韓愈遣人四處尋找，沒有發現他的蹤跡。

二十年過去了，韓湘子突然回到了家裡，韓湘子的母親和韓愈又喜又氣，問他這二十年到哪裡去了，做了些什麼，韓湘子閉口不答。此時韓湘子三十多歲，韓愈認為從現在讀書，為時不晚，於是將他送到學校讀書。但是韓湘子在學校既不讀書，也不說話，只喜歡喝酒睡覺，還和別人賭博。喝醉了就露宿街頭，數日不歸，有時還在馬房睡覺。韓愈見姪兒如此放浪，很擔心，對韓湘子說：「男兒立足於人世，要仰仗一技之長。你這樣虛度光陰，將來靠什麼安身立命呢？」

韓湘子說：「我也知道叔父的美意，但人各有志，叔父也就不要再難為我了。」隨後，他賦詩一首，表達了他的志向：

青山雲水窟，此地是吾家。
子夜餐瓊液，寅晨咀絳霞。

琴彈碧玉調，爐煉白朱砂。
寶鼎存金虎，芝田養白鴉。
一瓢藏造化，三尺斬妖邪。
解造逡巡酒，能開頃刻花。
有人能學我，同共看仙葩。

韓愈讀後，問道：「這詩中的逡巡酒和頃刻花，是什麼意思？」

韓湘子請韓愈前去後花園。時值寒冬臘月，屋外寒風凜冽，花園裡面草木枯萎，了無生機；泥土冰結堅實，硬如鋼鐵。韓湘子凝神作法，花園裡面枯萎的牡丹紛紛開放；地面上有嫩草破土而出。剎那間，花園裡面春意盎然。

韓湘子對叔父說道：「既然牡丹盛開，我們飲酒賦詩，如何？」

韓愈揮手讓僕人拿酒，韓湘子說道：「只帶酒杯即可。」

酒杯拿來後，韓湘子和叔父坐在花園的暖屋裡面，看著外面的牡丹花。韓愈舉起空杯，說道：「因何不讓家人拿酒來？」

韓湘子微微一笑，說道：「只管喝就是了。」韓愈一看杯子，酒已經滿了！

此所謂「逡巡酒，頃刻花」。逡巡酒也就是瞬間釀成美酒；頃刻花是指眨眼間開花。逡巡和頃刻，都表示時間短的意思。

韓愈這才明白，姪兒身懷異術。他離家二十年來，跟著高人學道去了。韓愈見韓湘子心志堅決，而且頗有所成，自此也就隨他去了，不再催促他讀書學習了。

母親去世後，韓湘子隱居終南山學道，終成正果。

得道成仙

韓湘子向韓愈表明自己的心跡之後，韓愈雖說很失望，但熟讀經書的韓愈深知人各有志的道理，就再也沒有勉強姪子做他自己不喜歡做的事情。沒有了後顧之憂的韓湘子從此一心一意的研究道家學說。

韓湘子在參悟《道德經》的時候，有一個關鍵的地方總是想不通。這個時候，呂洞賓化身為道士，來到韓湘子的住處說道：「有心栽花花不開，無心插柳柳成蔭。」

韓湘子見此人步態輕盈、神情自若，料定必不是凡人。於是開口問道：「不知師父可否願意為在下解惑一二？」

呂洞賓笑著說：「我是終南山呂洞賓，早知你有向道之心，今見你一直參悟不透其中妙義，特來尋你一起解惑。」

得知是呂洞賓親自前來給自己指點，韓湘子很高興，連忙拜謝。一番寒暄之後，呂洞賓開始給韓湘子講解《道德經》，韓湘子聽得津津有味。不知不覺已到了晚上，呂洞賓一看天色不早了，就站起身來告訴韓湘子說：「你如今想要成仙，還需要過你叔父那一關。只有過了那一關，你才可以羽化成仙。」說完，化成一陣風消失了。

韓湘子仔細思考了呂洞賓的話，覺得他說得非常有道理。雖然叔父表面上不再反對自己修道，但內心還是很不情願。而自己要想成仙，就需要走出韓府，去外面多多累積功德。為了不讓叔公再生氣，韓湘子偷偷溜出韓府，從此不知所蹤。

韓愈為官的唐朝早已經是物是人非。當朝皇帝信奉佛教已經到了癡迷的程度。這年，皇帝下令要迎佛骨舍利進宮，以韓愈為首的一干大臣紛紛上書，指責皇帝不該做出如此荒唐之事。皇帝十分生氣，下旨將韓愈貶為潮州刺史。

韓湘子離家出走之後其實也沒有去太遠的地方，只是來到了終南山修練，並不時下山救助百姓。後來，呂洞賓將韓湘子收入門下，教會了他一些法術。這個時候韓湘子基本上已經成為了神仙，只不過還沒有得到玉帝的認可。

這天，韓湘子算出叔父已被貶官，再加上之前呂洞賓說過只有渡化叔父，自己才能成「合法神仙」，就乘著雲彩直奔藍田關而來。這個時候的韓愈已經年逾古稀了，這個時候遭貶，情景很淒涼。來到藍田關的時候，天上下起了鵝毛大雪，韓愈就在附近的驛館歇息。面窗而坐的韓愈忽然看到雪地上走來一個人，仔細一看原來是自己的姪子韓湘子。眨眼之間，韓湘子已經到了近前。他拜過叔父，說道：「您可曾記得當年牡丹花瓣上的預言嗎？」

韓愈低頭沉思，忽然抬頭說：「這是什麼地方？」

韓湘子答道：「這是藍田關。」

韓愈嘆了口氣說：「原來這都是天意！」

韓湘子答道：「當時上天已經有所暗示，只是叔父一直醉心於功名，根本沒有參悟天機。」叔姪兩人久別重逢，相言甚歡，不知不覺到了三更時分，才和衣躺下休息。

第二天一早，韓愈準備啟程。臨別之時，他寫下一首詩：「才力世用古來多，如子雄文世孰過。好待功名成就日，收卻身去臥煙蘿。」

韓湘子見叔父已經開悟，也作了一首別離詩：「舉世都為名利醉，伊予獨向道中醒。他時定是飛升去，衝破秋空一點青。」

寫完詩後，韓湘子從懷中取出一粒丹丸說：「此去瘴氣之地，恐怕多有不適，請叔父服下此丹藥以保無虞。」

韓愈笑著說：「我年輕的時候就醉心功名，如今就不必再用此丹丸來沽名釣譽了，還是各自珍重吧。」在韓湘子的點化下，韓愈著實看透了宦海沉浮和功名富貴。

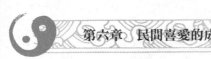

提籃小販
藍采和

唐隱士陳陶所創《采和持板踏歌》中人

關於藍采和的形象，沒什麼太大的爭議，基本上認為他是一個放浪形骸的流浪漢。這個形象是唐朝隱士陳陶所創《采和持板踏歌》中的那個流浪漢——采和。藍采和既然成仙了，那他就不是一般的流浪漢了。

放蕩不羈的流浪藝人

在眾多記錄藍采和事蹟的書中，以《續仙傳》對他的描述最為詳細：

藍采和，籍貫不詳，父母也不詳，經常穿著破舊的衣服，在腰間繫一根三寸寬的黑布腰帶，一隻腳穿著靴子，另一隻腳則光著。夏天時，他經常會往衣服裡面加一些棉絮，而到冬天就不怕冷了，經常仰臥在雪地上。他的職業是流浪藝人，拿著一個三尺長的大板邊走邊唱。

藍采和所唱的《踏歌》最為知名，這首歌的歌詞是這樣寫的：「踏歌藍采和，世界能幾何。紅顏一春樹，流年一擲梭。古人混混去不返，今人紛紛來更多。朝騎鸞鳳到碧落，暮見桑田生白波。長景明暉在空際，金銀宮闕高嵯峨。」從這首歌中我們可以隱約感受到藍采和的人生態度——不喜紅塵中的功名利祿，喜歡過一種閒雲野鶴般的生活。

遇神仙點化

一天，有一個瘸腿乞丐走到藍采和的身邊坐下來，問藍采和每天不唱歌的時候都做些什麼。藍采和笑著說：「我在悟道。」

乞丐說：「原來我們有相同的愛好，不如到前面的酒肆一邊飲酒，一邊論道吧！」藍采和見此人很豪爽，欣然同意。在酒肆中，兩人聊得不亦樂乎，大有相見恨晚的感覺。從此以後，每天下午的時候，乞丐都會前來找藍采和論道，幫藍采和解惑答疑。

某天，和乞丐討論完之後，由於太高興了，藍采和就多飲了幾杯，不知不覺進入了夢鄉。

在恍惚之間，他聽到有人在天空中吹笛。藍采和來到酒肆的窗前，看到有一隻白鶴飛向自己。藍采和躍上白鶴，往空中飛去。到了天庭藍采和才發現，之前一直和自己論道的那位瘸腿乞丐原來是大名鼎鼎的鐵拐李。

於是，放蕩不羈的流浪藝人藍采和在鐵拐李的點化之下成了仙。

關於藍采和成仙的經歷還有一個版本是這樣說的：

有一次，藍采和獨自一人來到郊外閒逛，看到一個乞丐打扮的人躺在池塘旁邊。他上前一看，發現這位乞丐在河邊休息的時候被一條蛇咬到了腿，已經中毒昏了過去。藍采心想，現在背他進城找郎中肯定來不及了，就彎下腰來用嘴把蛇毒吸了出來。

很快，那個瘸腿的乞丐甦醒過來，忙問是不是藍采和救了自己。藍采和點點頭。瘸腿乞丐說：「看你的臉色，也好像中毒了，你後悔救我嗎？」

藍采和笑著說：「人非草木，孰能無情，哪有見死不救的道理。」說著，他就昏死過去了。過了一炷香的時間，藍采和才醒過來。

這個時候，瘸腿乞丐說：「我是終南山鐵拐李，你可願意與我一起回山修道。」藍采和表示同意。後來，在鐵拐李的指點下，藍采和學會了一身行醫救人的本領。

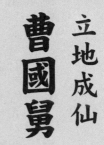

立地成仙

曹國舅

宋代名將曹彬之孫曹佾

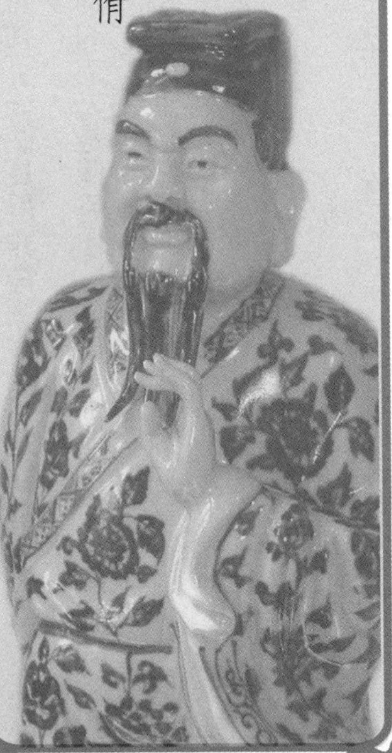

曹國舅排在道教八仙之末，他出現的時間最晚，流傳於民間的故事也很少。曹國舅性格散淡，通曉音律，喜愛作詩，被奉為濟陽郡王。他和其他七位仙人形象迥然不同的是：身穿紅袍朝服，頭戴烏紗帽，手持玉板，一副官員的模樣。

當朝的國舅

搭上八仙末班車的曹國舅，原型是宋朝名將曹彬之孫曹佾（字景休）。當時曹皇后並不是只有曹景休一個弟弟，還有一個更小一點的弟弟叫做曹景植。曹家的女兒當了宋仁宗的皇后，母儀天下，曹家的兩兄弟也跟著沾光。身為長子的曹景休處處小心謹慎，以身作則，生怕給自己的姊姊丟臉。弟弟曹景植則和哥哥相反，他仗著姊姊是皇后，哥哥在朝中為官，可以說是幹盡了壞事。

曹景休溫良敦厚，心地善良，對弟弟驕縱不法、恃勢妄為的行徑，深以為恥。他多次規勸弟弟：「積善者昌，積惡者亡，這是無法更改的自然規律，也是天理。我家之所以高官厚祿，是因為前世累積的功德；如今你如此作惡，雖然明面上國家無法將你法辦，可是又怎能逃脫上天的制裁呢？有朝一日遭到懲罰，只有家破人亡的境地了。到時候別說金銀珠寶，就是想帶出一隻黃狗也是不可能的！」曹景植對哥哥的忠告置若罔聞，甚至形同陌路。

這天外出遊玩，曹景植在街上看到了一個長得非常漂亮的女子，就命令手下的惡奴把這個女子強行帶到府裡進行褻瀆。女子的丈夫是個秀才，見妻子被搶，就跑到曹府和曹景植理論。國舅府的奴才狐假虎威，橫行慣了，他們哪裡將這個無權無勢的讀書人放到眼裡，一頓亂棍，將他打死了。再說那個女子，品性剛烈，寧死不從，曹景植一怒之下命人將她投進了後花園的井中。

國舅府中有個僕人名叫王二，他自幼家貧，迫於生計在這裡當差謀生。他心生憐憫之情，趁人不備將秀才妻子從井中救了出來，連夜逃出了國舅府，分頭各自逃命去了。

女子渾身水濕，蓬頭亂髮，衣衫不整。這時候曹景休回來了，家丁手持燈籠前面引路。女子見狀，撲過去就要告狀。可是女子這樣的形象，又是在黑夜之中，曹景休以為遇見了女鬼或者是女刺客，不等女子開口，急命家丁將其拿下。家丁用棍棒擊打阻攔，女子昏死過去。曹景休以為女子已死，命人拋屍偏僻小巷。

女子醒來之後，才知道遇見的人是二國舅的哥哥曹景休，她還以為是曹景休袒護弟弟，故意要將自己打死。就來到開封府，向包拯狀告二國舅殺人害命，大國舅助紂為虐。

包拯受理了此案，佯裝有病。曹景休素來和包拯交好，前來探望，被包拯拿下。曹景休不明所以，包拯認為他故意抵賴，冷笑一聲，讓女子顯身，曹景休才知道當夜誤傷的就是這個女子。

曹景休對女子的指控毫不辯解，他認為，弟弟的罪責，是他這個當兄長放縱的結果，所有的後果，都應該由他來承擔。在包拯的要求下，他給曹景植寫了一封信，將弟弟誆到開封府，被包拯拿下。儘管皇帝和曹娘娘求情，包拯還是下令將曹景植處斬。

經歷了此次風波，原本品性散淡、不熱衷於名利的曹景休，對塵事更是起了倦怠之心。

被釋放之後，曹國舅看淡了官場的浮沉，也看透了富貴功名。雖說他在朝中沒有什麼作為，但畢竟是皇帝的親戚，還是得到了重用，最後官居中書門下平章事，被封為濟陽郡王。

曹國舅對道家學說很感興趣，再加上自己所居官位大多是一些閒職，所以他就把頤養性情的時間用在悟道上。

這一天，鍾離權和呂洞賓遊歷到曹國舅的修道之地，問道：「道是什麼？」曹國舅不言不語，用手指天；二仙又問道：「天又在哪裡呢？」曹國舅用手指心。二仙笑道：「心就是天，天就是道，你已經領略到道的真意了。」於是將《還真秘旨》傳授給他。數年後，二仙將曹國舅引入仙班。

八仙替補
劉海蟾
五代時期的道士

玉帝在挑選神仙的時候，一般都會給重要職位的神仙找一個替補，以備不時之需。劉海蟾就是以八仙替補的身分進入了大眾視野的。

原本在明朝《列仙全傳》中，劉海蟾曾為八仙之一，可是到了《八仙出處東遊記》時，劉海蟾的主力位置被張果老取代了。

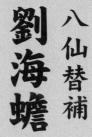

入世為相

劉海蟾，在歷史上確實有其人。他姓劉，名操，字昭遠，玄英，號海蟾子。他從小就在父親的指導下熟讀四書五經，並在十六歲那年一舉奪魁。此後，他步步高升，當上了重臣。

有一天下朝回家，劉海蟾正在書房休息，突然有一個道士闖了進來。劉海大為詫異，忙問：「你是什麼人？」來人也不答，只是從袋子裡拿出十個雞蛋和一枚銅錢。

只見道士把銅錢放到桌子上，在銅錢上把十個雞蛋依次向上疊起，奇蹟出現了，這十個雞蛋沒有掉落下來，只是左右不停地搖晃。劉海蟾見狀，忙問道士是何方高人。道士說：「你不需要知道我是誰，但我知道你危在旦夕。」

劉海蟾接著問：「如何才能避過這個災禍？」道士笑而不語，把雞蛋一個個收進袋子中，最後把金錢扔到地上，大笑一聲，不見了蹤影。

八仙過海。

道士離開後，劉海蟾獨自一人在書房思考了很久。

第二天一大早，他就向皇帝遞交了辭呈，然後到終南山修道去了。

戲金蟾的由來

一個人只有擁有一技之長，才能在競爭激烈的社會站穩腳跟。神仙雖說能通天入地、長生不老，但也要有自己的特殊本領，只有這樣，才能香火鼎盛。劉海蟾做為五代的道士、八仙的替補為什麼會有那麼高的人氣呢？主要就是因為他是一個吉祥神，可以給人們帶來好運。

話說受到啟發的劉海蟾辭官之後，就前往終南山拜師修道了。到了終南山他才知道前往府邸點化自己的道士是純陽子呂洞賓。就這樣，劉海蟾就拜了呂洞賓為師。他畢竟是狀元，悟性很高，很快就練就一身法力。不過神界也是人員冗雜，很多神仙都沒有編制，呂洞賓只好安慰劉海蟾，讓他不要著急，繼續修練。

一天，呂洞賓去拜見恩師鍾離權，順便問起了劉海蟾成仙的事。鍾離權說：「劉海蟾這個孩子我還是比較喜歡的，有空缺可以讓他成仙。但他的父親是一個大貪官，由於斂財無數，被玉帝變成了一隻蟾蜍投進東海的黑暗之源。你還是先讓劉海蟾把他父親這筆爛帳解決好再說後續的事情吧！」回來之後，呂洞賓就把鍾離權的話轉達給了劉海蟾。

劉海蟾謝過師父，駕雲前去東海的黑暗之源拯救父親。

到了東海之後，劉海蟾發現憑自己的法力根本下不了水，要拯救父親也非一件易事。想了許久，他才想出來解決的辦法。

劉海蟾用法術變出幾枚銅錢和一根銀線，把銅錢綁在銀線的底端，投進黑暗之源。由於父親極度貪財，所以看到銅錢就會上鉤。果然不出劉海蟾所料，變成蟾蜍的父親依舊不改貪錢的本性，見有銅錢，立刻咬住不放。就這樣，劉海蟾就用一根銀線和幾枚銅錢把父親帶出了黑暗之源。

把父親救出後，劉海蟾本想把銅線和銀線從蟾蜍口中拿出，無奈這隻蟾蜍只認錢不認人，就是不肯吐口。劉海蟾無奈只好讓這隻蟾蜍嘴裡銜著銅錢臥在自己的肩膀上。

神化之路

由於蟾蜍嘴裡銜著錢臥在自己的肩膀上巨重無比，劉海無法施展法力駕雲飛往終南山，只能徒步前行。沿途之上，許多人都用異樣的眼光看著劉海蟾以及臥在他肩上銜著銅錢的蟾蜍。那個時候雖然沒有狗仔隊這個行業，但劉海蟾攜帶口銜銅錢蟾蜍的事也被演繹成各個版本在百姓之間廣為流傳。但此時，劉海蟾只是一個帶著蟾蜍的道士，還不是什麼神仙。北宋建立後，百廢待興，政府大力提倡發展商品經濟。在大家都想著賺錢的時候，財神肯定是最吃香的神仙。所以北宋一朝，出現了很多的財神，其中就包括帶著口含銅錢蟾蜍的劉海蟾。在被人們供奉為財神之後，劉海蟾所攜帶的蟾蜍也就搖身一變成為了金錢財富的象徵。

由於劉海蟾本人是一個有史料記載的人，為了增加神秘色彩，好事者就只好向蟾蜍下手了。他們說劉海蟾的那隻蟾蜍並不是大家常見的四腳蟾蜍，而是三腳的蟾蜍。人們都沒有見

明朝畫家商喜的作品——《四仙拱壽圖》，現藏臺北故宮博物院。圖中四位仙人凌波渡海，拱望壽星南極仙翁駕鶴凌空。其中趺坐在三腳蟾蜍上，似為全真教五祖之一的劉海蟾。

過三隻腳的蟾蜍，就覺得這種蟾蜍是稀罕之物，又因為口含銅錢，就把劉海蟾的蟾蜍稱為金蟾。

後來又把劉海戲金蟾這一故事搬上了舞臺，劉海蟾也被塑造成一個活潑有趣、憨態可掬的財神爺。劉海蟾做為財神的地位就這樣被確立下來了，至今我們還可以看到許多商舖的收銀臺都會擺著一隻蟾蜍模樣的吉祥物。不過這還只是民間百姓對劉海蟾的崇拜，當時的統治階層並沒有認同這種崇拜，至少沒有以官方公文的形式出現。

到了元朝，元世祖忽必烈封劉海蟾為「明悟弘道真君」，元武宗又加封劉海蟾為「明悟弘道純佑帝君」，後來道教全真道派把劉海蟾尊為五祖之一。直到這時，劉海蟾才成為了一位有名分的神仙。

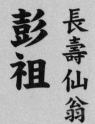

長壽仙翁
彭祖
最高明的養生大師

傳說中的彭祖是上古帝王顓頊的孫子，因為堯帝將彭城封給他，所以稱其為彭祖。彭祖擅長養生之道，尤其擅長房中術，是傳說中著名的養生家。莊子將其做為「導引養形」的代表人物；屈原所著的《楚辭．天問》中記載他善於食療。

長壽仙翁

彭祖雖說是一個傳說中的人物，但卻是一個最有「人味」的神仙。彭祖原姓陸，單名一個鏗字，是黃帝後裔。他的爺爺是五帝之一的顓頊，媽媽是陸終氏。凡是後來成仙得道的人打從出生開始就不同尋常，彭祖也不例外。

當年彭祖的父親娶了鬼方氏一個叫女隤的姑娘，女隤不負眾望，進門沒多久就懷孕了。由於女隤肚子裡的孩子是顓頊家的香火，所以全家對女隤的照顧都特別上心，飲食起居都按照一流的標準。按理說，懷胎十月就應該分娩了，可是女隤懷孕三年都不生，這可急壞了家人。一天，彭祖的父親喝醉了酒，拿起刀把女隤的左側腋窩劃開了。說來奇怪，這一刀下去竟然走出來三個兒子。他又劃開女隤右側的腋窩，又走出來三個兒子，彭祖就是這六個孩子中的一個。之前介紹的神仙中，只有道德天尊老子是這樣出生的，看來彭祖也是非同尋常。

據說彭祖從夏朝活到了商末，活了八百多歲。由於歲數太大，彭祖一生娶了五十個老婆，生了諸多兒子。到他去世的時候，之前已經死了四十九房媳婦，五十個兒子。

按照當時的醫療水準和營養水準，能活到三十歲的人就很少見了，彭祖竟然活到了八百多歲，真是太神奇了。據說彭祖每次身體有所不適時，就會屏息打坐，讓全身的氣體對抗不舒服的地方，每次都能不藥而癒。除此之外，彭祖還有其他長壽的秘訣。

烹飪界的祖師爺

民以食為本，食以味為先。要想身體好，活得壽命長，良好的營養肯定是必須的。彭祖之所以會活得這麼久，跟他掌握的營養知識是分不開的。

相傳，堯由於工作非常盡職盡責，起得比雞早，睡得比狗晚，身體慢慢地就吃不消了。彭祖看到堯累成這個樣子，就琢磨著給他做一道美味佳餚補補身子。由於當時沒有什麼廚藝可以學，彭祖就按照自己的喜好做了一道野雞湯，當湯煲好的時候，香飄四方。他趁熱把雞湯送給了堯，堯聞到香味胃口大開，將雞湯一飲而盡，喝完還意猶未盡地問：「還有嗎？」彭祖又給堯盛了一碗。看到堯的胃口一下子變得這麼好，大家都很開心。從此之後，彭祖就會隔三差五地給堯送一些滋補的湯。

後世的人認為彭祖是最早製作美味佳餚的人，就把他尊稱為烹飪界的祖師爺。

擅長房中術

商朝有一個名叫「采女」的女子，也是一個修行得道的人。她兩百七十多歲了，看起來十分年輕，像四、五十歲的樣子。商王厚禮采女，專門給采女修建了一個宮殿，並且裝飾得富麗堂皇。商王懇請采女到彭祖那裡，請教養生之道。

采女受商王之託，找到彭祖向其請教。彭祖見同道前來請教，毫不保留地說道：「養生之道，主要有三個方面。第一，服用金丹，可以登天升天；第二，要愛惜精神，經常服用具有滋補作用的草藥。第三，要懂得男女交合之道，否則即便吃藥，也難益壽延年。我從天庭貪玩下到凡間托胎轉世，三歲的時候母親去世，經歷了犬戎之亂，在條件艱苦的西域流浪很多年，受了許多大苦，卻依然烏髮顏，主要是得益於房中術。」

在采女的懇請下，彭祖將房中術傳給了她。采女學到房中術後，回去教授給了商王。商王試驗後，大喜過望，先將采女殺死，又下令全國緝拿彭祖，想將房中術據為己有。彭祖聞聽商王通緝他的消息後，不願沾染兵革，深夜潛逃。商王學會了彭祖的房中術後，活了三百歲。

彭祖之死

話說彭祖八百歲的時候，娶了第五十個妻子。妻子臨終前對彭祖說：「我們結婚幾十年來，我一天天衰老，你的樣子卻沒有一點變化，這是怎麼回事呢？難道生死簿上沒有你的名字嗎？」

彭祖這才將撕掉生死簿的秘密，告訴了妻子。

原來，彭祖和陳摶老祖都是玉帝身邊的大臣，彭祖負責掌管諸神的功德簿，陳摶老祖負責掌管生死簿。

這一天，陳摶對彭祖說：「我這幾天太累了，想休息一下。你先替我保管生死簿，有事喊我一聲即可。」說完，倒在床上沉沉入睡了。

彭祖接過陳摶老祖的生死簿，看到上面有自己的名字，順手撕掉了。彭祖心想，反正現在生死簿上已經沒有我的名字，我可以長生不老了，就來到了人間。

妻子去世後，魂魄來到天宮，將此事告知了玉皇大帝。玉帝遣人去找陳摶老祖，陳摶老祖還在家中沉睡未醒，玉帝只好遣派兩位神將，下到凡界緝拿彭祖。

神將下臨凡界，四處尋訪，得知彭祖居住在宜君縣彭村。他們來到彭村，卻不認得彭祖的相貌。詢問村裡人，村裡的人見兩個神將長相兇惡，不敢告知。無奈之下，神將心生一計，偷來木匠的大鋸，來到打穀場上鋸石頭碾子。神將的奇特舉動吸引了很多人，彭祖也在其中，忍不住譏笑道：「我彭祖活了八百歲，還沒聽說有人用鋸子鋸石頭碾子的。」

神將聞聽此言，即刻顯出了法身，將彭祖鎖走。當天夜裡彭祖去世，享年八百多歲。

國家圖書館出版品預行編目(CIP)資料

非常道：道教諸神不為人知的故事 / 彭友智著.
-- 第一版. -- 臺北市：樂果文化出版：紅螞蟻圖書發行，
2016.02
面；　公分. --（樂信仰；9）
ISBN 978-986-92792-0-8(平裝)

234.51　　105000916

樂信仰 9
非常道：道教諸神不為人知的故事

作　　者 ／ 彭友智
總 編 輯 ／ 何南輝
責任編輯 ／ 韓顯赫
行銷企劃 ／ 黃文秀
封面設計 ／ 引子設計
內頁設計 ／ 沙海潛行

出　　版 ／ 樂果文化事業有限公司
讀者服務專線 ／（02）2795-3656
劃撥帳號 ／ 50118837 號　樂果文化事業有限公司
印 刷 廠 ／ 卡樂彩色製版印刷有限公司
總 經 銷 ／ 紅螞蟻圖書有限公司
地　　址 ／ 台北市內湖區舊宗路二段 121 巷 19 號（紅螞蟻資訊大樓）
電話：（02）2795-3656
傳真：（02）2795-4100

2016 年 2 月第一版　定價／ 300 元　ISBN 978-986-92792-0-8
※ 本書如有缺頁、破損、裝訂錯誤，請寄回本公司調換。